AF330157

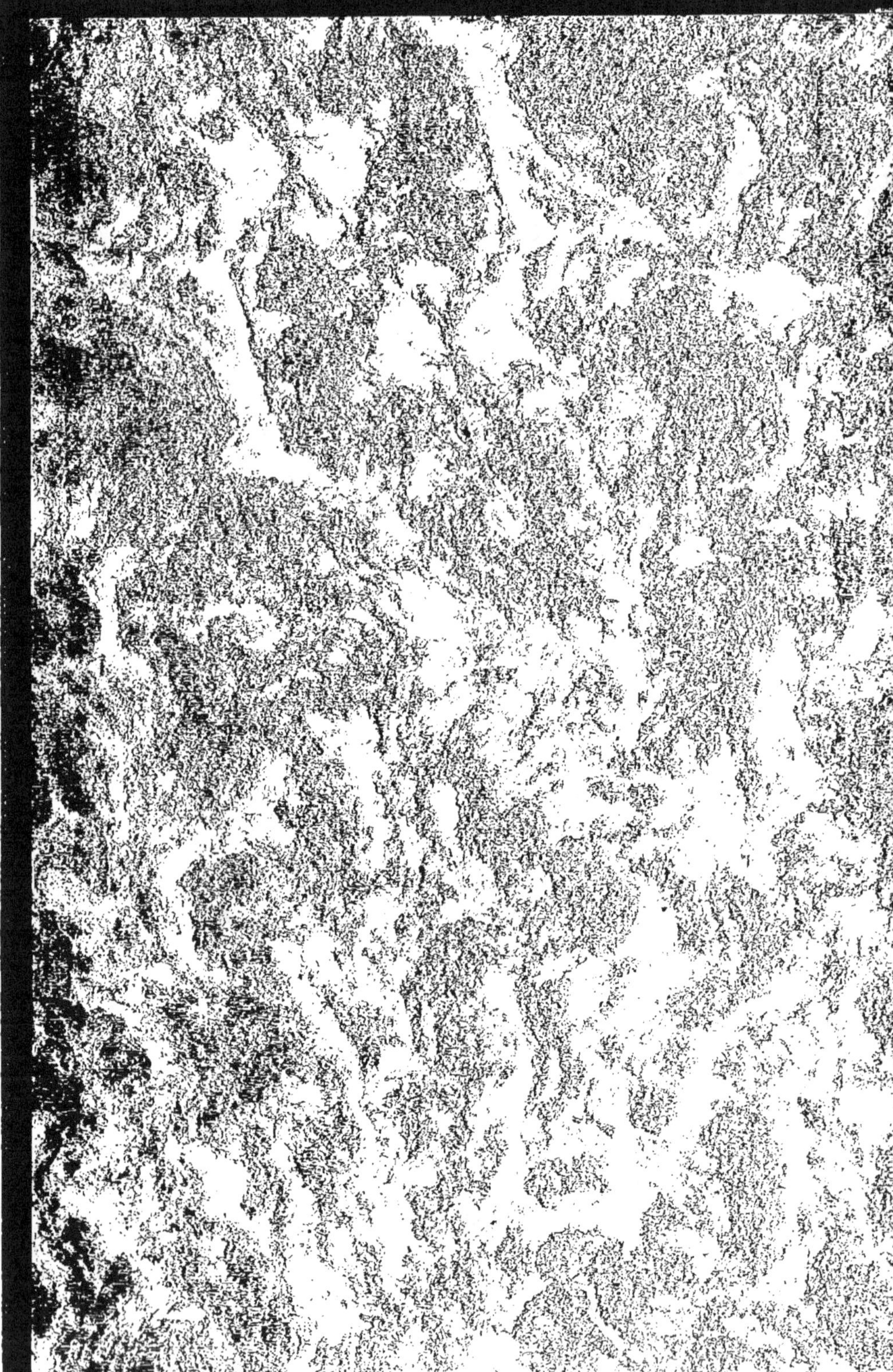

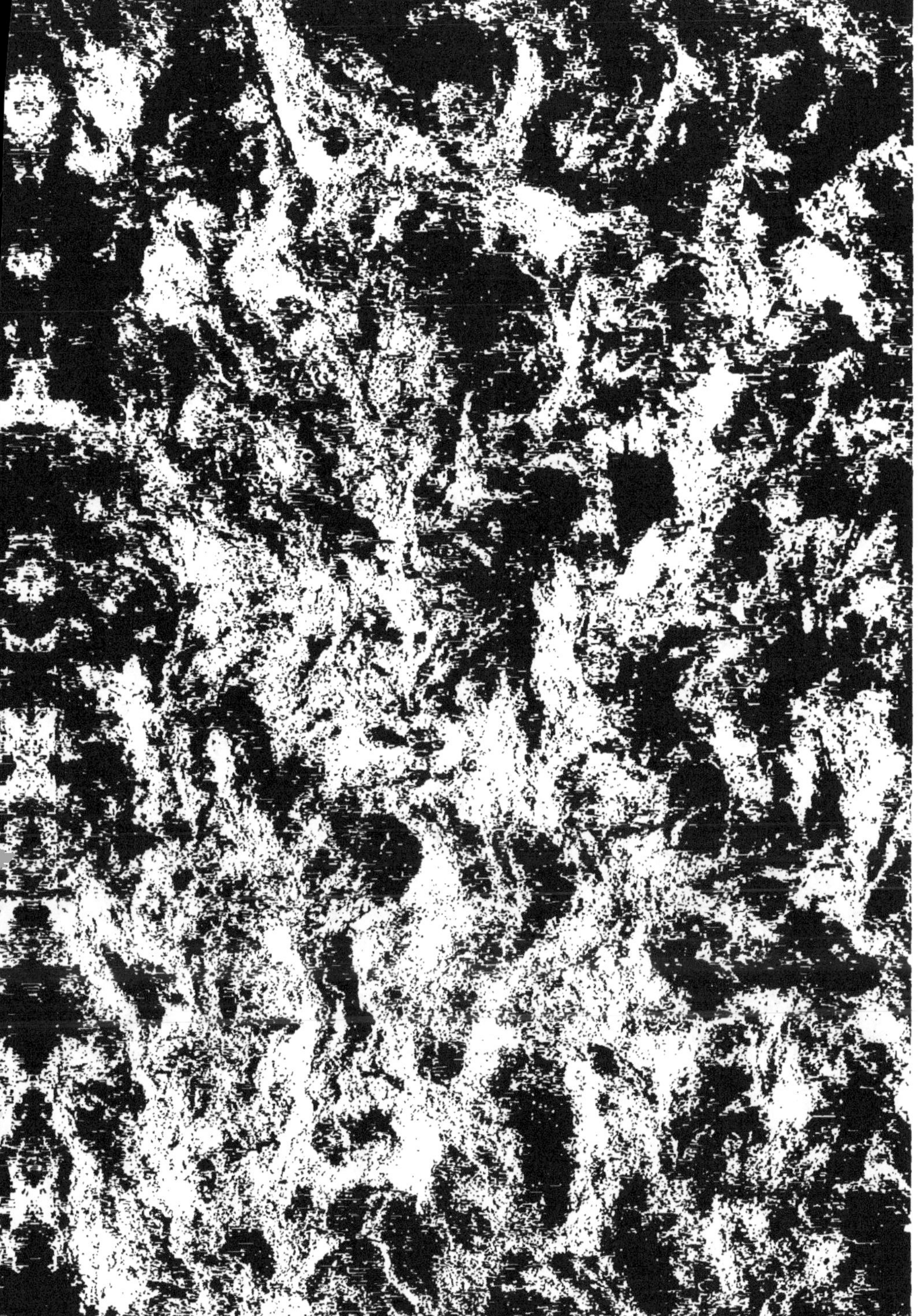

RÉCITS DU *TEMPS DES TROUBLES*
(XVIᵉ SIÈCLE)

—

UNE FAMILLE

LES D'ALÈGRE

PAR

PIERRE DE VAISSIÈRE

—

PARIS

ÉMILE-PAUL FRÈRES, ÉDITEURS

100, rue du Faubourg-Saint-Honoré, 100

—

1914

UNE FAMILLE

LES D'ALÈGRE

Portrait d'Yves IV d'Alégre, marquis d'Alégre.

d'après un crayon (*Bibliothèque nationale*, Cabinet des estampes).

UNE FAMILLE

LES D'ALÈGRE

PAR

PIERRE DE VAISSIÈRE

PARIS

ÉMILE-PAUL FRÈRES, ÉDITEURS

100, rue du Faubourg-Saint-Honoré, 100

1914

A MON BEAU-PÈRE,

LE GÉNÉRAL DE MORLAINCOURT,

Hommage de respect et d'affection.

P. V.

UNE FAMILLE

LES D'ALÈGRE

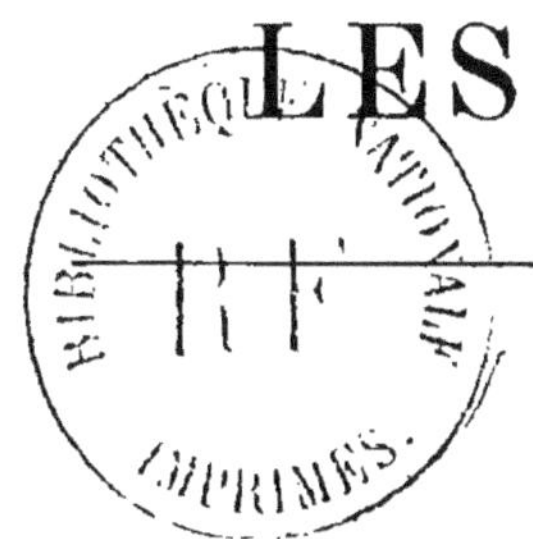

CHAPITRE PREMIER

LES ORIGINES DE LA FAMILLE

La baronnie d'Allègre, qui avait, autrefois, pour centre l'actuelle localité d'Allègre [1], en Velay, était une vaste seigneurie qui englobait les paroisses de Céaux [2], Monlet [3], Varennes [4], la Chapelle-Bertin [5], Murs [6], Saint-Pal-de-Murs [7], Saint-Léger [8], Sembadel [9], Félines [10],

[1] Allègre, Haute-Loire, arrondissement du Puy.

[2] Céaux-d'Allègre, Haute-Loire, arrondissement du Puy, canton d'Allègre.

[3] Monlet, Haute-Loire, arrondissement du Puy, canton d'Allègre.

[4] Varennes-Saint-Honorat, Haute-Loire, arrondissement du Puy, canton d'Allègre.

[5] La Chapelle-Bertin, Haute-Loire, arrondissement de Brioude, canton de Paulhaguet.

[6] Murs, Haute-Loire, arrondissement de Brioude, canton de Paulhaguet, commune de la Chapelle-Bertin.

[7] Saint-Pal-de-Murs, Haute-Loire, arrondissement de Brioude, canton de la Chaise-Dieu.

[8] Saint-Léger, Haute-Loire, arrondissement de Brioude, canton de la Chaise-Dieu, commune de Sembadel.

[9] Sembadel, Haute-Loire, arrondissement de Brioude, canton de la Chaise-Dieu.

[10] Félines, Haute-Loire, arrondissement de Brioude, canton de la Chaise-Dieu.

Chomelix[1], et Saint-Just[2], et qui, depuis 1321, appartenait au bailliage d'Auvergne[3].

On a des renseignements sur les premiers possesseurs de ce fief dès le commencement du xII[e] siècle. Mais ce n'est point d'eux que descend la famille dont je voudrais raconter la tragique histoire au « temps des troubles civils ». La première maison d'Alègre[4], dont l'existence paraît avoir été assez brillante pendant le haut moyen âge, s'éteignit, en effet, à la fin du xIV[e] siècle, en la personne d'Armand d'Alègre, qui mourut, en 1361, à la suite, peut-être, de la prise et du saccage de son château par des compagnies de routiers licenciés après le traité de Brétigny. Sans enfants de sa femme, Alice de Chalençon, il avait fait son héritier l'un de ses neveux, Bertrand de Saint-Nectaire, issu du mariage d'Ondine d'Alègre, sa sœur, avec Gaston de Saint-Nectaire, mais avait réservé la jouissance de ses biens à sa veuve. Bertrand ayant chassé cette dernière du château d'Allègre, elle implora la protection de Jean, duc de Berry, oncle du roi Charles VI, alors gouverneur de Languedoc et de Guyenne, qui mit d'accord les deux

[1] Chomelix, Haute-Loire, arrondissement du Puy; canton de Craponne.

[2] Saint-Just-près-Chomelix, Haute-Loire, arrondissement du Puy, canton d'Allègre.

[3] Archives nationales, Chambre des comptes, P 1400[2], cote 926. — *Le livre de Podio, ou Chroniques d'Etienne Médicis, bourgeois du Puy*, publié par Augustin Chassaing, 1874, in-4°, t. I, p. 342-343. — *Les d'Alègre au XVIe siècle*, par M. du Molin, 1867, broch. in-8°, p. 5 et 6.

[4] On pourra s'étonner de ce que, au cours de ce volume, j'orthographie toujours *Allègre* le nom de la localité et *Alègre* le nom de famille. C'est que les membres des deux familles qui ont porté ce nom ont toujours écrit ou signé *Alègre*, et qu'il m'a paru qu'il convenait d'écrire leur nom comme ils l'écrivaient. Mais pour le nom de la localité, je n'ai pas pu ne pas adopter la forme *Allègre* qui a prévalu.

parties, en confisquant le domaine en question, à l'instigation, semble-t-il bien, d'un certain Morinot de Tourzel, auquel, par un acte d'avril 1385, il concéda l'héritage d'Armand d'Alègre[1].

Ce Morinot de Tourzel, qui, du fait de cette donation, allait devenir la tige de la seconde maison d'Alègre, a été, jusqu'ici, assez défavorablement jugé par les historiens. A part le P. Anselme, qui lui assigne des ascendances un peu trop reluisantes, peut-être, puisqu'elles remonteraient au début du XIIIᵉ siècle[2], tous les généalogistes en font, en effet, un aventurier sans naissance et simplement originaire du lieu de Tourzel[3]. Il paraît bien, cependant, avoir été le fils d'Assaly de Tourzel, chevalier, dont nous est parvenue une quittance délivrée, en 1388, à Jean Le Flament, trésorier des guerres[4], quittance qui n'est antérieure que de quelques mois à une autre quittance donnée par Morinot de Tourzel au même personnage[5], en sorte qu'il est assez vraisemblable de supposer que, si le nom de Tourzel n'eût point été le sien, Morinot ne l'eût point usurpé,

---

[1] Bibliothèque nationale, fr. 20 230 : généalogie manuscrite de la famille. — P. Anselme, *Histoire généalogique*, t. VII, p. 705 et suivantes. — Chabrol, *Coutume d'Auvergne*, 1786, in-4°, t. IV, p. 47, 340, 588. — DD. Martène et Durand, *Thesaurus novus anecdotorum*, 1717, in-fol., t. I. col. 896-898, et 1115-1119 (testaments d'Armand Iᵉʳ et d'Armand II d'Alègre de 1222 et 1263). — Du Molin, *Les d'Allègre au XVIᵉ siècle*, broch. in-8°, 1867, p. 7 et 8.

[2] P. Anselme, *Histoire généalogique*, t. VII, p. 705-708.

[3] Tourzel, Puy-de-Dôme, arrondissement d'Issoire, canton de Champeix, commune de Ronzières.

[4] Quittance délivrée par Assaly de Tourzel, chevalier, à Jean Le Flament, trésorier des guerres, le 12 mai 1388 (Bibl. nat., Pièces originales, vol. 2871, Tourzel, n° 5).

[5] Quittance délivrée par Morinot de Tourzel à Jean Le Flament, trésorier des guerres, le 14 novembre 1388 (Bibl. nat., Pièces originales, vol. 2871, Tourzel, n° 6).

ainsi, officiellement, du vivant de son vrai titulaire. Et ce qui est certain, c'est qu'il est qualifié : en 1381, d' « écuyer et serviteur[1] », en 1383, de « chambellan[2] », en 1404, de « conseiller » du duc de Berry[3], et que, peu après, nous le retrouvons intendant général des finances de ce prince, en Languedoc et en Guyenne[4].

Des mêmes documents qui nous fournissent ces détails, il ressort, d'autre part, que, en 1382 et 1388, il avait fait la guerre « en Flandres et en Allemagne[5] », et qu'il avait été, à diverses reprises, assez largement récompensé de ses services, puisque nous le voyons gratifié par Charles VI de « 3000 frans d'or » en 1383[6], et, en 1404, par Louis d'Orléans, frère du Roi, de mille livres tournois de pension annuelle[7].

Ledit Morinot paraît, du reste, avoir été un homme fort entendu aux affaires, intéressé, retors et « subtil ». Que ç'ait été, d'abord, par « cauteleuses pratiques »

---

[1] Don fait par Charles VI à Morinot de Tourzel et à Giraut de Rochefort de 600 francs d'or, au bois de Vincennes, le 8 janvier 1381 (n. st.) (Bibl. nat., Pièces originales, vol. 2871, Tourzel, n° 2).

[2] Don fait par Charles VI à Morinot de Tourzel de 3000 francs d'or, Paris, 25 octobre 1383 (Bibl. nat., Pièces originales, vol. 2871, Tourzel, n° 3).

[3] Don fait par Louis, duc d'Orléans, à Morinot de Tourzel de mille livres tournois de pension annuelle, Paris, 2 juin 1404. (Bibl. nat. Pièces originales, vol. 2871, Tourzel, n° 7). — Le reçu du premier paiement de cette somme, du 1er septembre 1404, est signé Tourzel, de la main, même du bénéficiaire (*Ibid.*, n° 9).

[4] D. Vaissète, *Histoire de Languedoc*, éd. de 1875, in-4°, t. IX, p. 986, 997.

[5] C'est une campagne menée par Charles VI contre le duc de Gueldre, en 1388, qui est ainsi désignée sous le nom de campagne d'Allemagne.

[6] Don de Charles VI, du 25 octobre 1383 (Bibl. nat., Pièces originales, vol. 2871. Tourzel, n° 3).

[7] Don fait par Louis, duc d'Orléans, à Morinot de Tourzel, 2 juin 1404 (Bibl. nat., Pièces originales, vol. 2871, Tourzel, n° 7).

qu'il ait obtenu de son maître la confiscation et l'attribution à sa personne des « terre, chastel et seigneurie
d'Alègre », la chose semble ressortir des termes d'un
mémoire judiciaire, un peu postérieur, qui l'en accuse
expressément[1]. Et nous savons, par ailleurs, que lui et
ses successeurs eurent à soutenir, à ce sujet, contre les
Saint-Nectaire, de longs procès qui ne se terminèrent
qu'en 1494, par l'union d'Antoine II de Saint-Nectaire,
petit-fils de Bertrand, avec Marie d'Alègre, arrière-petite-
fille de Morinot[2].

Cependant le nouveau seigneur d'Alègre ne s'était
pas contenté longtemps des dépouilles qui venaient
ainsi de lui advenir. En 1387, il obtenait de Béraud,
dauphin d'Auvergne, « la donation de la totale juridiction, haute, moyenne et basse du lieu de Tourzel[3] »,
dont il n'avait que le fief[4], et, en cette même année,
acquérait dudit Dauphin, pour le prix de « 3.500 deniers
d'or franc », tous les droits que celui-ci avait à Meilhaud[5],

---

[1] « Extrait du factum présenté à la cour de parlement par Anne de
Beaufort-Canillac, veuve de Godefroy de la Tour, pour raison du pays
de Livradois vendu à Morinot de Tourzel, seigneur d'Alègre, 1484 ».
(Baluze, *Histoire généalogique de la maison d'Auvergne*, 1708, in-fol., t. II,
p. 229).

[2] P. Anselme, *Histoire généalogique*, t. VII, p. 709. — Chabrol, *Coutume d'Auvergne*, t. IV, p. 550. — Du Molin. *Op. cit.*, p. 14.

[3] « Lettres de donation faite *inter vivos* et pour agréables services, par
noble et puissant seigneur, Messire Bérauld, dauphin d'Auvergne, comte
de Clermont, et seigneur de Mercueur, à noble et puissant seigneur Mau-
rin de Tourzel, seigneur d'Alègre, lequel seigneur Dauphin donne au
seigneur d'Alègre la totalle jurisdiction et justice, haute, moyenne et
basse, mère et impère, lesquelles mondict seigneur Bérauld avoit et luy
appartenoient au lieu de Tourzel et ses appartenances, comme plus à
plain est contenu esdictes lettres, passées sous le scel royal estably en
Auvergne, datées du XXe jour d'octobre MIIIcLXXXVII ». (Archives nationales. Inventaire des titres de Mercœur, R*1143, fol. 158).

[4] Chabrol, *Coutume d'Auvergne*, t. IV, p. 588.

[5] Cet acte est conservé dans les archives de M. le comte Hervé d'Hu-

donation et acquisition, auxquelles le texte, que je citais tout à l'heure, l'accuse d'avoir contraint Béraud par d'assez blâmables manœuvres, « comme d'exciter contre lui le duc de Berry, de le faire menacer par ce dernier de le détruire et réduire à prison perpétuelle [1] », jusqu'à ce que, las de ces persécutions, le Dauphin se fût décidé à en passer par où il voulait.

Peu après, le 13 juin 1388, le rusé compère s'enrichissait de tous les biens confisqués pour malversations sur un certain Jean Chauchat, trésorier de France et receveur général des finances du duc de Berry, ce qui lui valait deux hôtels sis à Clermont-Ferrand, dont « l'un derrière la grande église dudict Clermont », et d'importants domaines à Cournon, Pont-du-Château, Lempdes, Cébazat, Riom, le tout estimé à plus de 3.000 « frans d'or [2] ».

Notre homme couronnait, enfin, sa fructueuse carrière, en arrachant à Jean II, comte d'Auvergne et de Boulogne, une plus riche proie. L'histoire a conservé le souvenir de ce malheureux prince qui, naturellement simple d'esprit, acheva de perdre dans la débauche le peu de raison qu'il pouvait avoir. « De foible complexion, et de foible cervel et de très légier à encores plus blecier

nolstein, au château de Saint-Cyrgues (Puy-de-Dôme). Je saisis avec empressement l'occasion qui m'est offerte d'adresser à M. le comte Hervé d'Hunolstein l'expression de toute ma reconnaissance pour les renseignements qu'il a bien voulu si aimablement me communiquer à ce sujet. — Cf. Baluze. *Histoire généalogique de la maison d'Auvergne*, t. I, p. 202 ; — Justel, *Histoire de la maison d'Auvergne*, 1645, in-fol., preuves, p. 153 ; — Chabrol, *Op. cit.*, t. IV, p. 340. — Meilhaud. Puy-de-Dôme, arron. et canton d'Issoire.

[1] « Extrait du factum présenté à la cour de parlement par Anne de Beaufort-Canillac..... » (Baluze, *Op. cit.*, t. II, p. 228-229.)

[2] Archives nationales, Trésor des Chartes, JJ 132, n° 324.

et ébester par le vin, et tellement que, quand il beuvoit
un peu trop, mesmement de forts vins sans eaue, et plus
qu'il n'avoit accoustumé, il estoit comme du tout abattu
et sans entendement[1] », épuisé, d'ailleurs, par des excès
d'une autre sorte « comme de femmes », envoûté particulièrement par une certaine Blanche de Paulet qui,
au moyen de ses « sorceries », avait pris sur lui un
empire absolu, sorti l'entendement encore troublé d'une
tentative d'empoisonnement dont il avait été victime, à
Avignon, en 1384, et, à la suite de laquelle, « lui estoient
cheus tous les cheveux et les ongles », ce dément vivait
en la compagnie de gens toujours prêts à abuser de sa
débilité d'esprit, car, « simple et ne tenant pas compte
de ses besognes, léger à séduire et à décevoir, privé de
toute bonne prudence, il donnoit tout le sien à qui lui
en demandoit, comme ses terres, ses chevaux, ses robes,
tellement que s'en farçoit et mocquoit chacun[2] ». Or,
nous savons que Morinot de Tourzel ne fut pas le dernier à profiter de ces largesses. Encouragé par le premier don d' « un notable clos de vigne », à Saint-Pourçain, « lequel valoit bien deux mil escus et que ledit comte
lui donna, sans cause, par sa prodigalité[3] », il revint,
bientôt, à la charge, et jeta alors son dévolu sur le pays
de Livradois, avec les quatre grandes seigneuries qui
le composaient : Ambert, Baffie, Rioux et Viverols[4].

---

[1] « Extrait du factum présenté à la cour de parlement par Anne de
Beaufort-Canillac.... » (Baluze, *Op. cit.* t. II, p. 224.)

[2] *Ibid.*, p. 224-225.

[3] *Ibid.*, p. 224.

[4] *Ibid.*, p. 223-230, *passim.* — Lettres de Charles VII, du 25 février 1439
(n. st.), données en faveur de Bertrand de la Tour, au sujet de la vente
qui avait été faite par Jean, comte de Boulogne, à Morinot de Tourzel,
seigneur d'Alègre, des terres et châteaux de Livradois (Archives natio-

De quels subterfuges usa-t-il pour se faire livrer moyennant 25.000 livres un territoire qui en valait bien deux ou trois cent mille ? Du moins délicat, à en croire un texte, d'après lequel il n'obtint l'agrément de Jean II au marché qu'en le faisant abominablement griser, « lui ayant mêlé au vin rouge qu'il buvait, du vin blanc, en guise d'eau[1] ».

Cette nouvelle acquisition devait, toutefois, valoir à Morinot de sérieuses difficultés avec la famille de sa victime. Au prix d'un gros sacrifice pécuniaire, il put, il est vrai, écarter les réclamations de Mahaut d'Auvergne, tante de Jean de Boulogne, qui, mariée à Amé III, comte de Genève, et n'ayant jamais reçu les 25.000 livres qu'on lui avait promises lors de son mariage, ne pouvait voir, sans s'en désintéresser, la fortune de sa famille fondre ainsi entre les mains de son prodigue neveu. Mais il devait trouver une adversaire plus redoutable en la personne de Jeanne de Boulogne, fille de celui qu'il venait de dépouiller. Cette Jeanne avait, le 5 juin 1389, épousé le duc de Berry, veuf de Jeanne d'Armagnac, et, dès la mort de son père, en 1394, elle prétendit faire rendre gorge à ceux qui l'avaient si indignement rançonné. Ayant réussi, en particulier, à ruiner, enfin, auprès du duc la faveur de Morinot[2], elle

---

nales, R²15, n° 24). — Baffie ou la Baffie est dans l'arrondissement d'Ambert et le canton de Viverols ; Rioux, autrefois Riols, est près de Marsac, arrondissement et canton d'Ambert.

[1] Arrêt du parlement de Paris, du 16 mai 1483 (Baluze, *Op. cit.*, t. II, p. 231-232, 234).

[2] Lettres de Jean, duc de Berry, par lesquelles il mande au sénéchal d'Auvergne de saisir tous les biens appartenant à Morinot de Tourzel et qui avaient été jadis à Jean, comte de Boulogne, 20 février 1414 (n. st.) (Archives nationales, R²24, n° 242).

VUE DES RUINES DU CHÂTEAU D'ALLÈGRE.

Cliché P. VAZEILLES, Le Puy.

entama, alors, contre lui un long procès qui, poursuivi par les héritiers des deux parties, ne devait se terminer, qu'en 1483, au détriment de la nouvelle maison d'Alègre, laquelle, en cette année, fut condamnée, par arrêt du parlement, à restituer à celle de Boulogne les seigneuries d'Ambert, Baffie et Rioux, pour ne conserver que le fief de Viverols[1]. C'est même en un factum, rédigé à l'occasion de ce procès, qu'est ainsi partiellement restituée et évoquée la curieuse figure de celui qui, en moins de dix ans, avait trouvé moyen de se constituer le magnifique domaine auquel commanda bientôt l'imposant château d'Alègre qui, ruiné, comme je l'ai dit, par les Anglais, fut relevé et agrandi par Morinot et ses successeurs, et dont on peut, encore aujourd'hui, admirer les imposants vestiges : énorme construction qui s'élevait au sommet de la montagne volcanique de Bourg, sous la forme d'un carré long, de cinquante mètres sur trente, flanqué de huit tours de vingt mètres de haut et de quatre à huit mètres de diamètre, avec, au centre, une autre tour, appelée *du Trésor*, d'une hauteur et d'un diamètre plus considérables encore et servant de cage à un magnifique escalier qui donnait entrée dans tous les appartements du château. Ce château était entouré de deux enceintes. La première, enfermant un espace de plus d'un hectare, était défendue par onze tours reliées entre elles par des courtines ; c'est là que, de bonne heure, les seigneurs d'Alègre permirent aux habitants de leurs terres de bâtir, et ce sont ces cons-

---

[1] Arrêts du parlement de Paris, du 16 mai 1483 et du 15 juin 1489, dans Baluze, *Op. cit.*, t. II, p. 231-238. — Par suite d'arrangements postérieurs à ces arrêts, la terre de Baffie demeura, du reste, aussi, aux d'Alègre (Chabrol, *Coutume d'Auvergne*, t. IV, p. 81).

tructions qui formèrent le noyau de la ville actuelle d'Allègre, dont l'ancien village de Grazac est aujourd'hui le faubourg. Quant à la seconde enceinte, elle contenait les bâtiments destinés au logement des hommes d'armes et des chevaux, ceux abritant les denrées et les munitions, et enfin la chapelle Saint-Yves où les d'Alègre avaient leur sépulture. Mais de cet ensemble grandiose l'incendie qui, en 1698, dévora le château d'Allègre, en même temps que toutes les archives de la famille, et l'action destructrice des ans ne nous permettent plus de juger que de manière tout à fait imparfaite[1].

Morinot de Tourzel, devenu seigneur et baron d'Alègre, avait complété sa rapide ascension en épousant, en 1387, Maragde, ou Emeraude de Vichy, dame de Busset et Puyagu[2], fille et héritière de Guillaume de Vichy et d'Isabelle de Saligny. Elle lui donna deux fils : Pierre de Tourzel, tué à Azincourt, et Yves Iᵉʳ.

Mais si nous avons sur ce Morinot, qui mourut en 1418, des détails qui permettent d'entrevoir, assez nettement, la physionomie de cet intrigant sans scrupules, nous sommes beaucoup moins bien renseignés à l'endroit de ses descendants immédiats, sur lesquels nous ne possédons que des notes généalogiques informes, ou des documents qui, fixant seulement quelques dates de leur biographie, n'offrent qu'un intérêt historique ou psychologique très mince. De savoir qu'Yves Iᵉʳ, marié, en 1428, à Marguerite d'Apchier, prit part aux guerres

---

[1] *Notice sur le château d'Allègre et son système de fortifications*, par Félix Grellet, dans *Congrès scientifique de France, 22ᵉ session tenue au Puy, en septembre* 1855, in-8°, 1856, t. II, p. 582-599.

[2] Puyagu, Allier, commune de Busset.

contre les Anglais, assista aux sièges de Tartas et de
Dax, en 1442, et mourut devant cette dernière ville[1] ;
que Jacques d'Alègre, fils d'Yves Ier, marié successivement à Gabrielle de Lastic[2] et à Isabeau de Foix, et
par qui se continua la branche aînée de la famille, fut
conseiller et chambellan du roi Charles VII, et fut présent aux États d'Auvergne en 1442, 1443 et 1445[3], tout
cela ne nous apprend rien de bien particulier sur ces
personnages, sinon que, par leurs alliances avec les
premières familles du pays, et leur habileté à se pousser
aux charges de la cour, ils surent brillamment assurer
l'avenir de leur maison.

À travers l'insignifiance apparente de beaucoup des
faits qui nous ont été transmis sur les premiers d'Alègre,
il n'est pas impossible, toutefois, de discerner et de
démêler quelques traits caractéristiques de leur humeur
et de leur nature.

Le premier de ces traits nous est révélé par une tradition encore dans la mémoire des anciens du pays, il
y a cinquante ans. Cette tradition était attachée à une
figure de pierre grossièrement sculptée dont l'aspect
général et la physionomie étrange étaient faits pour
inspirer une sorte de terreur et qui, fichée à l'un des
angles du château, avait été désignée de tout temps par
ces mots : *Le mordant diable.*

« L'on rapportait à ce sujet qu'un seigneur d'Allègre,
homme vicieux et méchant, ayant contracté des dettes

---

[1] Chabrol, *Coutume d'Auvergne*, t. IV, p. 47.

[2] Leur contrat de mariage est du 1er juin 1454. Il est souvent cité dans
un arrêt du Grand Conseil, du 28 avril 1588, signifié aux parties le
13 novembre 1621 (Archives nationales, V³ 330).

[3] P. Anselme, *Histoire généalogique*, t. VII, p. 708.

considérables, n'avait trouvé d'autres moyens pour se
soustraire aux poursuites de ses nombreux créanciers
que d'inspirer par ses menaces et ses cruautés la terreur
aux gens de justice. Aucun sergent n'osait se présenter
chez lui. Il y en eut un, cependant, qui se moqua des
craintes manifestées par ses confrères et qui dit que,
si on le chargeait de poursuivre, il le ferait sans rien
redouter, et que, quand ce serait le diable, il le mor-
drait. Effectivement, ayant reçu mandat de poursuivre
au nom d'un créancier, il se rendit au château d'Allègre
pour mettre à exécution son mandat. Sur l'ordre du
seigneur d'Alègre, qui avait eu connaissance de ses
forfanteries, on le laissa pénétrer jusque dans le donjon,
et on le conduisit près du maître redoutable de ce château. Dès que le sergent eut franchi le seuil de l'appartement et avant qu'il eût eu le temps de s'expliquer, sur
un signe du seigneur d'Alègre, on fit entrer un maréchal, qui, avec ses tenailles et malgré les cris de ce malheureux, lui arracha successivement toutes les dents.
Après que cette cruelle opération fut terminée, on le
renvoya sans l'entendre. C'est pour conserver le souvenir de cet acte odieux, et maintenir son prestige de
cruauté que M. d'Alègre aurait fait sculpter en pierre
l'image grossière de ce pauvre sergent montrant sa
mâchoire mutilée, et qu'on appelait par dérision *Le
mordant diable* [1]. »

- Qu'il n'y ait là qu'un fait légendaire impossible même,
dira-t-on, à dater précisément, je le veux bien. Il est
curieux cependant de noter que le caractère violent et

<hr>

[1] *Notice sur le château d'Allègre*, par Félix Grellet, dans *Congrès scientifique de France, 22ᵉ session tenue, en 1855, au Puy*, 1856, in-8°, p. 592.

emporté, la nature impétueuse et bouillante de cette
race neuve et fruste, nature et caractère qui se peignent
dans l'anecdote que je viens de rapporter, se conservè-
rent assez chez ses descendants pour que nous en puis-
sions trouver chez ceux-ci d'assez évidentes survivances
encore à la fin du xvie siècle.

Un autre trait distinctif de la psychologie des d'A-
lègre, qui apparaît de bonne heure très accusé, est un
esprit procédurier et chicaneur qui est bien dans l'esprit
de la race, et était bien dans celui de l'ancêtre. C'est
ainsi que nous trouvons l'un des fils de Morinot, Yves Ier,
engagé en un procès interminable avec Marguerite de
Mello, veuve d'Erard V Trouillard, seigneur de Lézinnes[1];
une fille de Pierre d'Alègre, Antoinette d'Alègre, mariée
à Guillaume de Tinières, seigneur de Mardogne, en
procès criminel avec son beau-fils, Pierre de Tinières[2];
une autre fille de Pierre d'Alègre, Claude, mariée à
Claude, baron d'Apchier, plaidant contre son cousin
germain, Jacques d'Alègre[3]. Et je ne parle pas des
interminables différends judiciaires poursuivis, je l'ai
déjà dit, pendant près d'un siècle, entre les d'Alègre
et les maisons de Boulogne et de Saint-Nectaire, et au
cours desquels, les premiers, la chose nous est attestée
par plusieurs documents, firent preuve d'une intransigeance qu'ils devaient transmettre, elle aussi, nous le
verrons, à leurs successeurs.

[1] Ernest Petit, *Généalogies féodales ; les sires de Villehardouin*, 1913.
in-8o, p. 57. — Lézinnes, Yonne, arrondissement de Tonnerre, canton
d'Ancy-le-Franc.

[2] J.-B. Bouillet, *Nobiliaire d'Auvergne*, 1852, in-8o, t. VI, p. 320-321.

[3] P. Anselme, *Histoire généalogique...*, t. VII, p. 707.

Quoi qu'il en soit, c'est, surtout, à partir du commencement du XVIe siècle, que se marque, d'une façon manifeste, l'ascension de la famille, non sans qu'elle l'ait méritée, d'ailleurs, par ses services. Des deux fils de Jacques d'Alègre, l'un, Yves II, baron d'Alègre, fut ce fameux capitaine d'Alègre qui, à la tête des cent gentilshommes de la maison du Roi, s'illustra pendant les guerres d'Italie, sous Louis XII, à Agnadel, au siège de Bologne et à Ravenne, où il chercha et trouva une mort glorieuse, ne voulant pas survivre à son fils aîné[1]; l'autre, François d'Alègre, fut grand maître, enquêteur et général réformateur des eaux et forêts de France[2]. A la génération suivante, la famille n'est plus représentée, il est vrai, que par Gabriel, second fils d'Yves, que nous trouvons commandant, en 1509, les aventuriers français, « tous gens d'élite et d'escarmouche », recueillant plus tard les dernières volontés de Bayard, à Abbiategrasso[3], et devenant successivement, sous François Ier, maître des requêtes de l'hôtel, prévôt de Paris et bailli de Caen[4]. Mais, après lui, la race n'était pas près de s'éteindre, puisque, à sa mort,

---

[1] Jean d'Auton, *Chroniques de Louis XII*, publiées par R. de Maulde-la-Clavière, 1889, in-8º, t. I, p. 43 et *passim*. — *Histoire du gentil seigneur de Bayart*, publiée par J. Roman, 1878, in-8º, p. 327. — Brantôme, éd. Lalanne, t. II, p. 373-374. — D'Auvigny, *Les vies des hommes illustres*, 1744, in-12, t. IX, p. 164-226.

[2] Confirmation lui fut donnée de cette charge par François Ier, le 10 janvier 1515 (*Actes de François Ier*, t. I, nº 56).

[3] *Histoire du gentil seigneur de Bayart*, éd. Roman, p. 155, 418. — Brantôme, éd. Lalanne, t. II, p. 385.

[4] Ses provisions de l'office de la prévôté de Paris sont du 2 juillet 1516 (*Actes de François Ier*, t. V, nº 16.171). Sa nomination comme bailli de Caen est du 17 avril 1526, et sa résignation de sa charge de prévôt de Paris, du 18 avril (*Ibid.*, t. V, nᵒˢ 18.586 et 18.588).

vers 1539, de son mariage avec Marie d'Estouteville[1], il laissa cinq fils, François, Gilbert, Yves III, Christophe et Antoine, dont les trois qui survécurent seuls, Yves III d'Alègre, baron puis marquis d'Alègre, Christophe d'Alègre, seigneur de Saint-Just, et Antoine d'Alègre, seigneur de Meilhaud, sont ceux par lesquels s'ouvre « l'histoire de toutes parts tragique et sanglante[2] » qui devait être celle de la maison d'Alègre, pendant les quarante dernières années du xvie siècle, et que j'ai entrepris de raconter.

De ces trois fils de Gabriel d'Alègre et de Marie d'Estouteville l'un, Antoine, est, en 1565, le héros, et, en 1573, la victime d'un drame de famille retentissant ; un autre, Yves III, périt assassiné dans des conditions mystérieuses, quatre ans après, en son château d'Allègre ; à cette date de 1577, il ne reste plus qu'un des trois frères, qui meurt lui-même, en 1580, à peine âgé de cinquante-cinq ans.

Et les destinées de la génération qui suit n'apparaissent guère moins dramatiques. Yves III n'ayant pas laissé de descendants, la famille n'est plus alors représentée que par Yves IV, fils d'Antoine, et par Christophe II, fils de Christophe Ier. Yves IV venge son père et, en un duel mémorable, tue son meurtrier, le fameux baron de Vitteaux (1583) ; mais lui-même, moins de dix ans après, en 1592, est massacré à Issoire, dans les circonstances les plus émouvantes. En la même année 1592,

---

[1] Leur contrat de mariage est du 26 avril 1513. Il est cité dans l'arrêt du Grand Conseil du 28 avril 1588, signifié le 13 novembre 1621 (Archives nationales, Vs 330).

[2] Plaidoyer de Simon Marion pour Yves IV d'Alègre, dans *Plaidoyers de Simon Marion*, Paris, 1609, in-8o, p. 388.

Christophe II continue la tradition sanglante, et couronne toute une série de violences et de cruautés par l'odieux assassinat de M. de Montmorency-de-Hallot; il n'échappe que par miracle au dernier supplice. Ce n'est que par ses fils, Claude et Emmanuel, que la famille rentre enfin dans des voies plus droites et aborde des destinées moins tumultueuses.

J'ai déjà dit la part que, dans les vies et les carrières de ces d'Alègre du xvi⁰ siècle, il convenait de faire aux survivances familiales, et noté ce qu'il pouvait y avoir en leurs gestes d'hérité des ancêtres. Mais leur histoire ne s'explique pas seulement par le passé et par les morts; elle s'éclaire, aussi, à la lumière des événements contemporains, et apparaît comme étrangement significative et représentative de cette époque troublée, tourmentée, bouleversée qu'est l'âge des luttes religieuses. En un livre récent[1], j'ai montré ce qu'étaient devenues les mœurs publiques, lorsque, la guerre civile ayant ruiné tous principes d'ordre et d'autorité, l'assassinat en arriva à être considéré comme un moyen de gouvernement. Ce que devinrent, en ce même temps, les mœurs privées, dans le débordement de passions, de haines, de violences, de corruption déchaînées par les dissensions politiques et religieuses, la chronique de la maison d'Alègre me paraît propre à en donner, maintenant, le plus coloré et le plus éclatant exemple.

---

[1] *Récits du temps des troubles (XVI⁰ siècle). — De quelques assassins,* par Pierre de Vaissière, 1912, in-8°.

CHAPITRE II

ANTOINE D'ALÈGRE, SEIGNEUR DE MEILHAUD,
ET LE MEURTRE DU BARON DE THIERS

Les causes de la fortune tragique de la maison d'Alègre, à la fin du xvie siècle, se rattachent à son alliance avec la famille Duprat.

Quoique plus récente que celle des d'Alègre, la notoriété des Duprat, à la même époque, n'était guère moindre. Leurs très modestes origines avaient été, tout de suite, rehaussées et illustrées par les deux titres de chancelier et de cardinal, qu'avait réunis en sa personne le célèbre Antoine Duprat [1]. Et ses descendants n'avaient rien négligé pour conserver le haut rang auquel il avait ainsi élevé la famille. Le fils du chancelier, Antoine II Duprat, avait été prévôt de Paris de 1542 à 1553 [2], et, en mourant, à cette date, avait laissé en la plus brillante situation sociale et matérielle ses neuf enfants et en particulier ses cinq fils : Antoine III Duprat, seigneur de Nantouillet, lui, aussi, prévôt de Paris, de 1553 à 1589, François Duprat, baron de Thiers, Guillaume Duprat, baron de Vitteaux, Nicolas Duprat, baron

---

[1] Il n'y a toujours guère à citer sur ce personnage que l'assez médiocre travail du marquis du Prat, *Vie d'Antoine Duprat*, 1857, in-8°.

[2] Les provisions de l'office de prévôt de Paris pour Antoine Duprat sont du 1er mars 1542 (*Actes de François I*er, t. IV, n° 12.376).

d'Ancienville, et Pierre Duprat, que nous retrouverons, plus tard, page du duc d'Alençon [1].

Originaires à peu près de la même région d'Auvergne, — les d'Alègre des confins de cette province et du Velay, les Duprat du pays d'Issoire, — vivant toutes deux à la cour, s'étant succédé parfois dans les mêmes charges, les deux familles avaient dû, nécessairement, se trouver, de très bonne heure, unies par mille liens de sympathie et d'amitié. Et ces bons rapports s'étaient transformés, bientôt, en une étroite alliance, à la suite de deux mariages. Tout d'abord, de Charlotte de Chalon, dame de Précy et de Vitteaux, François d'Alègre, le grand maître des eaux et forêts, avait eu une fille, Anne d'Alègre, qui avait épousé Antoine II Duprat, le fils du chancelier. Et à la génération suivante, une fille née de ce mariage, Antoinette Duprat, avait épousé son cousin issu de germain Christophe d'Alègre, seigneur de Saint-Just, l'un des fils de Gabriel d'Alègre et de Marie d'Estouteville.

Pareilles unions semblaient être un gage assuré de longue entente et de durable accord entre les deux maisons. Elles marquèrent, au contraire, le début d'une haine furieuse, qui devait se poursuivre pendant près de vingt ans, coûter la vie à trois de leurs membres, et ensanglanter leurs annales domestiques.

I

L'origine de la brouille des d'Alègre et des Duprat remonte, sans aucun doute, au second mariage d'Anne

[1] Marquis du Prat, *Généalogie de la maison Duprat*, 1857, in-8°.

d'Alègre, femme d'Antoine II Duprat, qui, après la mort
de ce dernier, survenue en 1553, épousa, en 1559,
Georges de Clermont, seigneur dudit lieu [1], et de Gallerande [2], de la Celle-Saint-Cyr [3], baron de la Ferté-
Loupière [4], gentilhomme ordinaire de la chambre du
Roi, et capitaine de cent hommes d'armes de ses ordonnances. Bien que d'Antoine Duprat elle eût eu neuf
enfants, et qu'elle fût, alors, âgée de près de cinquante
ans, Anne d'Alègre, par son contrat de mariage, signé
le 3 mai 1559, n'avait pas hésité à faire don « aux
enfants à naistre de son second mariage », ou à leur
défaut, — assez vraisemblable, — à son nouveau mari,
de la plus grande partie de ses biens personnels et
notamment de ses terres de Sépeaux et de Saint-Romain-le-Preux [5]. Les enfants du premier lit s'étaient,
ainsi, trouvés gravement lésés, et, dès le 8 mai 1559,
avaient intenté à leur mère un procès en rescision de
ces libéralités inofficieuses. Ils avaient demandé : que
les donations faites à Georges de Clermont fussent
réduites, au moins, à une part d'enfant; qu'une somme
de 150.000 livres fût versée à Jeanne, Renée et Fran-

----

[1] Clermont, Sarthe, arrondissement et canton de la Flèche.

[2] Gallerande, Sarthe, arrondissement de la Flèche, canton du Lude,
commune de Luché-Pringé. Cette terre fut érigée en marquisat,
en 1576, au profit du même Georges de Clermont (J.-R. Pesche, *Dictionnaire historique de la Sarthe*, 1829, in-8°, t. II, p. 496).

[3] La Celle-Saint-Cyr, Yonne, arrondissement de Joigny, canton de
Saint-Julien-du-Sault.

[4] La Ferté-Loupière, Yonne, arrondissement de Joigny, canton de
Charny.

[5] Contrat de mariage d'Anne d'Alègre et de Georges de Clermont,
3 mai 1559 (Archives nationales, insinuations du Châtelet, Y 107,
fol. 355, 398). Sépeaux et Saint-Romain-le-Preux, Yonne, arrondissement de Joigny, canton de Saint-Julien-du-Sault.

çoise Duprat, leurs sœurs cadettes et mineures ; que la donation faite autrefois par sa mère à leur frère aîné, Antoine III Duprat, de la terre de Précy[1] fût reconnue ; qu'interdiction fût signifiée audit de Clermont de continuer les coupes entreprises dans les forêts de Précy ; qu'enfin Anne d'Alègre eût à vider, au plus tôt, l'hôtel d'Hercule, ancien hôtel de Piennes, situé à l'angle du quai et de la rue des Grands-Augustins, donné autrefois par François Ier au chancelier, depuis séjour ordinaire et commun de la famille[2], et dont les parties prétendaient avoir été chassées par leur mère et son second mari[3].

Ces prétentions avaient, d'ailleurs, été âprement et éloquemment défendues par le célèbre avocat François de Marillac qui avait flétri, en termes énergiques, « ceste mère pleine d'ans et d'enfans, ayant esté mariée vingt-sept ou vingt-huit ans, laquelle, dans son désir et fol appétit d'un nouveau mari, avoit oublié son premier époux et ses premiers-nés, qui, aujourd'hui, mis hors de leur maison, vaguoient et estoient logés par emprunt » ; — flétri, aussi, celui qui n'avait pas craint d'accepter la fortune qu'on lui avait offerte, et qui semblait n'avoir que « le désir de tout vendre et dissiper », avant qu'elle lui échappât[4].

---

[1] Précy, Yonne, arrondissement de Joigny, canton de Saint-Julien-du-Sault.

[2] Sur l'hôtel d'Hercule, cf. Berty et Tisserand, *Topographie historique du vieux Paris : région occidentale de l'Université*, 1888, in-fol., p. 207 et suiv. — F. Bonnardot, *Registres du bureau de la ville de Paris*, 1888, in-fol., t. IV, p. 148.

[3] Archives nationales, parlement civil, plaidoiries, matinées, X[1A] 4977. fol. 376 v° et suiv.

[4] *Ibid.*, fol. 383.

Mais, malgré l'appui d'une si fougueuse éloquence, les demandeurs n'avaient pu obtenir qu'en partie satisfaction. Le parlement, — par un arrêt du 27 janvier 1560, — tout en leur donnant raison sur quelques points, notamment sur le versement aux trois sœurs des 150.000 livres exigées, sur la restitution de l'hôtel d'Hercule, encore sous réserve d'indemnité à leur mère pour son douaire, sur l'interdiction de l'exploitation des bois de Précy au delà de 40.000 livres, le parlement n'avait pu admettre leur prétention sur le point principal, et casser ou réduire les donations faites par Anne d'Alègre à Georges de Clermont[1], par la bonne raison que la loi était muette là-dessus, et la jurisprudence fort hésitante, la matière ne devant être réglée que, peu après, par l'édit de juillet 1560, dit édit des secondes noces, qui fut précisément rendu à l'occasion du scandale récent du procès que je viens d'exposer[2].

Celui, cependant, qui, dans ce procès, s'était trouvé avoir la situation la plus délicate était Christophe d'Alègre, seigneur de Saint-Just, qui, ayant épousé une des filles d'Anne d'Alègre, et étant à la fois le neveu et le gendre de cette dernière, devait être intéressé, d'un côté, à ménager une parente, de l'autre, obligé de sauvegarder les droits de sa femme contre les fantaisies de sa belle-mère. Pourtant, il semble d'abord avoir fait, sans hésiter, cause commune avec les Duprat, non seulement pendant le procès, mais même après, dans les premiers règlements d'affaires qui intervinrent à la

---

[1] Archives nationales, parlement civil, plaidoiries, matinées, X¹ᴬ 4977, fol. 388-389.

[2] Isambert, *Anciennes lois françaises*, t. XIV, p. 36.

suite du jugement du 27 janvier 1560[1]. Cette belle entente devait malheureusement n'être qu'éphémère, puisque c'est par lui que les rapports des deux familles allaient définitivement s'envenimer.

Bien que nous ne sachions qu'assez peu de chose de ce Christophe d'Alègre jusqu'au moment où il entre ainsi en scène, ce que nous en savons est suffisant pour nous le faire entrevoir sous un jour assez fâcheux, et comme un personnage assez singulier.

En 1553-1554, il avait fait la guerre en Picardie, en compagnie de son beau-frère, Antoine III Duprat, et celui-ci, dans une lettre à son père, nous le peint déjà comme « un esprit désordonné et fantastique[2] ». Il semble bien, d'autre part, qu'il ait de bonne heure versé dans la Réforme, et que ce soit à lui qu'on doive attribuer une perfidie qui fit assez grand bruit en Auvergne, en 1562. En cette année, Pierre de Forest, seigneur de Blacons, lieutenant du célèbre baron des Adrets, ayant envahi le Velay, et marchant sur le Puy, les habitants effrayés lui avaient député le sieur de Saint-Just, qu'on savait favorable aux religionnaires, pour le prier d'épargner la ville, ce que Blacons avait accordé, moyennant la somme de 3.500 écus, qui lui fut comptée le lendemain, mais ce qui ne l'empêcha pas de continuer sa marche sur le Puy, appuyé et guidé, dans ses mouvements, par le même Saint-Just, en lequel les

---

[1] Cf. notamment aux Archives nationales, les registres du Parlement, Conseil, X1a 1594, fol. 5 vo, 44 vo, 45, 306 vo, 361 vo, 385 ; X1a 1595, fol. 89, 146 vo, 163, 167, 280 ; X1a 1596, fol. 60, 111 vo, 226 vo, 335 vo, 353 vo, 473 vo ; X1a 1597, fol. 48.

[2] Lettre d'Antoine III Duprat à son père, de Renty, 13 août 1554 (Marquis du Prat, *Glanes et regains récoltés dans les archives de la maison Duprat*, 1865, in-8o, p. 95).

habitants avaient mis si imprudemment leur confiance [1].
Enfin, M. de Saint-Just avait fait preuve de son caractère ombrageux et difficile dans ses rapports avec sa
famille elle-même.

Gabriel d'Alègre avait, en mourant, vers 1539, laissé,
je l'ai dit, cinq fils : François, Gilbert, Yves, Christophe et Antoine. Sa veuve, Marie d'Estouteville, avait
épousé, peu après, Jean de Fages, seigneur du Bouchet,
mais était décédée, avant 1543, sans héritiers de cette
seconde union, en sorte que tous ses biens situés, à la
fois, en Normandie et en Brie étaient revenus aux
enfants de son premier mariage. A cette date, et pour
des raisons que j'ignore, ces derniers, ne s'étant point
encore partagé l'héritage de leur père, s'étaient trouvés
dans une situation presque inextricable. Ils avaient
résolu d'en sortir, et avaient décidé, pour commencer,
de se diviser ceux des biens de leur mère qui étaient
situés en Normandie. Marie d'Estouteville ayant laissé
cinq fiefs en cette province : Blainville [2], Marcilly [3],
Maisy [4], Saint-André [5] et la Motte d'Alaincourt [6], il sem-

---

[1] *Chroniques d'Etienne Médicis, bourgeois du Puy,* publiées par
A Chassaing, Le Puy, 1859, in-4°, t. I, p. 520-521.

[2] Blainville-Crevon, Seine-Inférieure, arrondissement de Rouen, canton de Buchy.

[3] Marcilly-sur-Eure, Eure, arrondissement d'Evreux, canton de Saint-
André-de-l'Eure.

[4] Maisy, Calvados, arrondissement de Bayeux, canton d'Isigny. —
Cf. *Rôle du ban et de l'arrière-ban du bailliage de Caen, en 1552,* par
Emile Travers, 1901, in-8°, p. 112-113.

[5] Saint-André-de-l'Eure (autrefois Saint-André-en-la-Marche), Eure,
arrondissement d'Evreux.

[6] Le fief de la Motte était situé dans la paroisse d'Alaincourt, Eure,
arrondissement d'Evreux, canton de Verneuil, commune de Tillières-
sur-Avre (M. Charpillon, *Dictionnaire historique de toutes les communes
du département de l'Eure,* 1879, in-4°, t. II, p. 916).

blait, en effet, que le départ fût, là, particulièrement aisé entre les cinq cohéritiers. Mais, à ce moment, l'aîné de la famille, François, soutint que la terre de Blainville, étant régie par la coutume du pays de Caux, et non par celle de Normandie, était, comme les fiefs de ce pays, « impartable et indivisible », et devait lui revenir « par préciput et hors part », en vertu de son droit d'aînesse. Il s'attribua, donc, cette seigneurie de Blainville, plus celle de Marcilly, en raison du « privilège de choisie », que lui conférait la coutume générale de Normandie ; Gilbert, le second frère, prit Maisy ; Yves, Saint-André ; Christophe, la Motte d'Alaincourt, et Antoine se trouva, ainsi, évincé. L'injustice apparente de ce règlement ne fit que s'accentuer, à la suite du décès de François, qui fut tué devant Binche, en 1543[1]. Il ne laissait point d'enfants. Gilbert, son frère, lui succéda, et, héritant de lui des terres de Blainville et de Marcilly, demeura, dès lors, possesseur des trois cinquièmes de la succession maternelle. Puis, Gilbert étant mort, lui-même, sans postérité, en 1552, Yves s'était, à son tour, substitué à lui, et, réunissant à son fief de Maisy les parts de ses frères décédés, était resté, finalement, titulaire de la presque totalité de l'héritage de Marie d'Estouteville[2]. Contre cette situation, qui n'était pourtant que le fait de la coutume et des arrangements antérieurement acceptés par ses frères et lui, le sieur de Saint-Just s'était, aussitôt, élevé avec violence. Il avait,

---

[1] *Mémoires de Martin et Guillaume du Bellay*, collection Petitot, t. III p. 434. — Binche, Belgique, province de Hainaut.

[2] Archives nationales, parlement civil. plaidoiries, matinées. X¹ᴬ 5107, fol. 404-405.

d'abord, porté sa cause devant le parlement de Rouen, et, y ayant vu ses prétentions repoussées par un arrêt du 19 janvier 1554[1], il s'était pourvu contre son frère, Yves, devant le Grand Conseil, puis, devant le parlement de Paris, qui, en 1565, n'avait pas encore rendu son jugement, et ne devait même le rendre que vingt ans plus tard entre les héritiers des deux plaideurs[2].

Peu de temps après ce premier différend, un autre avait surgi entre les deux frères. En 1554, les trois fils survivants de Gabriel d'Alègre avaient procédé au partage des biens de leur père, et de ceux des biens de leur mère sis au pays de Brie, et sans trop de débats, Yves avait eu la baronnie d'Alègre, Christophe, les terres de Saint-Just, d'Obsonville[3] et d'Oissery[4], Antoine, les seigneuries de Meilhaud, de Tourzel et de Saint-Diery[5].

[1] Arrêt cité dans un arrêt du Grand Conseil, du 10 décembre 1557 (Arch. nat., V⁵ 50).

[2] Les arrêts du parlement sont du 11 février 1584 (Archives nationales, Conseil, X¹ᴬ 1683, fol. 380 v° et suiv.), et 10 mars 1584 (*Ibid.*, X¹ᴬ 1684, fol. 234v°-237). Ils ne visent d'ailleurs qu'une partie de la cause, l'affaire ayant été renvoyée au Grand Conseil, dont le jugement rendu le 28 avril 1588 ne fut signifié que le 13 novembre 1621! (Archives Nationales, Grand Conseil, V⁵ 330.)

[3] Obsonville, Seine-et-Marne, arrondissement de Fontainebleau, canton de Château-Landon.

[4] Oissery, Seine-et-Marne, arrondissement de Meaux, canton de Dammartin-en-Goële. — Cf. l'aveu rendu au Roi, le 1ᵉʳ décembre 1578, par Christophe d'Alègre, seigneur de Saint-Just et d'Oissery, pour la terre d'Oissery (Archives nationales, R⁴ 48-49, cote 564). — Fernand Labour, *La Châtellenie d'Oissery*, 1876, in-8°, p. 141-143.

[5] Saint-Diery, Puy-de-Dôme, arrondissement d'Issoire, canton de Besse. — Cf. sur ce partage entre les trois frères, le *Factum* produit, au commencement du xvⁱⁱⁱᵉ siècle, par Yves, marquis d'Alègre, lieutenant général des armées du Roi, gouverneur de la ville et du château de Saint-Omer, fils et héritier d'Emmanuel, marquis d'Alègre, et arrière-petit-fils de Christophe d'Alègre, s. d., in-fol., p. 3 (Bibliothèque nationale, fonds Clairambault, vol. 1219).

Mais si les choses s'étaient ainsi « passées amiablement » en ce qui touchait l'actif de la succession, il n'en était pas allé de même pour le passif.

Au passif figurait, en particulier, une rente due par la maison d'Alègre à la maison de Luxembourg. Les origines de cette obligation nous apparaissent assez incertaines. Elles semblent remonter, cependant, à un contrat de constitution de « rente assignée ou en assiette », fait et passé, au commencement du xvie siècle, entre Jacques de Dinteville, seigneur des Chenets, et Jacques d'Estouteville, par lequel celui-ci, en échange d'un capital aliéné, s'était engagé à servir à celui-là des arrérages annuels de 800 livres, garantis sur certains biens possédés par d'Estouteville en Champagne. Dinteville étant mort, peu après, sa veuve, Anne de Châteauvillain, avait apporté cette créance à son second mari, Marc de la Baume, comte de Montrevel, qui, après avoir, plusieurs fois, sollicité, en vain, le payement de nombreux termes échus et impayés, s'était décidé à réclamer le remboursement du capital même de la rente aux héritiers de Jacques d'Estouteville, c'est-à-dire à ses gendres et à ses filles : Charles de Luxembourg et Charlotte d'Estouteville, d'une part, Gabriel d'Alègre et Marie d'Estouteville, de l'autre. Et Gabriel d'Alègre et Marie d'Estouteville ayant opposé une fin de non-recevoir à ces poursuites, Marc de la Baume s'était adressé, pour le tout, à Charles de Luxembourg qui, ayant, le 6 mars 1515, éteint la rente par la cession et abandon de diverses terres, s'était retourné, aussitôt, contre son cohéritier, Gabriel d'Alègre, pour l'amener à contribuer, pour sa part, au « racquit et amortisse-

ment de la moitié de ladicte rente », soit 400 livres[1].
Mais, comme tant d'autres, et en dépit des arrêts du
parlement de Paris des 14 août 1526[2] et 14 avril 1534,
condamnant les d'Alègre à s'exécuter, ce procès n'était
pas encore réglé en 1554, et les héritiers de Charles de
Luxembourg étaient encore, à cette date, en instance
contre ceux de Gabriel d'Alègre. Ces derniers, Yves,
Christophe et Antoine, avaient, alors, convenu de profi-
·ter du règlement de leurs affaires de famille, pour en
finir avec ces différends irritants. L'aîné, Yves, ayant
pris pour sa part la terre et baronnie d'Allègre, il avait,
donc, été convenu que le titulaire de ce lot, le plus
avantageux, serait chargé d'éteindre la rente en question, et les choses se seraient, sans doute, ainsi termi-
nées, si une offre imprudente de Christophe n'était venue
tout compliquer. Celui-ci s'était fait fort, en effet, de
désintéresser la maison de Luxembourg, moyennant
6.000 livres qui devaient lui être remises par son frère,
Yves, et s'était engagé à verser le surplus, au cas où les
prétentions de la maison de Luxembourg dépasseraient
ce chiffre de 6.000 livres. Que se passa-t-il? Yves
soupçonna-t-il son frère de vouloir gagner sur lui, en
traitant directement avec les Luxembourg, et refusa-t-il
de verser les 6.000 livres à Christophe, comme celui-ci
l'en accusa? Les Luxembourg rejetèrent-ils les offres
de Christophe, comme désavantageuses? On ne sait

---

[1] Arrêt du parlement de Paris, du 14 avril 1534 (Archives nationales,
XIa 1537, fol. 222-223). — Arrêt du Grand Conseil, du 28 avril 1588
(Archives nationales, Va 330, à la date du 13 novembre 1621, qui est
celle de la signification de l'arrêt).

[2] Je n'ai pu retrouver cet arrêt, qui est cité dans l'arrêt du
14 avril 1534.

trop. Le certain est que ce dernier, contre lequel Antoine de Luxembourg, fils de Charles de Luxembourg, s'était retourné, avait été obligé, le 6 avril 1564, de lui céder, en acquit de la rente constituée jadis par Jacques d'Estouteville, une des terres qui lui étaient revenues dans le partage de 1554, la terre d'Obsonville. Substitué, dès lors, aux droits de la maison de Luxembourg, il avait exercé un recours en garantie contre son frère, lui réclamant ou une terre de pareille qualité et valeur que celle qu'il avait été obligé d'abandonner en remboursement de la rente, ou le payement annuel et régulier des arrérages de cette rente[1]. En 1565, date à laquelle commence ce récit, l'instance venait d'être engagée devant le parlement de Paris.

Comment se gâtèrent les bons rapports que, à la suite de leur action commune contre Anne d'Alègre, les Duprat avaient entretenus avec leur beau-frère, Christophe d'Alègre? Si ce que je viens de dire de l'humeur batailleuse et processive de ce dernier permet de ne pas s'en étonner beaucoup, il est plus difficile de préciser l'occasion et le prétexte de leur brouille. Très vraisemblablement, elle fut la conséquence des règlements d'affaires de famille qui durent suivre le procès. Quoi qu'il en soit, dès le commencement de 1565, les

---

[1] Arrêt du Grand Conseil du 28 avril 1588, signifié le 13 novembre 1621 (Archives nationales, V⁵ 330). — *Factum d'Yves, marquis d'Alègre, lieutenant général des armées du Roi, gouverneur de la ville et du château de Saint-Omer*, s. d., in-fol., p. 3 (Bibl. nat., fonds Clairambault-vol. 1219). — *Factum d'Yves, marquis d'Alègre, chevalier des ordres du Roi, maréchal de France, contre dame Française de Belvezet de Jonchères, veuve de Jean de la Vernède, chevalier, seigneur d'Auriac...*, etc.. 1730, in-fol., p. 3 (Bibl. nat., fonds Clairambault, vol. 1219).

hostilités étaient déjà engagées, et M. de Saint-Just, que l'on trouve encore, en janvier 1564, marchant d'accord avec son beau-frère Antoine Duprat[1], était, un an après, dans les termes les plus violents avec lui.

A en croire un document, il allait, dès lors, dans Paris, se répandant en injures et en menaces contre les Duprat, disant que « sa race valoit mieux que la leur », et qu'il le leur prouverait bientôt. Les Duprat ne cherchaient, de leur côté, qu'une occasion de se venger de ces propos insolents. Or, le 16 ou le 17 mars 1565, Antoine Duprat, prévôt de Paris, et François Duprat, baron de Thiers, son frère, rentraient à l'hôtel d'Hercule, accompagnés de quinze ou seize personnes. Sur le quai des Grands-Augustins, ils rencontrèrent Saint-Just n'ayant avec lui que trois ou quatre serviteurs. La nuit était déjà venue, et les adversaires ne se reconnurent qu'à la lumière des flambeaux portés par leurs domestiques. Ce qui arriva alors, il est assez malaisé de le savoir, car nous n'avons, là-dessus, que le récit du sieur de Saint-Just. D'après ses dires, le prévôt de Paris et le baron de Thiers se seraient rués sur lui, « comme en furie », lui criant : « Tu as menty, Saint-Just, en disant que la race estoit meilleure que la nostre ! » Puis, comme une altercation s'ensuivait entre Antoine Duprat et d'Alègre, le baron de Thiers, resté un peu en arrière, « sans que ledict seigneur de Saint-Just luy parlast ne meffist aulcunement, auroit desgainé son espée, et, tenant icelle à deux mains, se seroit efforcé en frapper ledict Saint-Just par

<hr>

[1] Archives nationales, parlement civil, plaidoiries, matinées, X¹ᴬ 4997, fol. 312.

derrière, et luy en donner au travers du corps, ce que, apercevant ledict Saint-Just, à la lueur de l'espée, en se tournant, empescha, mais sans pouvoir faire qu'il n'en demeurast grandement blessé et excédé ». « Et voulant, alors, ledict Saint-Just mettre l'espée à la main, pour se défendre », un des deux frères Leonne, Louis ou Balthazar, — âmes damnées du baron de Thiers, — « luy donna de l'espée sur la main, tellement que, à l'occasion desdicts excès, il fut contraint de se retirer[1] ». Mais, quelques jours après, la victime de ces violences déposait contre ses agresseurs une plainte au parlement.

La guerre était, dès lors, déclarée entre les deux familles. Et toutefois, le premier champion de cette rivalité devait être non pas Christophe, avec lequel s'étaient engagées les hostilités, mais son frère Antoine d'Alègre, seigneur de Meilhaud, qui, mêlé incidemment à la querelle, allait la rendre implacable, en mettant du sang là où il n'y avait eu jusque-là que des menaces et de la haine. C'est avec ce seigneur de Meilhaud que je voudrais faire faire un peu plus ample connaissance à mes lecteurs, puisque c'est avec lui que s'ouvre le premier acte d'un drame dont je n'ai jusqu'ici exposé que le prologue.

II

Antoine d'Alègre, cinquième et dernier fils de Gabriel d'Alègre et de Marie d'Estouteville, était né vers 1530.

[1] Lettres de rémission accordées à Antoine d'Alègre, seigneur de Meilhaud, juin 1565 (Archives nationales, Trésor des Chartes, JJ 263[B], n° 495).

VUE ANCIENNE DU CHATEAU DE MEILHAUD,

d'après l'*Armorial* de Guillaume REVEL (*Bibliothèque Nationale*, Cabinet des manuscrits, fr. 22 297).

Dans l'héritage paternel la seigneurie de Meilhaud lui avait été attribuée, et il en portait le nom, défiguré, la plupart du temps, dans les documents, en Millau, Milhaud, Millault, Meillaut, Meillaud, mais qui, sous la forme Meilhaud, était et est, encore, aujourd'hui, le nom d'une petite localité située à 8 kilomètres d'Issoire, dans la vallée de la Couze[1]. Comme tant d'autres, le château de Meilhaud a été détruit[2], et, seul, un dessin au trait, contenu dans le « Registre d'armes du hérault Guillaume Revel, dit Auvergne », nous en a conservé l'assez noble et imposante sihouette[3].

Je sais fort peu de chose touchant la première partie de la vie du seigneur de Meilhaud. Mais le plus ancien document que j'aie découvert sur lui nous prouve que ses services à l'armée avaient dû être, d'assez bonne heure, remarqués, pour lui avoir valu, à moins de trente ans, la charge de gouverneur de Boulogne-sur-Mer[4]. C'est comme tel qu'il nous apparaît, en effet, à la fin de 1558, dans deux lettres adressées par lui au

[1] Meilhaud, Puy-de-Dôme, arrondissement et canton d'Issoire.

[2] Je ne sais à quelle époque. Il ne devait plus exister, dans tous les cas, au commencement du xviiie siècle, puisque le maréchal d'Alègre fit alors commencer à Meilhaud la construction d'un autre château. Ce château, qui n'était pas achevé à sa mort en 1730, fut détruit presqu'aussitôt après, et il n'en reste que quelques pans de murs. (Chabrol, *Coutume d'Auvergne*, t. IV, p. 340.)

[3] Bibl. Nat. fr. 22.297. — Cf. Ch. Casati, *Villes et châteaux de la vieille France, duché d'Auvergne, d'après les manuscrits du chanoine Audigier et du héraut d'armes Revel, dit Auvergne*, Paris, 1900, in-8º, p. 162-163.

[4] D'après A. d'Hauttefeuille et L. Bénard, qui estropient son nom et l'appellent M. de Nullault, Antoine d'Alègre, seigneur de Meilhaud, aurait été nommé gouverneur de Boulogne-sur-Mer le 19 septembre 1558, et le serait resté jusqu'au 28 mai 1559 ; mais je ne sais quels documents ont fourni ces dates aux deux auteurs. (A. d'Hauttefeuille et L. Bénard, *Histoire de Boulogne-sur-Mer*, 1860, in-12, t. I, p. 300.)

duc de Guise, lettres qui donnent une idée trop juste, trop favorable aussi de son caractère et de son inflexible droiture, pour que je ne les cite pas ici.

La première est relative à la répression des pillages incessants commis par les gens de guerre sur les populations des campagnes, et fait le plus grand honneur aux sentiments de discipline et d'humanité qui l'ont dictée. Par ailleurs, elle ne manque pas de couleur.

MONSEIGNEUR, écrit donc Meilhaud, le 7 novembre 1558, au duc de Guise, Monseigneur, je ne veulx faillir à vous advertir comment, suivant vostre commandement, j'ay faict distribuer pain et vin aux soldatz de ceste garnison, leur aiant remonstré que, encores que, pour le passé, ils eussent mal vescu, que, à ceste heure, il falloit qu'ils feissent mieulx et eulx contenter de l'ordinaire que le Roy leur bailloit, ce que aiant faict, pour cella, ils n'ont laissé de partir, au matin, avec leurs armes, de la compagnie du baron de Perdilhan[1], lieutenant le capitaine Chaillou[2], pour aller piller, rançonner et manger le bon homme, comme ils ont accoustumé de faire. Ce que voyant, ay adverty ledict capitaine Chaillou, pour y mettre ordre, lequel s'en est venu à mon logiz, et, après m'avoir tenu plusieurs propos braves, haultains et quasi injurieux, a mis l'espée au poing contre moy. La fortune a vollu qu'il soyt tombé devant moy à terre, ayant l'espée au poing, à ma mercy, auquel n'ay riens vollu faire. Les gens de justice et officiers du Roy, Monseigneur, en font l'information, laquelle ils vous envoyeront sitost qu'elle sera parfaicte, vous supplyant très humblement que, sy j'ay mal faict, que je l'amende, et aussy, sy la faulte vient de son

---

[1] Bérard de Ségur, baron de Pardaillan, seigneur de Seyches (Lot-et-Garonne), gentilhomme ordinaire de la chambre du Roi.

[2] Le capitaine Chaillou est, probablement, ce gentilhomme poitevin qui se distingua, plus tard, pendant la guerre civile, et fut tué au siège de Lusignan, en 1574, dans les rangs des réformés.

costé, qu'il soyt pugny, et aussi d'y voulloir mectre ordre,
car je vous asseure qu'ils sont aujourd'huy plus de deux
cens mangeans le bon homme, et n'est en moy possible d'y
pouvoir résister, veu que ledict capitaine est consentant avec
eulx, et aussy qu'ils sont les plus forts. Et se trouvera, Monseigneur, meurtres de femmes et de filles, et des exactions
et pilleries, et plus haut de demy pied d'informations sur
eulx, lesquelles ne fauldray de vous faire tenir, et aussy
que, à la reveue, ledict capitaine Chaillou a présenté plusieurs
passe-volans; qui sera la fin, après vous avoir présenté mes
très humbles recommandations à vostre bonne grâce, supplyant le Créateur, Monseigneur, vous donner, en santé,
bonne vie et longue.

De Boullongne, ce vɪɪᵉ novembre 1558.

Monseigneur, je vous supplie très humblement, pour contenter le pauvre peuple et obvier à beaucoup d'inconvéniens, qu'il vous plaise les oster d'ici. S'il vous plaisoit les
envoyer à Callais et en faire revenir deux autres icy, le service du Roy s'en feroit trop mieulx.

Vostre très humble et très obéyssant serviteur,

ALÈGRE [1].

Cette lettre valut à son auteur, du chef qui savait
apprécier sentiments pareils à ceux qui y étaient expri-
més, la réponse la plus capable de le satisfaire, la plus
flatteuse aussi :

MONSIEUR de Meilhau, lui écrivait, en effet, dès le 16 novembre, le duc de Guise, j'ay receu la lettre que vous
m'avez escripte, du vɪɪᵉ de ce moys, par laquelle j'ay esté
bien ayse d'entendre le commencement que vous avez faict
donner à la norriture des soldats de la garnison de Boul-

---

[1] Bibl. nat., fr. 20.471, fol. 183.

longne, et ce que vous avez faict faire de pugnition et démonstration de ceulx qui, depuis, ont esté piller et rançonner le bon homme, à quoy je vous prie tenir la main la plus
ferme qu'il vous sera possible, pendant le temps que vous
avez encore à estre à Boullongne, affin de donner quelque
repos au pauvre peuple, à ceste heure, mesmement, que lesdicts soldatz sont norrys et délivrez de la nécessité qui nous
contraignoit à tolérer leurs désordres plus que nous n'eussions voulu.

Et quant à la faulte que vous a faicte le capitaine Chaillou,
lieutenant du capitaine Perdilhan, j'en actends les informations, et du surplus de cas dont luy et ses gens sont chargez,
que vous me ferez envoyer le plus tost qu'il vous sera possible ; et cela faict, asseurez-vous que je n'oublieray riens
de ce qui se debvra faire pour faire chastier les ungs et les
aultres, ainsi qu'ils se trouveront l'avoir mérité.

Et quant à vostre congé, dont vous me parlez dans une
autre lettre, j'en ay parlé au Roy ; mais ayant estimé que
vostre présence luy est encore bien fort utile et nécessaire au
lieu où vous estes, il me donne charge de vous escripre que
vous lui ferez agréable service en demeurant encores pour
quelques jours ; et ayant veu ce que réussira de la négociation de la paix, j'auray souvenance de vous et de vostre
congé[1].

La seconde lettre de Meilhaud au duc de Guise nous
le montre sous le même jour que la précédente, c'est-à-
dire comme le chef le plus « diligent » et le plus « loyal
en sa charge », le capitaine le plus « sage » et le plus
« avisé ».

Monseigneur, écrit-il, le 5 décembre 1558, je croy que vous
estes adverty comment les ennemys s'assemblent fort à Saint-
Omer et à l'entour, et qu'ils m'ont envoyé visiter souvent par

<hr>

[1] Cette lettre est en minute à la Bibl. nat., fr. 20.471, fol. 187.

tabourins et trompettes, soubs prétexte de demander quelques prisonniers, qui est occasion que n'ay voullu faillir à vous advertir que M. de Sansac [1] a tiré l'ungne des compagnies du baron de Perdilhan de ceste place pour la mettre à Monstreuil, et ne saurions estre trois cens hommes de guerre en ceste place, que les chefs et capitaines ne sont icy, comme le baron de Vismes [2], le capitaine Beaucamp [3], le guidon, le baron de Perdilhan, M. de Lignon [4], le capitaine Popincourt [5], son lieutenant. Il vous plaira de y mettre ordre.

Monseigneur, je vous ay desjà adverty comment il n'y a pic ne pelle, ny hotte, ny monde en ceste place, et ne saurions avoir trente cacques de pouldre, et toutes nos pièces en fort mauvais estat et esquipaige. S'il vous y plaisoit envoier un commissaire d'artillerie, et que vous le trouviez bon, il me semble que ce seroit bien faict. Qui sera la fin, après vous avoir présenté mes très humbles recommandations à vostre bonne grâce, suppliant le Créateur, Monseigneur, vous donner, en santé, très bonne, longue et heureuse vie.

De Boullongne, le ve jour de décembre 1558.
Vostre très humble et très obéyssant serviteur,

ALÈGRE [6].

C'est probablement après cette campagne de Picardie, terminée, l'année suivante, par le traité de Cateau-Cambrésis, que M. de Meilhaud, à la suite, comme il semble, des bonnes relations qu'il avait nouées avec beaucoup de gentilshommes et de familles du pays, épousa Françoise de Mailly, fille de Marie de Hangart

---

[1] Louis Prévost, seigneur de Sansac.
[2] Jean de Monchy, seigneur de Senarpont, baron de Visme.
[3] Charles de Rune, seigneur de Beaucamp.
[4] Jacques de Rochebaron, seigneur de Lignon.
[5] Peut-être Adrien de Maucourt, seigneur de Popincourt.
[6] Bibl. nat., fr. 20.471, fol. 221.

et de René de Mailly, baron du lieu, seigneur de Bouillancourt-en-Santerre, chevalier de l'ordre, capitaine de cinquante hommes d'armes des ordonnances, et gouverneur de la ville de Montreuil-sur-Mer. Françoise de Mailly reçut en dot « la terre et seigneurie de Longueval, consistant en fief, maisons, etc., séans au village de Mailly[1], terroir d'icelluy, Colincamps[2] et des environs », et c'est, dès lors, à Longueval que les deux époux firent leur plus habituelle résidence[3].

D'assez bonne heure, cependant, M. de Meilhaud, en dehors de sa réputation de soldat, s'était acquis un autre renom fort différent et plus rare parmi ceux de son rang, le renom d'un lettré tout à fait remarquable. On vantait, déjà, sa culture très étendue, et surtout sa parfaite connaissance de la langue latine. De cela nous avons un témoignage, — un peu postérieur, il est vrai, — dans une lettre à lui adressée par le chancelier Michel de l'Hospital, avec lequel il paraît avoir entretenu les relations les plus cordiales, allant souvent le visiter dans sa demeure du Vignay, et échangeant avec lui une correspondance latine d'ami et d'humaniste. Or, dans la lettre dont il s'agit, L'Hospital fait allusion au chagrin causé à son correspondant par la perte de sa bibliothèque, — « chose à lui si chère et si précieuse ! » — dispersée apparemment au cours de quelque pillage de sa maison durant les troubles, et il l'encourage, en même temps, à poursuivre l'histoire de ces guerres

---

[1] Mailly, Somme, arrondissement de Doullens, canton d'Acheux, commune de Mailly-Mayet.

[2] Colincamps, Somme, arrondissement de Doullens, canton d'Acheux.

[3] Ambroise Ledru, *Histoire de la maison de Mailly*, 1893, in-4°, t. I, p. 193-194.

civiles, « dont, dit-il, vous avez commencé depuis longtemps à réunir les matériaux, et dont, déjà, le plan et
l'ébauche sont sortis de vos mains ; car si la tristesse,
qui se dégage de tels récits, doit nous les rendre moins
agréables à lire, à nous les contemporains, ils seront en
revanche du plus haut et du plus vif intérêt pour nos
successeurs[1] ».

Je ne peux, malheureusement, dire ce que sont deve-
nus les travaux dont parle ici L'Hospital. Mais ce qu'il
m'est permis d'affirmer, c'est que M. de Meilhaud avait
été mêlé assez tôt et d'assez près à la guerre civile pour
pouvoir la raconter avec quelque autorité. Dès les premiers troubles, il avait, en effet, adopté franchement le
parti de la Réforme. En 1560, nous le trouvons, — chose
assez significative, — « porteur d'enseigne de la compagnie de 80 lances fournyes des ordonnances du Roy,
sous la charge et conduite de Gaspard de Coligny, seigneur de Chastillon, admiral de France[2] », et si, un
peu plus tard, en 1561, il est simplement qualifié de
gentilhomme ordinaire de la chambre du Roi[3], nous
savons positivement que, l'année suivante, il faisait
partie de l'armée du prince de Condé. « M. le prince
de Condé, est-il dit dans l'*Histoire ecclésiastique*, après
avoir faict la Cène à Meaux, le jour de Pasques, 29 mars
1562, tira au pont de Saint-Cloud, et s'approcha de
Paris. Et luy fut envoyé par M. le cardinal de Bourbon,
son frère, lors gouverneur de Paris, le sieur d'Alègre

---

[1] Bibl. nat., fonds Dupuy, vol. 491, fol. 31 (copie). — Cette lettre est
certainement postérieure à mai 1568, date de la retraite de la cour de
L'Hospital.

[2] Bibl. nat., fr. 25.513 (pièces originales), n°s 45, 46, 47.

[3] *Ibid.*, n° 51.

pour le prier de ne s'efforcer entrer dans la ville, et ne donner commencement à guerre ouverte[1]. » Si c'est le sieur de Meilhaud qui est désigné ici sous le nom de d'Alègre, et la chose est fort possible, on peut voir là l'occasion de son attachement à Condé. Ce qui est certain, dans tous les cas, c'est qu'il était en la compagnie du prince lorsque, le 1er novembre 1562, celui-ci quitta Orléans pour entrer en campagne, et lança son manifeste en faveur du parti réformé. Du moins, est-il, comme tel, dans l'arrêt du parlement du 16 novembre, inscrit au nombre des rebelles qui ont pris les armes contre la cour, et qui se trouvent, *ipso facto*, condamnés à mort par contumace[2]. Dès le début, du reste, de cette campagne, la fortune lui fut contraire. Après, en effet, que Condé eut pris la ville de Pithiviers, il était venu mettre le siège devant Corbeil, le 17 novembre. « Le lendemain, 18, écrit de Thou, le canon ayant commencé à tirer, et les assiégés faisant un grand feu sur l'armée du prince, il y eut deux personnes de marque blessées, mais avec des suites bien différentes : d'un côté, Robert Stuart reçut, au-dedans de la cuisse, un coup de coulevrine, dont, par un rare bonheur, il fut parfaitement guéri, presque sur-le-champ, en sorte que jamais il ne boita ; de l'autre, Antoine d'Alègre, seigneur de Meilhaud, fut blessé à la jambe d'un coup d'harquebuse, dont il fut, dix ans entiers, très incommodé[3]. » Et, toutefois, le nom de Meilhaud reparaît à la fin des hostilités.

---

[1] *Histoire ecclésiastique des églises réformées au royaume de France.* édition Baum et Cunitz, 1883-1889. 3 vol. in-8°, t. II, p. 19.

[2] *Mémoires de Condé,* 1743, in-4°, t. IV, p. 114 et suiv.

[3] De Thou, *Histoire universelle,* trad. fr. de 1734, in-4°, t. IV, p. 468.

Lorsque, en effet, las de la guerre et de la captivité qu'il subissait depuis la bataille de Dreux, Condé prêta l'oreille aux propositions de la Reine-mère, en dépit des protestations que soulevait ce que les protestants exaltés et leurs ministres appelaient une trahison du prince, le sieur de Meilhaud fut parmi les plus ardents défenseurs de ce dernier. Il écrivit même à ce propos un « discours », où il déclarait que « l'Évangile ne devoit ni ne pouvoit estre avancé par les armes », s'élevait contre « toute guerre civile, à quelque fin qu'elle fust faite [1] », et surtout « reprochait durement aux ministres leur ambition et leur vanité, les accusant d'entreprendre sur toutes les dignités, de s'immiscer jusque dans l'administration des finances, et de prétendre exercer la justice dans les camps avec une rigueur voisine de la cruauté [2] ». Les intransigeants de son parti lui gardèrent, de ce fait, une rancune implacable. « Un peu auparavant ces choses, lit-on dans l'*Histoire ecclé-siastique*, il couroit par les mains des gentilshommes un certain livret rempli non seulement d'injures contre les ministres, mais aussi tout farci d'erreurs très pernicieuses tant contre la doctrine chrestienne que contre la discipline ecclésiastique. L'auteur de ce livre estoit un gentilhomme nommé Meilhaud, homme fantastique s'il en fut oncques, et particulièrement irrité contre un ministre qui avoit descouvert et déclaré à l'Admiral (de la compagnie duquel il estoit un des principaux membres) la paillardise qu'il commettoit à Orléans en une certaine maison, en laquelle estant surpris, un matin,

---

[1] *Histoire ecclésiastique*, t. II, p 196.
[2] Haag, *La France protestante*, 1847, in-8º, t. II, p. 453.

il fut destitué de sa charge. Et combien qu'il fust assez notoire qu'il estoit l'auteur de ce livre, si est-ce que, estant appelé au Consistoire et, depuis, devant le prince, il le désavoua, qui fut cause qu'on ne procéda plus avant contre sa personne, mais bien fut leue publiquement, après le presche et la célébration de la Cène, la condamnation du livre par tous les temples[1]. » Basses imputations, en dépit desquelles le beau rôle paraît être resté à Meilhaud, qui, du reste, la paix d'Amboise ayant été signée (19 mars 1563), n'avait pas tardé à se retirer dans sa maison de Picardie. C'est là qu'il était en 1565, au moment où son frère Christophe entamait avec les Duprat la querelle à laquelle il allait se trouver si malheureusement mêlé.

III

Il a raconté lui-même comment, s'étant, alors, décidé à venir à Paris, pour se faire panser de sa blessure reçue devant Corbeil et encore mal guérie, il était arrivé dans la capitale douze jours après l'attentat commis par les Duprat sur son frère Christophe. Il était descendu, à Paris, « dans une maison assise au faubourg de Saint-Germain-des-Prés, et joignant l'hostel du prince de la Roche-sur-Yon », renseignements qui permettent de situer assez précisément cette demeure, puisqu'on sait que l'hôtel du prince de la Roche-sur-Yon, devenu l'hôtel de Mme de Montpensier, puis reconstruit, sous la Régence, par Bullet, est aujourd'hui l'immeuble por-

---

1. *Histoire ecclésiastique*, t. II, p. 194 et suiv.

tant le numéro 6 de la rue de Tournon[1]. C'est là que, dès son arrivée, Meilhaud fut contraint, « pour sa maladie, de garder la chambre l'espace de dix jours entiers,… pendant lequel temps il entendit et fut adverty des excès et blessures faicts à son frère par le prévost de Paris et le baron de Thiers, et aussi que, non contens de ce, lesdicts prévost et baron », irrités de ce que « le sieur de Saint-Just avoir fait ouvrir instruction contre eux », « marchoient par les rues de la ville, accompaignez de plusieurs hommes en armes », et que, entre autres, « ils avoient dans leur compagnie ung nommé Troucart, autrement dict La Fontaine, ung nommé le capitaine Noble, ung nommé Saint-Germain, ung autre nommé Jonvelle », et enfin les deux frères Louis et Balthazar de Leonne, dont l'un, on s'en souvient, avait été le plus déloyal agresseur de Christophe d'Alègre[2]. Était-ce seulement pour « se garder » de la juste vengeance de ce dernier, n'était-ce pas, en même temps, par crainte de représailles possibles de la part du sieur de Meilhaud, qu'ils savaient arrivé à Paris et dont les menaces auraient pu leur être rapportées, que les Duprat conservaient cette attitude agressive ? C'est ce que Meilhaud prétendit toujours ignorer, affirmant, dans tous les cas, qu'il ne fit rien pour leur donner à redouter une intervention de sa part. A l'entendre, tous les torts auraient été du côté des Duprat, et voici comment, plus tard, il raconta le drame qui se joua le 8 avril 1565.

---

[1] Berty et Tisserand, *Topographie historique du vieux Paris : région du bourg Saint-Germain*, 1876, in-fol, p. 280.

[2] Lettres de rémission accordées à Antoine d'Alègre, seigneur de Meilhaud, juin 1565 (Arch. nat., JJ 263ᴮ, n° 495).

Ce jour-là, qui était le dimanche de la Passion, M. de Meilhaud, se sentant mieux, « se promena par la ville, à cheval et botté, jusque vers les 4 ou 5 heures du soir », où, rentrant au faubourg Saint-Germain, il alla passer quelques instants à l'hôtel du prince de la Roche-sur-Yon. Revenu ensuite chez lui, il y soupa, en compagnie de trois ou quatre personnes, et, après souper, sur les 7 heures, il retourna chez le prince, se promena quelque peu dans le jardin de l'hôtel, puis se décida à aller, derechef, faire un tour dans la ville. Il était accompagné de huit personnes : Louis Belleau, dit la Garde, Jean de Brosses, seigneur de Marsault, François de Rives, seigneur du lieu, Antoine Broquiers, les nommés Duchampt et Rossel, ses serviteurs, François Delonges, « cousturier » demeurant à Dammartin, François Martin, « valet de Mlle de Beauvais [1] ».

La promenade dans Paris ne se prolongea guère, car, un peu avant 8 heures, Meilhaud et ses compagnons se dirigèrent, de nouveau, vers le faubourg, par la rue Saint-André-des-Arts, où ils s'engagèrent « en intention de gagner de là à la porte Saint-Germain par la rue qui va et tourne aux Cordeliers [2] ». Or, à la croisée de la rue Saint-André-des-Arts et de la rue Macon, sur le terrain actuel de la place Saint-André-des-Arts, s'élevait l'hôtel dit de la Verrière, appartenant à Catherine

---

[1] Lettres de rémission... juin 1565 (Arch. nat., JJ 263[B], n° 495). — Arrêts du parlement des 12 et 17 avril (Arch. nat., X[2B] 38).

[2] C'est-à-dire de gagner la porte Saint-Germain par la rue Hautefeuille qui débouchait dans la rue Saint-André-des-Arts, et par la rue des Cordeliers, aujourd'hui rue de l'École-de-Médecine. La porte Saint-Germain était située à peu près à l'endroit où s'élève, actuellement, sur le boulevard Saint-Germain, la statue de Broca.

Pinot, veuve de Pierre Séguier, seigneur de la Verrière, ancien lieutenant criminel de la prévôté de Paris, puis président au Châtelet, et dont la fille, Anne Séguier, avait épousé François Duprat, baron de Thiers[1].

Était-ce un simple hasard qui avait amené Meilhaud et ses compagnons de ce côté ? Il le semble bien, car le baron de Thiers ne paraît pas avoir habité d'ordinaire ce logis, et ne s'y être trouvé, ce soir-là, qu'à l'occasion d'une réunion de famille chez sa belle-mère. Il en sortait, quoi qu'il en soit, au moment où Meilhaud passait dans la rue, et il traversait la cour de l'hôtel, entre sa belle-mère et sa femme qui était enceinte. Mais ses gens, armés pour le raccompagner chez lui, étaient, déjà, sur le seuil de la porte cochère, et furent, tout de suite, remarqués par « l'un de ceulx qui suivoient M. de Meilhaud », qui en avertissant ce dernier : « Monsieur, lui dit-il, voyez des hommes en armes qui sont au baron

---

[1] L'emplacement de cet hôtel de la Verrière, qui existait encore au XVIIIe siècle, est très nettement indiqué dans une reconnaissance rendue à l'abbaye de Saint-Germain-des-Prés, le 4 juillet 1750 (Archives nationales, S 2835, doss. 3). Avec ce texte, on peut aisément reconnaître et fixer ledit emplacement sur les anciens plans de Paris, à l'angle de la rue Saint-André-des-Arts et de la rue Macon, aujourd'hui disparue. Mais le bas de la rue Saint-André-des-Arts ayant été démoli, tout ce qu'il est permis de dire, aujourd'hui, c'est que l'hôtel de la Verrière s'élevait sur la place Saint-André-des-Arts actuelle, dans le prolongement de la rue du même nom, à droite quand on se dirige vers la Seine. Certains archéologues, entre autres C. Lefeuve. (*Les anciennes maisons de Paris,* 1856, in-16), ont prétendu reconnaître des restes de cet hôtel dans la maison portant actuellement le n° 23 de la rue Saint-André-des-Arts et faisant l'angle de cette rue et de la place Saint-André-des-Arts. Mais je ne crois pas cette supposition exacte, car la maison portant le n° 23 était certainement — pour quelqu'un se dirigeant vers la Seine — en deçà de l'église Saint-André-des-Arts, tandis que l'hôtel de la Verrière se trouvait au delà. En d'autres termes, il apparaît clairement du rapprochement des plans anciens et modernes que les deux « logis », que l'on voudrait identifier, étaient autrefois séparés par l'église Saint-André-des-Arts démolie en 1802.

de Thiers, qui sont sortis de la maison de la Verrière ! »
A ces mots, Meilhaud croit immédiatement à un guet-
apens. Il avait, déjà, dépassé l'hôtel de la Verrière. Il
revient sur ses pas et marche droit vers les serviteurs
du baron, dont l'un se dresse devant lui en une attitude
qui paraît menaçante. « Estimant, dès lors, qu'il se fait
préparatif contre luy », il écarte cet homme, et, péné-
trant dans la cour de l'hôtel, se trouve en face du baron
de Thiers, auquel il crie : « Eh ! bien, pourquoi avez-
vous envoyé vers moy, que me voulez-vous ? » Et voyant
qu'à ces mots le baron ne répondait qu'en mettant la
main à l'épée, Meilhaud lui porte de la sienne déjà
dégainée un coup sur la tête, un autre au travers du
corps, et l'abat aux pieds de sa femme et de sa belle-
mère. Puis, comme le malheureux, relevé par les siens,
avait encore la force, appuyé sur eux, de traverser la
rue et de se traîner jusque chez un barbier-chirurgien,
maître Louis, dont le logis était en face de l'hôtel Séguier,
l'un des compagnons de Meilhaud, se détachant de la
bande qui déjà se retirait, fait un retour offensif et lui
assène un dernier coup d'épée qui l'acheva[1]. A peine,
en effet, avait-il pénétré chez le barbier, qu'il expirait.
A cause, peut-être, de l'enquête judiciaire, le corps
resta là jusqu'au vendredi 13 avril, au soir, où il fut
déposé en l'église Saint-André-des-Arts. Il y demeura
jusqu'au lundi 16, en la chapelle du chancelier Duprat.
Ce jour-là, on le transporta à Nantouillet[2].

A cette date, les assassins étaient déjà sous les ver-

[1] Lettres de rémission... juin 1565 (Arch. nat., JJ, 263ᴮ, nº 495).

[2] « Extrait des registres de la paroisse Saint-André-des-Arcs », cité en
note du *Journal de Bruslart.* dans les *Mémoires de Condé*, t. I, p. 155.

rous. Leur coup fait, eux et leur chef étaient rentrés précipitamment à leur maison du faubourg, étaient montés à cheval et s'étaient rendus aussitôt au logis du sieur de Saint-Just, pour l'informer de ce qui venait de se passer. De là, ils étaient partis au milieu de la nuit, et avaient été se réfugier à Meudon. Mais, « estans advertis, en ce lieu, que le prévost de Paris assembloit grand nombre d'hommes, pour aller tuer ledict de Saint-Just, en sa maison [1] », ils rentrèrent à Paris, où ils ne tardèrent pas à être appréhendés au corps et constitués prisonniers en la Conciergerie du Palais.

IV

Leur cas semblait assez clair et susceptible d'être bientôt réglé. Mais il fallait compter avec les complications qui devaient résulter des poursuites antérieurement engagées, je l'ai dit, par le sieur de Saint-Just contre les Duprat, accusés d'hier, plaignants d'aujourd'hui, et aussi, avec les lenteurs des procédures criminelles d'alors, dont l'affaire en question va nous offrir le plus curieux et le plus significatif exemple.

Les archives de nos anciennes juridictions nous sont parvenues si incomplètes qu'il est bien difficile, à moins d'un heureux hasard, de retrouver ou de pouvoir reconstituer à peu près intégralement le dossier d'une affaire criminelle, au xvie siècle surtout. Le fonds du parlement de Paris, par exemple, ne comprend pas moins, aux Archives nationales, de 25.000 liasses ou registres.

[1] Lettres de rémission... juin 1565 (Arch. nat., JJ 263ᴮ, n° 495).

Pourtant, il faut bien le dire, ce n'est là qu'une infime partie de ce qui aurait dû arriver jusqu'à nous. En ce qui concerne, en particulier, le criminel, nous ne possédons plus, guère, que la série des arrêts de la cour, et tous les papiers des instructions, interrogatoires, confrontations de témoins, etc... ont, à peu près complètement, disparu.

Dans la série des arrêts elle-même, il y a des lacunes assez considérables pour que de certaines affaires l'on n'y retrouve que quelques traces. C'est une observation que j'aurai souvent à renouveler au cours de cette étude, mais qui s'applique, tout de suite, à ces poursuites contre les Duprat, à l'occasion de leurs violences contre M. de Saint-Just, auxquelles je faisais allusion tout à l'heure. Les rares pièces relatives à cette affaire qui nous sont parvenues nous prouvent, du moins, à n'en pas douter, que ces poursuites étaient engagées au moment où s'ouvrait l'instruction du procès de Meilhaud et de ses complices. Dans un arrêt de la cour, du 16 avril 1565, il est fait allusion aux charges et informations « dressées et encommencées », précédemment, contre Antoine Duprat, prévôt de Paris, et ordonné que « ledict Duprat tiendra prison en sa maison, et y sera interrogé[1] ». Il ne semble pas, d'ailleurs, que cette dernière rigueur ait été maintenue ; en revanche, très peu de temps après, il était procédé à l'arrestation des frères Leonne, mêlés, on s'en souvient, à la querelle, et qui, eux, étaient bel et bien emprisonnés[2].

[1] Arrêt du parlement criminel, du 16 avril 1565 (Arch. nat., X²ᴮ 38).

[2] Arrêts du parlement criminel, du 10 septembre et du 13 octobre 1565 (Arch. nat., X²ᴮ, 40).

Les deux affaires Duprat et Meilhaud durent, donc, être, pendant quelques mois, menées de front, et cela contribua, tout d'abord, à alourdir la machine déjà si pesante de l'appareil judiciaire d'alors.

Autre chose vint, bientôt, en paralyser les ressorts. Ce fut l'appel que, aussitôt après son arrestation, Meilhaud adressa à l'un des nombreux tribunaux d'exception, qui faisaient concurrence à l'ordinaire juridiction du parlement, le Grand Conseil.

D'abord simple section judiciaire de l'ancien Conseil du Roi, le Grand Conseil avait été érigé au rang de cour souveraine par l'ordonnance du 2 août 1497, et, depuis, n'avait pas cessé de voir grandir et s'étendre sa compétence. *Ratione materiæ*, cette compétence s'appliquait surtout aux questions bénéficiales et aux affaires concernant les charges et les offices. Mais, *ratione personæ*, elle était indéfiniment extensible : au moyen de son Grand Conseil, le Roi avait, d'un côté, la facilité de plier la justice à toutes les fantaisies de son bon plaisir ; de l'autre, beaucoup de plaideurs ou de prévenus se réclamaient volontiers d'une juridiction qui leur apparaissait, à juste titre, souvent, comme la simple exécutrice des volontés du maître. A quel titre s'en réclamaient-ils ? La plupart du temps, comme appartenant au monde de la Cour, et attachés, par leurs fonctions, soit à la personne du Roi, soit à celle des princes du sang [1].

C'est comme tel et faisant partie de la maison de Louis de Bourbon, prince de Condé, que Meilhaud

[1] Noël Valois, *Inventaire des arrêts du Conseil d'État, règne de Henry IV*, 1886, in-4°, t. I. Introduction, p. xxv-xxxvii.

invoqua la compétence de ce tribunal, en dépit de la prétention hautement manifestée par le parlement de rester saisi de son affaire.

Les archives du Grand Conseil ne nous sont pas parvenues en beaucoup meilleur état que celles du parlement. Pourtant avec les dossiers des procédures de ces deux juridictions, reconstitués, en partie, par moi, à grand'peine, je peux le dire, il est possible de suivre, au moins en gros, la marche de ce procès criminel.

Il semble bien que ce soit la méfiance inspirée à M. de Meilhaud par les sentiments du parlement à son égard, qui l'ait décidé à récuser ce tribunal. Par leurs attaches avec le monde judiciaire, les Duprat comptaient au parlement grand nombre d'amis, et dans toutes les affaires auxquelles nous les trouverons mêlés par la suite, nous les verrons se réclamer de préférence de cette juridiction. Par ailleurs, M. de Meilhaud pouvait justement redouter les tendances catholiques de l'assemblée qui, en 1562, l'avait enveloppé dans la sentence capitale portée contre les chefs du parti protestant. Près du Grand Conseil il devait espérer trouver plus d'indulgence, les membres de ce corps judiciaire étant dans la main de la Cour, et la Cour inclinant à ce moment à la tolérance vis-à-vis des Réformés.

Quoi qu'il en soit, ses démarches ne traînèrent point en longueur. Le meurtre du baron de Thiers était du 8 avril. Le 14 avril, le Roi, étant à Bordeaux, signait de premières « lettres d'évocation au Grand Conseil du procès encommencé au parlement à l'encontre d'Antoine d'Alègre, seigneur de Meilhaud, prévenu de l'homicide commis à l'égard de François Duprat, baron de

Thiers[1] ». Et cette date du 14 avril resterait presque inexplicable, si l'on n'admettait qu'une haute protection, comme celle du prince de Condé, n'avait pu singulièrement abréger les délais officiels et... la distance de Paris à Bordeaux.

Le parlement n'était point disposé, toutefois, à se laisser dépouiller de la cause dont il avait été saisi. Sans retard, il avait commencé ses instructions, admis à se porter parties civiles au procès Catherine Pinot et sa fille, Anne Séguier, belle-mère et femme de la victime, ordonné la mise en liberté sous caution de quelques-uns des comparses de l'affaire, notamment, les 12 et 17 avril, celle de François Martin et de David Delonges, dont la participation au meurtre du 8 avril n'avait point paru suffisamment établie[2]. Il avait, en revanche, et en dehors de M. de Meilhaud, maintenu en état d'arrestation Louis Belleau, dit la Garde, Jean de Brosses, seigneur de Marsault, François de Rives et Antoine Broquiers. Puis, les lettres d'évocation du 14 avril lui ayant été remises, la cour avait, aussitôt, chargé son procureur général de faire au Roi ses très humbles remontrances[3], et, sur ce, avait poursuivi, sans plus tarder, ses informations. Le 10 mai, le prince de Condé étant même venu au parlement demander la libération

---

[1] Je n'ai pu retrouver le texte de ces lettres qui sont mentionnées à diverses reprises dans la procédure, notamment dans l'arrêt du Grand Conseil du 10 octobre 1566 (Arch. nat., V⁵72, et Bibl. nat., nouv. acq. fr. 7.976, fol. 55) et dans les « Remonstrances très humbles de la court de parlement au Roy » (Arch. nat., U 815, fol. 101-103).

[2] Arrêts du parlement criminel, des 12, 16 et 17 avril (Arch. nat., X²ᴮ 38).

[3] « Remonstrances très humbles de la court de parlement au Roy » (Arch. nat., U 815, fol. 101).

conditionnelle de Meilhaud, « à sa caution, ou bien à la caution de huit resséans et suffisans bourgeois de la ville de Paris, Messieurs de la cour, les chambres assemblées, lui firent responce que c'estoit là chose inusitée et contre la forme de justice, mais qu'ils attendoient, de jour en autre, sur ce, la volonté du Roy et que, s'il lui plaisoit, il auroit patience [1] ». Cependant, peu après, semble-t-il, sur une requête du prisonnier lui-même, « portant rapport du médecin qu'il estoit malade », le parlement se décidait à « mettre M. de Meilhaud hors de la Conciergerie »; mais il lui était enjoint de « garder prison » chez Mᶜ Benoît Le Roux, huissier de la cour, et, de plus, son frère, Yves d'Alègre, s'engageait à le cautionner de l'énorme caution de 10.000 écus, payables, « au cas qu'il s'évaderoit », moitié au Roi et moitié à la femme et à la belle-mère du baron de Thiers [2].

Encouragé, peut-être, par cette première faveur, et supposant, alors, que la mesure de clémence arrachée au parlement pourrait être suivie d'une complète absolution, Meilhaud profita, aussitôt, de sa demi-liberté pour adresser au Roi une demande en lettres de rémission, dont il sut bien vite qu'elle avait toutes chances d'être favorablement accueillie. Au bout de quelques jours, arrivaient, en effet, des lettres du Roi au parlement, datées du 5 juin et de Bayonne, par lesquelles il ordonnait qu'on lui fît parvenir sans retard le dossier

[1] *Journal de Pierre Bruslart*, dans les *Mémoires de Condé*, t. I, p. 155.

[2] *Journal de Bruslart* (*Ibid.*, p. 158). — Lettres de rémission..., juin 1565 (Arch. nat., JJ 263ᴰ, n° 495). — Arrêt postérieur du parlement criminel, du 25 septembre 1565 (Arch. nat., X²ᴮ 40).

du procès criminel entamé contre le sieur de Meilhaud
et ses complices[1]. Jugeant, dès lors, sa cause gagnée,
et instruit probablement, par ailleurs, des bonnes dispositions de la Cour à son endroit, le prévenu ne se crut
plus tenu à aucun ménagement vis-à-vis de ses premiers
juges, et, le 20 juin, abrégeant de lui-même les choses,
il décampait de chez maître Le Roux[2].

On peut juger de l'indignation du parlement à la
précipitation avec laquelle, dès le 22 juin, il décidait,
toutes affaires cessantes, d'informer de cette grave
offense faite à la dignité de la justice. Ce jour-là même,
il décrétait l'emprisonnement du malheureux huissier,
et condamnait Yves d'Alègre à s'acquitter immédiatement de la caution de 10.000 écus qu'il s'était engagé à
verser, autorisant les parties civiles à faire opérer, sur
l'heure, par ministère d'huissier, toutes saisies qu'elles
jugeraient bon sur les biens de la caution[3]. Puis,
comme il fallait, quand même, obéir à l'ordre du Roi, et
lui envoyer, ainsi qu'il le demandait, les procédures
faites jusqu'à ce jour, il chargea Jean Tanchon, lieutenant criminel de robe courte de la prévôté de Paris, de
partir, sans délai, en poste pour Bayonne, où se trouvait
le Roi, pour aller lui remettre ce qu'il désirait, mais
pour l'informer, en même temps, du déplorable incident
qui venait de se produire, et de l'affront fait à la plus

---

[1] « Remonstrances très humbles de la court de parlement au Roy »
(Arch. nat., U 815, fol. 101).

[2] *Journal de Bruslart*, dans les *Mémoires de Condé*, t. I, p. 158. —
Arrêts postérieurs du parlement criminel, des 6 et 15 octobre 1565
(Arch. nat., X^{2B} 40).

[3] Cet arrêt du 22 juin ne nous est connu que par des arrêts postérieurs
qui s'y réfèrent, notamment par l'arrêt du 4 octobre 1565 (Arch. nat.,
X^{2B} 40).

haute juridiction de son royaume par celui qui prétendait se soustraire à ses arrêts[1].

Jean Tanchon demeura trente-sept jours en voyage,
aller et retour, et y fit une dépense de 504 livres,
2 sols[2], tout cela pour revenir, malheureusement, avec
la réponse la plus humiliante pour la cour, puisque,
très peu de jours après son arrivée à Bayonne, des
lettres de rémission avaient été signées par le Roi
en faveur de Meilhaud, lettres pardonnant et remettant
non seulement le meurtre commis par ledit Meilhaud,
mais aussi « l'évasion et bris de prison », sous le prétexte dérisoire que, en se rendant coupable de ce nouveau méfait, le prévenu avait, seulement, « craint la
rigueur et longueur de justice », qui devait résulter
pour lui de l'interdiction faite à la cour du parlement
d'instruire son affaire. « Pour quoy, concluait le Roi,
nous, ces choses considérées, et nous inclinant à la
prière et requeste que nostre très chère et très amée
sœur, la royne d'Espagne, nous a faite, avons au suppliant et à ceux de sa compagnie quitté, remis et pardonné les faicts et cas dessus dictz, à la charge toutesfois que le dict d'Alègre sera tenu nous faire service à
ses despens, durant six ans entiers, en Piedmont, ou en
nostre ville de Metz[3]. »

Et à cette manière cavalière d'enlever un prévenu à
ses juges, s'ajoutait pour le parlement une suprême
humiliation, celle de se voir même refuser par le Roi la

<hr>

[1] Arrêt du parlement criminel, du 2 août 1565 (*Ibid.*, X²ᴮ 39).

[2] *Ibid.*

[3] Lettres de rémission accordées à Antoine d'Alègre, seigneur de
Meilhaud, juin 1565 (Arch. nat., JJ 263ᴮ, n° 495).

satisfaction d'être l'exécuteur de ses volontés. Les lettres de rémission retiraient, en effet, expressément, au parlement, pour les confier au Grand Conseil, l'entérinement de la grâce de Meilhaud, et le règlement définitif de toutes satisfactions, dommages et intérêts à accorder aux parties civiles [1].

Le parlement ne crut pas devoir laisser passer sans protestation cette dernière offense, d'autant que, entre temps, un fait nouveau était venu mettre le comble à son irritation. Après l'évasion de leur chef, Rives, Marsault et Broquiers, imitant son exemple, avaient, à leur tour, faussé compagnie à leur geôlier, Jacques de Paix, et avaient disparu, un beau matin, de la Conciergerie, où, des prévenus, il ne restait plus que Louis Belleau [2]. Pour maintenir sur un point, au moins, son autorité, peut-être, aussi, dans un esprit de rancune assez compréhensible contre ceux qui traitaient avec si peu de ménagements la première juridiction du royaume, le parlement décidait, alors, de régler immédiatement, de son côté, l'affaire connexe dont il avait été saisi à peu près en même temps que du cas Meilhaud. Je veux parler des poursuites intentées contre les Duprat. On se souvient que de tous ceux qui avaient été d'abord impliqués en cette affaire, ne demeuraient plus prison-

---

[1] *Ibid.*

[2] Information pour Catherine Pinot contre Jacques de Paix, geôlier de la Conciergerie, 17 août 1565 (mention) (Arch. nat., parlement criminel, registres de dépôt des procès criminels, X²ᴬ 1202, fol. 23 v°). — Information contre Benoit Le Roux, huissier, et Jacques de Paix, geôlier de la Conciergerie, 22 septembre 1565 (mention) (*Ibid.*, fol. 26 v°). — Arrêt du parlement criminel du 17 novembre 1565 (Arch. nat., X²ᴮ 41). — Arrêts du Grand Conseil, des 1ᵉʳ et 10 juillet 1566 (Arch. nat., Vˢ 72). — « Remonstrances de la court de parlement » (Arch. nat., U 815, fol. 103).

niers que les deux frères Balthazar et Louis de Leonne.
Or, dès le 10 septembre 1565, Balthazar était remis en
liberté, « faute de preuves », disait l'arrêt[1] ; et, un
mois plus tard, Louis de Leonne était, à son tour,
élargi. Dans une requête adressée à la cour, quelques
jours avant, celui-ci avait, en effet, exposé qu'il était prisonnier depuis plusieurs mois, à la demande de M. le
procureur général du Roi, seulement, sans autres parties, et qu'il attendait toujours que ledit procureur général eût pu produire contre lui les témoins à charge de
l'agression dont on l'accusait vis-à-vis du sieur de Saint-
Just. Mais ces témoins, le procureur général ne pouvait
arriver à les faire comparaître. « Ce n'estoit que gens
de riens, que valets, qui sont, un jour, à un maistre et à
un lieu, et, demain, à un autre, de sorte que, veue leur
qualité, il seroit impossible de les recouvrer de deux
ans. » Le suppliant insistait donc pour « qu'il plust à
la cour forclore ledict procureur général de plus amener
tesmoings », et ce dernier confirmant, par une apos-
tille apposée à la requète, « qu'il renonçoit, pour le
présent, à faire venir ces témoings[2] », la cour avait,
aussitôt, profité de cette échappatoire pour conclure
à la mise en liberté provisoire de Leonne, ce qui n'était
qu'un moyen de laisser s'assoupir une affaire qu'il ne
plaisait plus, visiblement, au parlement de poursuivre.

Mais cet accès de mauvaise humeur de la cour ne
parut point devoir faire revenir le Roi sur sa décision.
Par des lettres datées de Châteaubriant et du 20 octobre,

---

[1] Arch. nat., X^{2B} 40.

[2] Arrêt du parlement criminel, du 13 octobre, et requète jointe (Arch.
nat., X^{2B} 40).

il réitérait, en effet, à son parlement, et plus solennellement encore, l'ordre de se dessaisir, et, quelques jours plus tard, le 27, signait même de nouvelles lettres de rémission en faveur de Meilhaud et de ses complices. Nous n'avons pas, malheureusement, le texte de ces lettres, mais on peut supposer qu'elles étaient destinées à couvrir la récente évasion de la Conciergerie des compagnons de Meilhaud [1].

Les lettres patentes du 20 octobre furent présentées à la cour le 12 novembre, en même temps qu'une « requeste du sieur de Meilhaud tendante à ce que lesdictes lettres patentes fussent tenues pour communiquées, et que, suivant le voulloir du Roy, les pièces extraordinaires mentionnées en icelle requeste fussent portées et envoyées au Grand Conseil ». Profondément humilié du sans-gène du pouvoir à son égard, le parlement voulut, du moins, sauver la face. Dès le 17 novembre, il ordonnait, donc, que « ledict Meilhaud et autres prisonniers pour raison d'homicide, évadez de la conciergerie du palais, se rendroient prisonniers en icelle conciergerie et en l'estat qu'il estoient lors de leur évasion d'icelle, et que, ce faict seulement, la cour feroit ce qu'il appartiendroit par raison ; et jusques à ce qu'ils aient obéy et satisfaict au présent arrest, était-il ajouté, icelle cour leur a desnyé et desnye toute audience [2] ». Puis, ayant ainsi gagné du temps, et quel

---

[1] Arrêt du parlement criminel, du 17 novembre 1565 (Arch. nat., X²ᵤ 41). — Arrêt du Grand Conseil, du 10 octobre 1566 (*Ibid.*, V³ 73). — « Remonstrances du parlement... » (*Ibid.*, U 815, fol. 101).

[2] Arrêt du parlement criminel, du 17 novembre 1565 (Arch. nat., X²ᴰ 41).

qu'eût été le sort de ses précédentes remontrances, le parlement décidait de faire au Roi de nouvelles et pressantes doléances.

Nous avons conservé le texte de ces représentations qui étaient d'une argumentation extrêmement serrée. La cour dénonçait, d'abord, les abus qu'avait entraînés la faculté de l'évocation, et « le nombre effréné de personnes inscrites et couchées aux estats des maisons des princes, au seul effet d'avoir évocation de leurs causes ». La chose avait pu, à la rigueur, se justifier, lors des derniers troubles, par la légitime suspicion où les sujets du Roi devaient, en plusieurs villes du royaume, tenir les juridictions ordinaires. Mais, depuis la pacification, cette raison ne valait plus ; d'autant, ajoutaient les remontrances, que, dans l'édit de janvier 1561, il est expressément déclaré que, « si les délinquans sont pris aux lieux du délit, leurs procès seront faicts et jugez en la juridiction où le délit aura esté commis, conformément à la disposition du droit commun[1] ». Or, « le meurtre, dont il est question, a esté consommé en assemblée de gens, dedans la maison des proches parents du deffunct, en la ville de Paris, qui est la capitale de ce royaume et le siège principal de la majesté du Roy, et où est le lict de la justice, à la veue et à l'œil de tous les subjects de ce royaume, qui en attendent la pugnition ».

Ces principes posés, la cour venait aux faits, et en découvrait deux, au moins, qui semblaient singulièrement confirmer sa thèse : le premier était que la « qua-

____

[1] Edit de janvier 1561, articles 34, 46, 57 (Isambert, *Anciennes lois françaises*, t. XIV, p. 63-98).

lité de domestique du prince de Condé » ne pouvait, à bon droit, être revendiquée que par Meilhaud, non par ses complices ; et le second, que le meurtre du baron de Thiers avait été commis « au cours de diverses instances, tant civiles que criminelles, pendantes entre les familles d'Alègre et Duprat », instances dont le parlement étant saisi, il était naturel qu'il demeurât le juge de celle qui venait de s'ouvrir et qui devait forcément être jointe aux autres.

Au surplus, bien des raisons d'ordre pratique militaient en faveur de la compétence du parlement. Et ici perçaient surtout les sentiments de rivalité et d'animosité de la cour contre le Grand Conseil, son rival. Les remontrances parlaient bien, sans doute, des frais infinis qu'allait entraîner pour les pauvres parties civiles le recommencement du procès, mais elles insistaient, aussi, sur les conditions tout à fait défavorables dans lesquelles il serait, à nouveau, instruit par le Grand Conseil. Ce tribunal, exposaient-elles, « n'estant assis et arresté en certain lieu », mais suivant le Roi dans tous ses déplacements, cela rendra très difficiles la centralisation des procédures et « l'audition des tesmoings vieils, valétudinaires ou craintifs, qui ne pourront ou n'oseront y aller », mais rendra, par-dessus tout, très dangereux le transfert des prisonniers, que « l'on devra conduire par les champs », leur fournissant ainsi l'occasion de renouveler plus aisément encore leurs récents exploits.

Et à propos de ces évasions des prévenus, auxquelles il était fait allusion ici, la cour concluait, enfin, par ce principe de jurisprudence, déjà posé dans l'arrêt du

17 novembre, que, dans tous les cas, « les accusés, ayant brisé les prisons de sa Majesté et la garde à eux ordonnée par la cour, ne doibvent estre ouys ni receus à faire aucune requeste ou présentation de lettres de rémission ou autres, que, premièrement, ils n'ayent réintégré les prisons et garde par eux brisées et rompues [1] ».

Ces suprêmes remontrances ne devaient pas, cependant, avoir plus de succès que les précédentes. Dès le 25 octobre, le Roi et son Grand Conseil étant à Poitiers, ce dernier s'était, par un arrêt, déclaré saisi de l'affaire Meilhaud [2].

Ce ne fut, toutefois, qu'au mois de mai 1566, que le nouveau tribunal put commencer l'instruction de l'affaire. Comme l'avait fait, du reste, le parlement, la première mesure qu'il prit fut d'ordonner aux prévenus de se reconstituer prisonniers. Louis Belleau, seul, on s'en souvient, n'avait pas rompu son ban. Meilhaud fut conduit au For-l'Évêque. Quant aux trois autres, Jean de Brosses, François de Rives et Antoine Broquiers, comme ils restaient introuvables, on se décida à passer outre et à les juger par contumace [3].

Mais, tout de suite, on sentit avec quelle docilité le nouveau tribunal devait suivre les inspirations du gouvernement. Le 20 mai, — en dépit de la requête des dames Pinot et Séguier se portant défenderesses aux lettres de

---

[1] « Remonstrances très humbles de la court du parlement de Paris au Roy, son souverain seigneur » (Archives nationales, U 845, fol. 101-103).

[2] Arrêt du Grand Conseil, du 25 octobre 1565 (Arch. nat., V⁵ 70).

[3] Arrêt du Grand Conseil, du 20 mai 1566 (Arch. nat., V⁵ 71). — Arrêt du Grand Conseil, du 1er juillet 1566 (*Ibid.*, V⁵ 72).

pardon obtenues par Meilhaud, — le Grand Conseil
déclare « ledict Meilhaud recevable en sa requête d'entérinement desdictes lettres[1] » ; le 10 juin, il fait droit à
la demande d'Yves d'Alègre d'être déchargé du versement des 10.000 écus de la caution, et condamne seulement le demandeur à payer aux dames Pinot et
Séguier 500 et 1.000 livres, pour les indemniser des
nouveaux dépens faits par elles[2]. Le seule mesure nouvelle d'instruction est l'arrêt par lequel le Conseil ordonne
la comparution d'un certain Louis, palefrenier du sieur
de Meilhaud, « pour estre ouy et interrogé sur certains
faits résultant du procès[3] ». Mais celui-ci faisant défaut,
le Conseil n'insista pas et finalement, le 10 octobre 1566,
il rendait son jugement.

Ce jugement était un compromis entre les sévères
sanctions que l'on pouvait redouter du parlement, et
l'indulgence excessive dont avait fait preuve le Roi.
Après une longue et interminable énumération de tous les
arrêts, lettres d'évocation et de pardon, requêtes, con-
gés, défauts, récolements et confrontations de témoins,
exploits, significations, condamnations, conclusions,
intervenus tant devant le parlement que par-devant le
Conseil, celui-ci, « faisant droit sur l'instance de lettres
de grâce », introduite par Antoine d'Alègre, seigneur
de Meilhaud, et Louis Belleau, dit La Garde, ordonne,
tout d'abord, que « lesdicts Meilhaud et La Garde joui-
ront de l'effet desdictes lettres de grâce, rémission et
pardon, selon leur forme et teneur ; et, en ce faisant, a

---

[1] Arrêt du Grand Conseil, du 20 mai 1566 (Arch. nat., V⁵ 71).
[2] Arrêt du Grand Conseil, du 10 juin 1566 (*Ibid.*).
[3] Arrêt du Grand Conseil, du 1ᵉʳ juillet 1566 (Arch. nat., V⁵ 72).

ledict Conseil mis et mect les personnes et biens desdicts Meilhaud et La Garde, prins et saisis pour raison
desdicts excès et crimes mentionnez au procès, à pleine
et entière délivrance ». De sanction pénale il n'est,
d'autre part, porté contre Meilhaud que celle mentionnée
aux lettres de rémission, à savoir qu' « il sera tenu de
servir le Roy à ses despens, par le temps et espace de
six ans, en Piedmont ou dans la ville de Metz ». Sur le
chapitre des réparations civiles, seulement, le tribunal
fait preuve de plus de rigueur. Il « condamne M. de
Meilhaud en la somme de 10.000 livres, c'est assavoir,
envers les enfans de feu François Duprat, baron de
Thiers, en 5.000 livres, et envers demoiselle Anne
Séguier, veuve dudit deffunt, en 2.500 livres, et envers
demoiselle Catherine Pinot, veuve du sieur de la Verrière, en 2.500 livres, en ce comprinses les provisions
et autres sommes de deniers cy-devant par elles receues ;
et, oultre, en cent livres, envers les religieux et couvent
des Augustins de ceste ville de Paris, et en cent livres,
à la bouëtte du bureau des pauvres de l'aumosne de
Paris ; et le sieur Belleau, envers le couvent desdicts
Augustins, en 25 livres, et à tenir prison jusques à
plein et entier payement d'icelles sommes ». Pour terminer, les juges ne se montrent quelque peu impitoyables qu'à l'égard des sieurs Brosses, Rives et Broquiers, qu' « il déboute de l'effect et entérinement des
lettres de pardon, et déclare attaincts et convaincus des
crimes et délits à eux imposez, dont mention est faicte
au procès, pour réparation desquels, icelluy Conseil a
banny, et bannit perpétuellement lesdicts de Brosses,
Rives et Broquiers des royaume, pays, terres et obéis-

sance du Roy, et déclare tous et chacun leurs biens acquis et confisquez à qui il appartiendra ». « Moyennant lesquelles décisions, conclut l'arrêt, ledict Conseil a mis et mect les parties hors de court et de procès, et a condamné et condamne lesdicts de Meilhaud, Belleau, Brosses, Rives et Broquiers, ung seul et pour le tout, ès despens desdictes instances et procédures, la taxation d'iceux au Conseil réservée[1]. »

C'est par ces sanctions assez bénignes, en vérité, que se terminait un drame vieux déjà de dix-huit mois. Et si pareille indulgence sera moins faite pour nous étonner, lorsque la suite de cette histoire nous aura davantage habitués à ces éclipses de la justice, nous pouvons, dès maintenant, comprendre comment un jugement, tel que celui du 10 octobre, était une porte ouverte aux vengeances personnelles et aux terribles revanches qu'il semblait autoriser.

[1] Arrêt du Grand Conseil, du 10 octobre 1566 (Archives nationales, V⁵72, et Bibl. nat., nouv. acq. fr. 7976, fol. 55).

CHAPITRE III

ANTOINE D'ALÈGRE, SEIGNEUR DE MEILHAUD (*Suite*).
LA VENGEANCE DU BARON DE VITTEAUX

Dans la querelle qui venait de s'ouvrir de façon si
sanglante entre les d'Alègre et les Duprat, celui qui
allait s'ériger en vengeur de sa race et de la justice
outragée était l'un des frères de la victime, ce fameux
baron de Vitteaux, auquel ses duels et ses aventures
ont valu une célébrité qui le fait considérer comme le
type le plus achevé de la génération ardente, volup-
tueuse et brutale, contemporaine des derniers Valois.
Et comme ce sont ses démêlés avec la famille d'Alègre
qui furent l'origine de sa dramatique carrière, lui valu-
rent une partie de son redoutable renom et marquèrent
enfin le terme de ses exploits, l'occasion nous est
bonne d'évoquer l'une des plus curieuses figures de ce
temps des guerres civiles si fertile en héros tragiques.

I

Guillaume Duprat, baron de Vitteaux, était, je l'ai
déjà dit, le troisième fils d'Antoine II Duprat et de cette
Anne d'Alègre, qui avait apporté dans la maison Duprat

la seigneurie de Vitteaux[1], qu'elle avait héritée de sa
mère Charlotte de Chalon. Nous sommes très mal ins-
truits de ses premières années, et ignorons, même, la
date de sa naissance. Il était, dans tous les cas, encore
mineur le 3 juillet 1560, et il est dit, alors, être « escolier
estudiant en l'Université de Paris et aux mains des
pédagogues[2] ». Il ne pouvait donc avoir plus d'une
vingtaine d'années, lorsque, en 1565, son frère François
trouva la mort dans l'aventure que l'on sait. Mais il
était certainement majeur en 1566, puisque, le 13 décembre de cette année, nous le trouvons, sous le nom de
seigneur de Rozoy-en-Brie, en procès, lui aussi, avec
sa mère et son beau-père, Georges de Clermont[3].

Brantôme, qui fit sa connaissance vers 1568, et lui
voua, dès lors, une amitié qui ne finit qu'avec la vie,
nous le représente comme « fort petit de corps[4] », mais
comme « l'un des plus vaillans gentilshommes qu'on
sceust veoir », « terrible et déterminé exécuteur de
vengeances », et comme merveilleusement rompu, dès
son jeune temps, à « toutes les ruses », à tous les
« beaux stratagèmes et subterfuges » des « duels, deffis,
appels et combats singuliers[5] ». L'on peut supposer,
assez justement, que le souci de venger la mort de son
frère ne fut point étranger à cet entraînement métho-
dique, et à cette étude opiniâtre et savante de la « milice
de l'espée ». Il paraît bien, en effet, que, de bonne heure,

---

[1] Vitteaux, Côte-d'Or, arrondissement de Semur.
[2] Archives nationales, parlement civil. Conseil, X$_{1A}$ 1594, fol. 306 v°.
[3] Archives nationales, parlement civil, Conseil, X^{1A} 1620, fol. 234.
[4] Je n'ai pu, malheureusement, retrouver aucun portrait de lui.
[5] Brantôme, éd. Lalanne, t. VI, p. 326 et suiv., *passim*.

Vitteaux ait guetté l'occasion de laver dans le sang l'injure faite à sa famille, et c'est bien, quoi qu'il en soit,
contre M. de Meilhaud qu'il semble avoir fait, pour la
première fois, en 1569, l'épreuve de sa pratique précoce
des guets-apens.

II

On se souvient que la seule condition mise par le
Roi à la grâce de Meilhaud avait été que le bénéficiaire
de cette mesure de clémence irait servir à ses frais,
pendant six ans, en Piémont, ou en la ville de Metz.
Or, à supposer même que ce dernier ait obéi à l'ordre
royal, le temps de son exil avait dû être singulièrement
abrégé, car, en janvier 1569, il se trouvait certainement
à Paris. A ce moment, régnait dans la capitale un tumulte
inaccoutumé entretenu par le grand nombre de gentilshommes en armes qui s'y rassemblaient, pour aller
rejoindre l'armée catholique du duc d'Anjou, ou celle
du prince de Condé, sur le point d'en venir aux mains
en Poitou. Meilhaud s'apprêtait, sans doute, à aller
combattre sous les bannières de son ancien chef, lorsqu'un jour, — peut-être le 31 janvier 1569, — comme il
se trouvait aux abords du Louvre, en compagnie d'un
certain Pierre Barrault, le hasard le mit face à face avec
le baron de Vitteaux, qui sortait du palais accompagné de
trois gentilshommes, dont l'un était un certain Trophime
de Boussicault, originaire de Provence, archer de la
compagnie d'ordonnance de M. de la Mauvoisinière.
Vitteaux avoua, plus tard, que, à la vue de « celui qui
avoit inhumainement tué et occis son frère François

Duprat, baron de Thiers, il n'avoit peu se contenir de picquer sur luy son cheval, et, l'ayant approché, de luy tirer un coup de pistolle, sur lequel coup ledict de Meilhaud en tira un autre, comme aussy firent deux des gentilshommes estant avec ledict de Vitteaux ». Aucun des coups n'ayant cependant porté, les combattants se fussent probablement livrés à de plus irrémédiables excès, si, vraisemblablement, la garde sortie du Louvre ne les eût séparés, et si Vitteaux, reconnu pour l'agresseur, n'eût été immédiatement saisi par le prévôt de l'hôtel du Roi, et emprisonné avec l'un de ses compagnons, au moins, sous l'inculpation d'homicide[1].

En l'absence à peu près complète de documents sur cette affaire, nous ne pouvons que risquer des hypothèses sur les suites judiciaires qui lui furent données. Tout ce qu'il nous est permis d'affirmer, c'est que la prévôté de l'hôtel, — juridiction exceptionnelle, — dut être dessaisie du fait, dont la connaissance fut confiée au parlement. Nous savons, en effet, que, dès le mois de février 1569, Vitteaux et l'un de ses complices, Trophime de 'Boussicault, étaient l'un et l'autre emprisonnés à la Conciergerie du palais, et leur cas instruit par le parlement, qui avait ouvert la procédure par un arrêt du 18 de ce mois[2]. Mais ce que nous savons aussi, c'est que, le 4 mars, la cour se voyait dans la nécessité de consentir à la mise en liberté de Boussicault, qui avait réussi à prouver qu'il n'avait point été effective-

---

[1] Lettres de rémission accordées à Guillaume Duprat, baron de Vitteaux, septembre 1570 (Archives nationales, V⁵ 80).

[2] Arrêt cité dans l'arrêt du parlement criminel, du 4 mars 1569 (Arch. nat., X²ᴮ 55).

ment mêlé à la bagarre du 31 janvier[1], et que, peu après, le 29 mars, leur autre prisonnier échappait, d'une manière moins légale, à la vindicte de ses juges. A cette date, nous trouvons, en effet, consignée sur le registre de dépôt des procès criminels du parlement la mention de l'évasion de Guillaume Duprat, baron de Vitteaux[2], qui ne laissait à ses juges que la ressource de le condamner, quelques jours après, par défaut et contumace, à la peine de mort. *Telum imbelle sine ictu!*

III

Ce premier attentat manqué, la vengeance de Vitteaux allait se trouver retardée de plusieurs années. Ce n'est pas qu'après il ait cherché à se faire oublier. Tout au contraire, car, impliqué bientôt dans de nouvelles affaires, il allait recommencer de longs démêlés avec la justice, qui ne devaient qu'en 1573 lui permettre de reprendre sa querelle avec les d'Alègre.

Ces aventures nous ont été racontées en assez grand détail par son plus abondant biographe, Brantôme, et les documents que j'ai retrouvés sur elles, en même temps qu'ils confirment l'exactitude ordinaire des renseignements de ce dernier auteur, nous permettent de suivre assez exactement Vitteaux pendant cette partie de sa vie.

Évadé des prisons de la Conciergerie, il était parti pour le Midi, où il avait été rejoindre le maréchal Dam-

---

[1] Arrêt du parlement criminel, du 4 mars 1569 (*Ibid.*).
[2] Archives nationales, X²ᴬ 1202, fol. 129 v°.

ville. Nommé, au mois de mai 1569, gouverneur du Languedoc, ce dernier était arrivé dans cette province à un moment particulièrement difficile, puisque, après les défaites des protestants à Jarnac et à Moncontour, il s'était trouvé avoir sur les bras l'armée de Mongonmery, et les troupes des princes refoulées vers Toulouse. Il devait s'entendre avec Monluc, lieutenant de Roi en Guyenne, pour achever l'écrasement des réformés. Mais l'accord ne dura guère, ou même ne fut jamais réalisé entre les deux chefs. Damville se montra, bientôt, en effet, extraordinairement insouciant de la mission qui lui avait été confiée, et ne mena les hostilités qu'avec la plus grande mollesse [1].

Cela nous était déjà connu par le témoignage de Monluc, et cela nous est confirmé par ce que les aventures de Vitteaux nous apprennent de la vie menée à Toulouse par les gentilshommes de l'entourage du maréchal. Vie toute de plaisir, car, à peine arrivé dans la capitale du Languedoc, le fugitif y avait lié amitié avec la plus joyeuse société, et commencé une existence de débauches et de divertissements malheureusement trop tôt interrompue par une nouvelle mésaventure.

Un jour du mois de janvier 1570, Vitteaux et ses nouveaux amis avaient prolongé fort tard un souper plein d'entrain chez un de leurs hôtes habituels. Parmi les convives se trouvait un gentilhomme du pays toulousain, Joseph-Amanieu de Laurens, baron de Soupex [2]. Ce Soupex fut représenté, plus tard, comme « un homme

---

[1] P. Courteault, *Blaise de Monluc historien*, 1908, in-8°, p. 534 et suiv.

[2] Soupex, Aude, arrondissement et canton de Castelnaudary.

noisif, querelleur et séditieux » par Vitteaux lui-même,
qui l'accusa, — sans que j'aie pu vérifier le bien-fondé
de cette imputation, — d'avoir été banni du royaume
par arrêt du parlement de Toulouse, « pour ses fautes »,
lors de l'émeute soulevée en cette ville, en 1562, par
les Réformés [1]. Brantôme, qui l'avait connu, nous le
laisse entrevoir sous un jour plus favorable. « C'estoit,
dit-il, un très brave et très vaillant jeune homme, mais un
peu trop outrecuydé, et je lui avois dit, souvent, comme
son amy, en nostre voyage du secours de Malte, qu'il
s'en corrigeast [2]. » Quoi qu'il en soit, le repas qui les
avait réunis étant terminé, Vitteaux et ses compagnons
en étaient arrivés à un tel état d'ébriété que, « après avoir
tenu plusieurs propos joyeux ensemble », ils n'ima-
ginèrent rien de mieux, pour se divertir, que de « se
jeter, en jeu, les uns aux autres » ce qui se trouva sur
la table. Cela devait forcément finir mal. En effet, il
advint bientôt que, au cours de cette scène d'orgie, Vitteaux reçut sur la tête un chandelier lancé de la main
de Soupex, projectile improvisé qui lui fit une assez
profonde blessure, « jusques à grande effusion de sang [3] ».
Brantôme, qui a dramatisé l'histoire, veut que, aussitôt
après, Vitteaux, ayant mis la main à l'épée, ait demandé
raison à Soupex, qu'il ait été retenu par les amis de
ce dernier, mais que, étant sorti de la salle du festin,
et ayant guetté son adversaire plus d'une heure, il l'ait,

---

[1] Lettres de rémission accordées à Guillaume Duprat, baron de Vitteaux, septembre 1570 (Arch. nat., V⁵ 80).

[2] Brantôme, éd. Lalanne, t. VI, p. 330.

[3] Lettres de rémission accordées au baron de Vitteaux, septembre 1570
(Arch. nat., V⁵ 80).

séance tenante, étendu mort sur le pavé[1]. Un document, que j'ai retrouvé, raconte la chose d'une façon un peu différente. Ce ne serait en réalité que quelques jours après, que Vitteaux aurait tiré vengeance de son insulteur. Ayant appris que celui-ci, bien loin de regretter son acte, déclarait, avec le mépris habituel des gens du Midi pour ceux du Nord, « qu'il sçavoit bien, désormais, comment il falloit chastier les François, et qu'il falloit les servir de coups de chandelier », Vitteaux en avait conçu la plus violente fureur. Or, un matin, que, sur les 9 ou 10 heures, il sortait de chez lui, pour se rendre chez le maréchal Damville, accompagné de ce Trophime de Boussicault, dont j'ai déjà parlé, et d'un certain Catherin Colet, dit Naveau, il avait rencontré, « de fortune », le baron de Soupex suivi, lui aussi, de deux hommes, dont le sieur de Boisjourdain. « Il luy avoit, alors, demandé raison de sa blessure et mocquerie », et l'autre ripostant « par de hautes et fières paroles », une mêlée générale s'en était suivie, au cours de laquelle, Vitteaux se trouva renversé par terre, et vit fondre sur lui Soupex qui s'efforça de le tuer de deux coups d'épée. Mais frappé, à ce moment, d'un coup d'estoc au côté gauche, porté soit par Vitteaux, soit par l'un de ses compagnons, la chose ne fut jamais éclaircie, Soupex n'avait pas tardé à rendre l'âme[2].

La fuite seule avait pu, de nouveau, mettre Vitteaux à l'abri des poursuites de la justice, poursuites immédiatement ordonnées par le prévôt général du Roi au

---

[1] Brantôme, éd. Lalanne, t. IV, p. 330.

[2] Lettres de rémission accordées au baron de Vitteaux, septembre 1570 (Arch. nat., V⁵ 80).

pays de Languedoc, et d'autant plus à craindre que, la victime « ayant de grand amis et parens en la ville », la punition devait être exemplaire. Le crime avait même eu, aussitôt, un si grand retentissement dans la cité, que le meurtrier ne put en sortir que « déguisé en habit de damoiselle ». Puis, une fois hors des portes et un bon cheval entre les jambes, il était allé, « tout droit, chez M. de Duras[1], qui, comme très courtois et gentil seigneur qu'il estoit, le receut fort courtoisement, bien qu'il ne le cogneust pas trop familièrement, et luy presta chevaux pour venir chez moy, raconte Brantôme, où ayant demeuré quinze jours, je lui fournis de chevaux et d'argent ce qu'il voulut (qu'il me rendit très bien après), pour tirer vers Paris[2] ».

C'est à Paris, en effet, que, dès le mois de février, devait se retrouver Vitteaux, moins d'un an après en être parti sous le coup des poursuites du parlement. Il y rentrait avec un nouveau méfait sur la conscience, méfait bientôt suivi d'une nouvelle condamnation, car, dès le 20 avril 1570, une sentence de mort, par contumace, était prononcée contre Duprat et ses complices par le lieutenant du prévôt général au pays de Languedoc[3]. Et, certes, il fallut au baron une certaine audace pour, dans ces conditions, adresser au Roi une demande en rémission non seulement du meurtre de Soupex, mais aussi de l'attentat sur Meilhaud. Il osa cependant la chose. La paix de Saint-Germain, qui venait d'être signée[4],

[1] Jean de Durfort, vicomte de Duras.
[2] Brantôme, t. VI, p. 330.
[3] Citée dans un arrêt du Grand Conseil, du 9 août 1571 (Arch. nat., V⁵ 82).
[4] Le 8 août 1570.

inclina-t-elle la Cour à l'indulgence, et les deux « faits » passèrent-ils pour faits de guerre? La chose est fort possible. Le certain est que, au mois de septembre 1570, Vitteaux était déclaré absous des « cas à luy imputez, en considération, particulièrement, disaient les lettres de rémission signées par le Roi, des services que nous a faict icelluy suppliant au faict de nos guerres, et de ceux que nous espérons qu'il nous fera ci-après ». Les droits des parties civiles étaient seuls réservés. Mais parce que, en ce qui touchait spécialement l'affaire Soupex, il était à craindre, — « M. de Soupex estant apparenté et allié d'aucunes des grandes maisons et familles de Guyenne et Languedoc », — que les tribunaux de ces pays ne jugeassent pas en assez entière indépendance, le Grand Conseil était chargé de l'entérinement des lettres de grâce, et du règlement des dommages et intérêts qui pourraient être demandés par les parties [1].

Ces lettres de rémission de septembre furent confirmées par d'autres, du mois de mars 1571, accordées encore à Vitteaux à l'occasion de l'entrée du Roi à Paris [2]. A ce moment, les procédures entamées devant le Grand Conseil étaient, du reste, très avancées. Après s'être constitué prisonnier à la Conciergerie, Vitteaux avait présenté ses lettres de rémission au Conseil, puis avait fait citer, dès le 9 décembre 1570, ceux qui s'étaient portés parties civiles au procès :

<hr>

[1] Lettres de rémission accordées au baron de Vitteaux, septembre 1570 (Arch. nat., V⁵ 80). — L'attribution de la cause au Grand Conseil, déjà mentionnée dans les lettres de rémission, fut confirmée par les lettres patentes du 12 décembre 1570. Ces lettres sont citées dans un arrêt du Grand Conseil, du 25 février 1571 (Arch. nat., V⁵ 84).

[2] Je n'ai pas retrouvé ces lettres qui sont mentionnées dans plusieurs arrêts du Grand Conseil, notamment dans celui du 27 mars 1571 (*Ibid.*).

Antoine d'Alègre, seigneur de Meilhaud, et Pierre Barrault, d'une part, Claire de Laurens, dame de Léau-
ville, et Jacques de Laurens, seigneur des Audibatz,
héritiers de M. de Soupex, d'autre part[1]. Ces derniers
s'étaient, alors, opposés à l'entérinement des lettres
de grâce, et avaient « introduit demande au Conseil
tendante à fin que toute audience fust desniée audict
Vitteaux, jusques à ce qu'il leur eust entièrement payé
les condamnations à eux respectivement adjugées par
les jugemens et sentences intervenus primitivement
à l'encontre d'icelluy[2] ». Paraissant vouloir leur
donner satisfaction, le tribunal avait bien ordonné de
nouvelles informations sur plusieurs points de la cause,
et enjoint, notamment, à Vitteaux de représenter les
nommés Boussicault et Naveau, « pour estre procédé à
l'encontre d'iceulx ainsi que de raison[3] ». Toutefois,
cette seconde instruction de l'affaire ne paraît pas avoir
été menée très activement, ni bien à fond. Boussicault et
Naveau durent, il est vrai, se constituer prisonniers,
mais ce fut pour obtenir, très peu après, des lettres de
grâce, dont ils sollicitèrent, à leur tour, l'entérinement[4]. Si bien que, le 9 août 1571, le Conseil, clôturant
ses instructions, rendait un jugement qui, par son
indulgence, rappelait, tout à fait, celui que, cinq ans
auparavant, il avait rendu en faveur de M. de Meilhaud.
La personne et les biens de Vitteaux et de ses deux

[1] Arrêt du Grand Conseil, du 9 décembre 1570 (*Ibid.*).

[2] Arrêts du Grand Conseil, du 25 février 1571, et du 7 avril 1571
(Arch. nat., V⁵ 81).

[3] Arrêt du Grand Conseil, du 7 avril 1571 (*Ibid.*).

[4] Ces lettres sont du 13 juillet 1571, et sont citées dans l'arrêt du
Grand Conseil qui les entérine, du 9 août 1571 (Arch. nat., V⁵ 82).

complices y étaient déclarés « mis à pleine et entière délivrance », et l'action publique complètement éteinte à leur égard. Et pour ce qui était de l'action civile, le seul Vitteaux était condamné, « en réparation des excès, crimes et délits commis : envers les héritiers du feu baron de Soupex, en 1.200 livres tournois de dommages et intérêts, envers le sieur de Meilhaud, en 600 livres, et envers les pauvres de Paris, en 600 livres », étant stipulé que, jusqu'à payement de ces sommes, il tiendrait prison. Comme, du reste, séance tenante, Vitteaux offrait de consigner ces amendes, partie au greffe du Conseil, partie entre les mains de Jean Bourbon, marchand et bourgeois de Paris, il était, le jour même, élargi « à pur et à plein[1] ». C'était la revanche de l'affaire Meilhaud. La punition de crimes odieux tendait, de plus en plus, à se fixer en un wergeld, dont le taux même menaçait de faire jurisprudence.

<h1 style="text-align:center">IV</h1>

Qu'au cours même des débats qui s'achevaient devant le Grand Conseil, nous trouvions Vitteaux inculpé d'un détournement de meubles par lui commis dans la succession de Nicolas Dangu, évêque de Mende, et poursuivi comme tel devant le parlement[2], il y aurait là, déjà, de quoi nous prouver en quel mépris le baron tenait les tribunaux de son pays, s'il ne s'agissait, en somme, que d'une peccadille, dont, d'ailleurs, il fut

---

[1] Arrêt du Grand Conseil, du 9 août 1571 (Arch. nat., V⁵ 82).

[2] Arrêt du parlement de Paris, parlement criminel, du 15 mai 1571 (Arch. nat., X²ⁱᵇ 65).

absous. Mais il y a mieux ! Car à peine était-il lavé des divers méfaits qui avaient ainsi attiré sur lui les foudres combien émoussées, on le voit, de la justice, qu'il devenait le héros d'une affaire plus retentissante encore.

Vers le milieu de 1571, sans que j'aie pu parvenir à en fixer la date exacte, avant, dans tous les cas, qu'eût été rendu le jugement du 9 août, un autre drame avait mis, pour la seconde fois, en deuil la famille Duprat. Le plus jeune frère de Vitteaux, Pierre Duprat, âgé de quinze ans, avait été nommé page du duc d'Alençon, en 1570, date à laquelle avait été constituée la maison de ce prince. Il était placé, comme tel, sous les ordres d'Antoine de Gonnelieu, seigneur de Jumencourt, premier écuyer de la grande écurie du Roi, et gentilhomme de la chambre du duc. Que se passa-t-il, un jour, entre Gonnelieu et Duprat ? Nous n'avons sur ce point que le témoignage fort bref de Brantôme, qui nous apprend que le jeune page fut tué par le sieur de Gonnelieu « mal à propos et, dit-on, alors, avec surpercherie », « qui fut dommage, certes, ajoute Brantôme, car le dict jeune homme promettoit beaucoup de lui[1] ».

Ce meurtre semble avoir causé à Vitteaux un ressentiment plus violent encore et plus cuisant que celui de son frère aîné. En dépit de ses récents démêlés avec la justice, qui achevaient à peine de « se composer », l'idée de se venger, sans retard, de Gonnelieu semble l'avoir, dès lors, hanté, et, au commencement de 1572, — sans que je puisse fixer une date plus précise, — sur la nouvelle que ce dernier avait quitté la cour, en ce

[1] Brantôme, éd. Lalanne, t. VI, p. 331.

moment à Blois, pour aller chez lui en Picardie, il résolut de le guetter à son passage aux environs de Paris, et d'avoir sa vie, s'il le pouvait. Dès qu'il eut, donc, « bon advis que Gonnelieu couroit la poste, avec quatre chevaux, sur le grand chemin de Picardie[1] », il se jeta à sa poursuite, accompagné de cinq hommes, « un portant barbe rousse, vestu d'ung pourpoint blanc et de greguesques de chamois, et quatre autres de grande stature », comme les désigne simplement un procès-verbal d'information[2], mais dont l'un nous est connu, par ailleurs, par son nom, et était Olivier de Boussicault, le frère de ce Trophime, dont j'ai déjà plusieurs fois parlé[3]. Toujours courant, la petite troupe rejoint Gonnelieu entre Luzarches et Chaumontel[4], où Vitteaux, fondant sur lui, « le tue viste sans cérémonie[5] ». L'attentat commis dans une campagne isolée n'est découvert que quelques jours après. Le lieutenant criminel de robe courte du prévôt de Paris, acquis naturellement à son chef, Antoine Duprat, prétend hésiter à instruire d'un crime consommé sur les limites extrêmes de sa juridiction. Cela retarde encore la poursuite des coupables. Finalement, le 12 mai, seulement, à la requête expresse de Charlotte de Bosbec, veuve de Gonnelieu, en son nom et au nom de ses enfants mineurs, Antoine et Charles de Gonnelieu, le parlement enjoignait à Jean

---

[1] Brantôme, éd. Lalanne, t. VI, p. 331.

[2] Cité dans un arrêt postérieur du parlement criminel, du 4 janvier 1574 (Arch. nat., X²ᵇ 78).

[3] Arrêt du parlement, du 16 mars 1574 (Arch. nat., X²ᵇ 79).

[4] Arrêt du parlement, du 12 mai 1572 (*Id.*, X²ᵇ 71).

[5] Brantôme, t. VI, p. 331.

Tanchon d'informer de l'homicide commis[1]. Mais, à ce moment, Vitteaux s'était mis à l'abri des poursuites ; il était parti pour l'Italie, et le procès criminel entamé contre lui se terminait par une sentence de mort par contumace.

V

Cela n'était pas pour beaucoup effrayer le baron, auquel la prompte et heureuse exécution de sa vengeance sur Gonnelieu semble n'avoir inspiré qu'un désir plus vif de terminer de la même manière sa querelle interrompue avec Meilhaud. Nous n'avons aucun détail sur son séjour en Italie, et savons seulement qu'il ne se prolongea pas très longtemps, puisque, parti dans le courant de 1572, il était, vers le mois d'août 1573, de retour à Paris où, se cachant, il préparait tout pour une nouvelle « entreprise » contre d'Alègre.

Les circonstances paraissaient, à ce moment, nettement défavorables à ses projets, et il lui fallut l'audacieuse témérité qui était la sienne pour ne pas reculer devant leur exécution.

D'Alègre se trouvait bien alors à Paris. Qu'était-il devenu depuis l'attentat de 1569 ? Il est assez difficile de le dire, en présence des témoignages contradictoires qui nous sont parvenus sur cette partie de sa vie. La plupart de ses biographes le font assister, en 1569, à la bataille de Moncontour, qu'il aurait racontée, dit-on, en vers latins. Je n'ai pu, cependant, trouver confirmation

[1] Arrêt du parlement, du 12 mai 1572 (Arch. nat., X 71).

expresse de sa présence à cette journée, ni découvrir le poème dont il serait l'auteur[1]. Brantôme affirme, d'un autre côté, que Meilhaud prit part au siège de la Rochelle, en 1573[2]. Et toutefois aucun document certain ne corrobore ce dire, qui, comme le précédent, semblerait infirmé par l'autorité de de Thou. D'après de Thou, Meilhaud, redoutant Vitteaux, serait, en effet, sorti du royaume après 1569, aurait d'abord voyagé en Italie et en Allemagne, puis, de retour en France, serait resté en Auvergne, jusqu'au moment où, en 1573, il aurait été rappelé à la cour par le duc d'Anjou, qui venait d'être élu roi de Pologne[3].

Qu'il revînt du siège de la Rochelle ou de son pays d'Auvergne, c'était, dans tous les cas, cette arrivée de Meilhaud à Paris, dont avait été informé Vitteaux, et qui l'avait lui-même déterminé à regagner la capitale. Mais l'occasion même qui avait décidé du retour de son rival semblait devoir rendre sa vengeance plus hasardeuse et plus périlleuse. Meilhaud était, en effet, en passe d'obtenir de la haute faveur du nouveau roi de Pologne la situation de premier officier de sa nouvelle cour. Les ambassadeurs de Pologne étaient sur le point d'arriver à Paris. Comme ils ne s'exprimaient qu'en latin, on avait cherché, parmi les gens de cour, un gentilhomme connaissant assez les secrets de l'étiquette et de la langue latine, pour jouer, à la fois, auprès d'eux, le

---

[1] A moins que ce ne soit l'opuscule intitulé *Victoria Moncontoriensis*, Paris, 1569, in-4°, indiqué dans la *Bibliothèque historique* du P. Lelong, t. II, p. 254, n° 18.079, mais dont je n'ai pas retrouvé d'exemplaire, à la Bibliothèque nationale au moins.

[2] Brantôme, t. VI, p. 331.

[3] De Thou, *Histoire universelle*, trad. fr. de 1734, t. VI, p. 702.

rôle de maître des cérémonies et d'interprète autorisé et disert ; n'en ayant point trouvé, on avait pensé à Meilhaud, auquel sa culture classique avait valu une réputation méritée. Et aussitôt mandé à la Cour, il avait si bien rempli sa mission que le nouveau roi ne parloit de rien de moins que d'en faire son chancelier. Cette promesse et le rôle très en vue qu'il jouait à ce moment devaient donner, on le comprend, un éclat tout particulier à un attentat sur le nouveau favori [1].

Ce qui, en même temps, rendait fort dangereux les projets de Vitteaux, était la demi-disgrâce où la famille Duprat était alors tenue par la Cour. Cette disgrâce se rattachait non plus à la vie publique, mais à l'existence privée du duc d'Anjou. Ayant, dans le courant de 1573, quitté sa maîtresse Renée de Rieux, dite Mlle de Châteauneuf, pour Marie de Clèves, princesse de Condé, il avait essayé de marier la délaissée, et jugeant Antoine Duprat, prévôt de Paris, un parti très honorable, il avait fait proposer la belle à ce dernier. Duprat avait considéré la chose comme une insulte, et ne s'était pas gêné pour dire qu'il n'était pas homme à donner son honneur pour payer le plaisir d'un autre, quelque avantage qu'on pût lui promettre [2]. Le duc d'Anjou s'était alors rejeté sur un autre candidat, le prince de Transylvanie [3], mais avait juré de se venger,

---

[1] De Thou, *loc. cit.*

[2] *Journal de l'Estoile*, éd. Brunet, appendice t. XII, p. 385. — De Thou, *Hist. universelle*, t. VI, p. 701. — Ch. Casati, *Villes et châteaux de la vieille France, duché d'Auvergne, d'après les manuscrits du chanoine Audigier*, 1900, in-8º, p. 21-23.

[3] Cf. là-dessus une lettre de M. de Villeroy à l'évêque de Dax, ambassadeur à Constantinople, le chargeant de faire agréer ce projet par le Grand-

et, entraînant dans sa querelle le roi Charles IX, son frère, n'avait cherché qu'une occasion de marquer son ressentiment à Duprat.

Il le fit, et de la manière la plus ridicule, peu avant l'arrivée des ambassadeurs de Pologne. A son instigation, le Roi manda, un jour, à Duprat qu'il aurait plaisir à aller prendre sa collation chez lui. Duprat déclina l'honneur sous quelque mauvais prétexte. Vexé, le souverain fut alors tout prêt à accepter la proposition de son frère d'aller envahir, de nuit, le domicile du prévôt de Paris. Un soir, donc, le roi de France, le roi de Pologne, le roi de Navarre, le duc de Guise, le bâtard d'Angoulême et quelques autres jeunes seigneurs pénètrent masqués dans l'hôtel d'Hercule. « Après avoir fait cent insultes au maître de la maison, ils enlèvent tout ce qu'ils trouvent dans sa chambre, et mettent son lit et ses tapisseries en pièces. Pendant ce temps-là, les gens de leur suite emportent la vaisselle plate, brisent les coffres, et en retirent l'argent[1]. » « Et disoit-on le lendemain dans Paris qu'on avoit volé au prévost plus de 50.000 livres, et que le bon homme eust mieux faict de prendre à femme la Chasteauneuf, fille de joie du roy de Pologne, que de l'avoir refusée. » Mais, le lendemain, aussi, « le premier président du parlement fut trouver le Roy, et luy dire que tout Paris estoit esmeu pour le vol de la nuit passée, et que quelques-uns vouloient dire que sa Majesté y estoit en personne. A quoy

Seigneur, du 21 février 1573 (Bibl. nat., V^c Colbert, vol. 482, p. 293). Le duc d'Anjou offrit ensuite Mlle de Châteauneuf à François de Luxembourg, comte de Brienne. Elle devait épouser le florentin Antinotti, qu'elle tua en 1577, et se remarier à Philippe Altoviti, baron de Castellane.

[1] De Thou, t. VI, p. 701-702.

le Roy ayant respondu, en jurant par le sang-Dieu, qu'il n'en estoit rien et que ceux qui le disoient avoient menty, le premier président lui avoit respondu : « J'en « feray alors informer, Sire, et en feray justice. — Non, « non, respondit le Roy, ne vous en mettez pas en peine, « dites seulement à Duprat qu'il aura trop forte partie, « s'il en veut demander la raison [1]. »

L'affaire fut donc étouffée. Mais le Roi et ses compagnons avaient failli trouver dans cette aventure plus que le déshonneur, la mort. C'est que, en effet, le soir même de la nuit où elle se passa, Vitteaux, étant arrivé à Paris, était allé se cacher à l'hôtel d'Hercule [2]. Lorsque les visiteurs nocturnes y pénétrèrent, enfermé dans une chambre voisine des appartements de son frère, avec quatre gens de main, ses affidés, il put croire que ses desseins contre Meilhaud étaient découverts, et que c'était sa personne qu'on recherchait. Lui et ses complices se mirent, donc, aussitôt, en devoir de se défendre, et, « si par hasard, raconte de Thou, on avait entrepris de forcer la porte de leur chambre, ils allaient sortir l'épée d'une main et le pistolet de l'autre, et auraient tué tout ce qui se serait trouvé devant eux, d'autant plus aisément qu'ils avaient de bonnes armes et qu'ils auraient eu affaire à des gens désarmés et qui ne connaissaient pas les lieux [3] ». Un auteur contemporain prétend même

---

[1] *Journal de l'Estoile*, éd. Brunet, appendice, t. XII, p. 384-385.

[2] *Anecdotes de l'histoire de France pendant les XVIe et XVIIe siècles, tirées de la bouche de M. le garde des sceaux du Vair et autres*, dans les *Mémoires de Marguerite de Valois*, publiés par Lalanne, Paris, Jannet, 1858, in-12, p. 199.

[3] De Thou, *op. cit.*, t. VI, p. 701. — D'Aubigné, *Histoire universelle*, éd. de Ruble, t. IV, p. 180.

que le roi essaya, sans y réussir, d'enfoncer la porte
derrière laquelle se dissimulait Vitteaux [1]. Mais je n'ai
pas trouvé confirmation de ce détail.

En dépit, pourtant, des événements qui venaient ainsi
se mettre à la traverse de ses desseins, en attirant l'attention sur sa famille et sur lui, Vitteaux n'y renonça
pas, et, sans perdre un instant, prépara minutieusement
son coup. « Ayant laissé sa barbe venir fort longue, si
qu'il estoit irrecognoissable, il se promène par la ville,
en habit d'avocat, espie et recongnoit le tout et son
mieux », fait le guet, de l'hôtel d'Hercule, observe et
note les allées et venues habituelles de Meilhaud logé
à l'hôtel de Nevers tout proche. Puis, « au bout de
quinze jours [2] », il se décide, un beau matin, à agir sans
plus tarder. Sur les midi, M. de Meilhaud revenait du
jeu de paume du Louvre [3], accompagné de cinq ou six
compagnons, parmi lesquels Claude de Saint-Quentin,
seigneur et baron de Beaufort et Saint-Pardoux, gentilhomme de la maison du Roi [4]. Comme il passait en vue
de l'hôtel d'Hercule, sur le quai des Augustins, il s'ar-
rêta un instant « pour pisser [5] ». Profitant de cette occasion, Vitteaux entouré de ses « lions », comme on appelait, dès lors, ses complices, — et qui, ce jour-là, étaient
Olivier de Boussicault, Antoine Zampini, Jean Duval

---

[1] *Anecdotes de l'histoire de France...* citées plus haut, p. 159.

[2] Brantôme, t. VI, p. 331-332.

[3] *Nouveaux mémoires du maréchal de Bassompierre*, publiés par l'éditeur de *l'Etablissement des Français dans les Gaules*, du président
Hénault [Antoine Serieys], 1803, in-12, p. 162.

[4] Arrêt du parlement criminel, du 4 janvier 1574 (Arch. nat., X^{2B} 78).

[5] *Nouveaux mémoires de Bassompierre*, dans une copie conservée à la
Bibliothèque nationale, nouv. acq. fr., 1208, fol. 104.

et Annet Rassion [1], — Vitteaux sort, en hâte, du logis d'Hercule et, se précipitant sur Meilhaud encore tourné contre le mur, il le tue « par derrière [2] », « sans résistance [3] », pendant que Boussicault porte, en même temps, un coup mortel à Beaufort qui, voyant le danger couru par son ami, avait voulu le protéger [4]. Puis, les meurtriers, montant aussitôt sur des chevaux tenus prêts, « se sauvent, bravement, hors la ville et aux champs [5] ». Mais un incident malencontreux les desservit dans leur fuite. En attaquant M. de Beaufort, « l'estramasson au poing », Olivier de Boussicault avait été atteint, « par cas fortuit », d'un coup d'épée à la cuisse, qui « causa, bientost, au blessé, marchant par païs, une grande effusion de sang [6] ». Arrivés à près de douze lieues de Paris, les fugitifs furent contraints de s'arrêter en un village, pour faire panser leur compagnon par un barbier, village où Jean Tanchon, lieutenant criminel de robe courte de la prévôté de Paris, parvint à les rejoindre et à les capturer, après une sanglante bagarre, au cours de laquelle Vitteaux fut assez grièvement blessé, car « il fit grande deffense [7] ». Peu de jours après, les coupables étaient ramenés à Paris, et enfermés au For-l'Évêque [8].

C'est là, dans sa prison, que, « par deux fois »,

---

[1] Arrêt du parlement criminel, du 11 mars 1574 (Arch. nat., X²ᴮ 79).
[2] *Nouveaux mémoires de Bassompierre*, loc. cit.
[3] Brantôme, t. VI, p. 332.
[4] Arrêt du parlement, du 4 janvier 1574 (Arch. nat., X²ᴮ 78).
[5] Brantôme, *loc. cit.*
[6] Brantôme, *loc. cit.*
[7] Brantôme, *loc. cit.*
[8] Arrêt du Grand Conseil, du 3 octobre 1573 (Arch. nat., V⁵ 87).

Brantôme vit le baron, « lequel, dit-il, nous tenions pour
exécuté, et aux vespres de la mort ». Lui-même déclarait, « de la façon la plus assurée, qu'il ne se doubtoit
pas moins que de la mort », ajoutant, du reste, « qu'il
ne s'en soucyoit, puisqu'il avoit vengé celle de ses
deux frères [1] ». En fait, le Roi, qui avait ressenti très
vivement la perte de son favori, Gonnelieu, et le duc
d'Anjou, qui avait conçu du meurtre de Meilhaud une
non moindre irritation, semblaient disposés aux sanctions les plus impitoyables. Le duc était surtout excité
contre Vitteaux par l'un de ses favoris, Louis Bérenger, seigneur du Gua[2], gentilhomme du Dauphiné, ami
intime de Meilhaud. Sur le champ, donc, « commission
avoit esté octroyée par le Roy au grand prévost de son
hostel, pour faire, parfaire et juger le procès dudict
Vitteaux, en compagnie de douze maistres des re-
questes[3] », et tout laissait prévoir que la sentence
ne tarderait guère et qu'on ferait justice sommaire du
meurtrier.

Toutefois, la famille et les amis de celui-ci ne demeuraient pas inactifs. Ils sentaient que la ridicule aventure, où le Roi et son frère s'étaient récemment compromis vis-à-vis d'Antoine Duprat, pouvait leur donner
quelques droits à une compensation. L'occasion de l'obtenir se présenta tout naturellement. A l'arrivée des ambassadeurs de Pologne, Adam Konarski, évêque de Posnanie,

---

[1] Brantôme, t. VI, p. 331-332.

[2] Gua (le), Isère, arrondissement de Grenoble, canton de Vif. — Le
nom de ce personnage est presque toujours défiguré en Guast, Gast, etc.

[3] Cette commission est mentionnée dans un arrêt du Grand Conseil,
du 5 octobre 1573 (Arch. nat., V⁵ 87).

chef de l'ambassade, avait été logé à l'hôtel d'Hercule [1]. Le prévôt de Paris lui demanda d'intervenir auprès du Roi, en faveur de son frère. Pour reconnaître l'hospitalité de son hôte, le prélat y consentit volontiers, et à sa première visite au roi de Pologne, ayant trouvé Charles IX dans la chambre de ce dernier, il lui adressa, en faveur de Vitteaux, une longue harangue en latin, dont Brantôme, qui était présent, nous dit « qu'elle estoit fort éloquente et conçue en des termes empreints d'une telle passion et affection que le Roy fut fort empesché pour respondre à pareille requeste [2] ». C'est probablement à la suite de cette opportune intervention que Charles IX, sans vouloir condescendre à une grâce pure et simple, consentit à retirer la connaissance du meurtre de Meilhaud au prévôt de l'hôtel, dont la sentence ne faisait guère de doute, pour en confier l'instruction à une juridiction qui avait précédemment traité Vitteaux avec la plus grande indulgence, au Grand Conseil [3].

Mais la décision de ce nouveau tribunal parut, elle-même, trop incertaine aux partisans du baron. Le premier président du parlement, Christophe de Thou, était tout acquis à la famille Duprat, et, déjà, il était intervenu auprès de la Cour pour faire observer que, « si on avoit fait mourir Meilhaud et Gonnelieu, les meurtriers des deux frères de Vitteaux, infailliblement celui-

---

[1] *Registres des délibérations du bureau de la ville de Paris*, t. VII, édité par F. Bonnardot, 1893, in-fol., p. 96.

[2] Brantôme, t. VI, p. 332. — De Thou, *Histoire universelle*, t. VI, p. 702-703.

[3] Cf. l'arrêt du Grand Conseil, du 1er octobre 1573 (Arch. nat., V° 87).

ci devoit mourir ; mais que, puisqu'on les avoit épar-
gnés, il falloit que la loi fust égale et que ce dernier eust
sa grâce et pardon comme les autres[1] ». Fort de cet
appui, les parents et amis de Vitteaux lui suggérèrent
aussitôt de récuser comme suspects plusieurs des
membres du nouveau tribunal devant lequel il était tra-
duit. Les récusations commencèrent par Jean-Jacques
de Mesmes et Michel Viallart, conseillers du Roi en son
Conseil privé, et présidents au Grand Conseil, et si,
pour le premier, il fut jugé que « le déclinatoire du
prévenu estoit impertinent et non admissible », il fut
reconnu recevable pour le second, « les prédécesseurs
dudict Michel Viallart ayant de tout temps despendu de
la maison d'Alègre[2] ». Presque en même temps, Vitteaux, qui n'agissait, du reste, qu' « après que ses pro-
cureurs et défenseurs en avoient conféré avec le prévost
de Paris, le sieur de Saultour et autres ses parens[3] »,
se portait, le 14 octobre, « appelant au parlement de
l'exécution des lettres patentes du Roy de renvoy et
attribution de juridiction au Conseil[4] », et sollicitait son
transfert de la prison du For-l'Évêque à la Conciergerie
du palais. Trois mois se passèrent, là-dessus, à des procédures, au bout desquelles, sans que nous sachions,
d'ailleurs, comment il se fit, nous trouvons le parlement
saisi, à son tour et définitivement, de l'affaire Vitteaux.

---

[1] Brantôme, *loc. cit.*

[2] Arrêts du Grand Conseil, des 1er, 3, 5, 23 octobre 1573 (Arch. nat..
V[5] 87).

[3] Arrêt du Grand Conseil, du 3 octobre 1573 (*Ibid.*). — François des
Essarts, seigneur de Sautour (aujourd'hui Neuvy-Sautour), et de Sor-
mery (Yonne, arrondissement de Tonnerre, canton de Flogny), avait
épousé Françoise Duprat, sœur du baron de Vitteaux.

[4] Arrêt du parlement, du 11 mars 1574 (Arch. nat., X[3b] 79).

Quelque désir, toutefois, qu'on pût avoir de la finir en douceur, il fallait compter avec les parties civiles, qui, aussitôt l'instruction entamée, firent valoir leurs droits. C'étaient les veuves et les enfants mineurs des victimes de Meilhaud : Charlotte de Bosbec, veuve d'Antoine de Gonnelieu et ses deux fils, Antoine et Charles ; Françoise de Mailly, veuve de M. de Meilhaud, son fils Yves et ses trois filles Isabelle, Renée et Jeanne ; enfin Claude de Veiny, veuve de M. de Beaufort, et son fils Claude [1].

D'autre part, si porté à l'indulgence que fût le nouveau tribunal, il ne lui était guère possible de prononcer un acquittement sans braver l'opinion publique. Celle-ci s'était particulièrement émue du meurtre de Meilhaud que sa charge auprès des ambassadeurs de Pologne avait mis en évidence. Sur lui courait déjà une complainte qui le faisait populaire :

> Des Polonois le noble roy
> Le vouloit avec soy
> Pour chancelier
> Et premier conseiller
> Et sans ce grand malheur,
> Il eust faict la grandeur
> De sa perfection
> Voler par toute la nation.
> Mais, quoi ! la fortune
> Toujours importune
> Les hommes vertueux !
> Pleurez, pleurez, mes yeux [2] !

---

[1] Arrêt du parlement, du 11 mars 1574 (Arch. nat., X²ᴵᴵ 79).

[2] *Annales de la ville d'Issoire. Manuscrit inédit sur l'histoire des guerres civiles en Auvergne aux XVIᵉ et XVIIᵉ siècles* (attribué à Julien Blauf), publié par J.-B. Bouillet, Clermont-Ferrand, 1840. in-8°, p. 237-238.

Ces mauvais vers ne pouvaient pas évidemment émouvoir beaucoup le parlement. Il y avait, pourtant, là un signe de l'état des esprits qui devait le faire réfléchir. Finalement il s'en tira par des demi-mesures, encore cependant plus énergiques qu'on aurait pu le penser.

Par un arrêt en date du 11 mars 1574, il condamnait, en effet, les prisonniers, « c'est assavoir : le sieur de Vitteaux à estre confiné et rélégué, à tousjours, en l'isle de Ré, et les nommés Zampini, Boussicault et Duval à estre menez et conduits aux gallères du Roy, pour en icelles estre détenuz et y servir comme forçats à perpétuité ». Par ailleurs, les biens des condamnés devaient être confisqués, et sur eux prises : 1° la somme de deux mille livres parisis, « qui sera employée, disait l'arrêt, pour édifier et bastir une chambre aux prisons, pour mettre les femmes » ; 2° huit mille livres parisis, pour la veuve et les enfants du feu seigneur de Meilhaud ; 3° quatre mille livres parisis, pour la veuve et les enfants du feu seigneur de Gonnelieu ; 4° quatre mille livres parisis, encore, pour la veuve et les enfants de feu seigneur de Beaufort ; 5° quatre mille livres parisis, enfin, qui « seront distribuées et aumosnées pour faire prier Dieu pour les âmes desdits deffuncts, c'est assavoir 400 livres à la bouëtte des pauvres, quatre cent livres à l'Hostel-Dieu, quatre cens livres à la Trinité, quatre cens livres à l'hospital Saint-Germain-des-Prez, six cens livres au couvent des Cordeliers, quatre cens livres au couvent des Jacobins, quatre cens livres aux pauvres novices des Augustins, deux cens livres au couvent des Carmes, trois cens livres au couvent des

Minimes, deux cens livres aux Enfans-Rouges, trois cens livres aux religieuses de l'*Ave Maria*[1] ».

Les mieux traités en somme, après les couvents de Paris, étaient les prévenus.

[1] Arrêt du parlement du 11 mars 1574 (Arch. nat., X²ᴮ 79).

CHAPITRE IV

De son mariage avec Françoise de Mailly, Antoine
d'Alègre, seigneur de Meilhaud, avait laissé en mourant
un fils, Yves, et trois filles, Isabelle, Renée-Angélique
et Jeanne, enfants encore mineurs, que la mort de leur
mère, survenue peu de jours après l'arrêt du 11 mars[1],
priva de leur seul soutien. De ces orphelins leur oncle
Christophe d'Alègre, seigneur de Saint-Just, aurait dû
être le naturel protecteur, car c'était, en somme,
victime de sa querelle avec les Duprat qu'était tombé
son frère Antoine. Mais, chargé, lui aussi, d'une nombreuse famille, d'un naturel, je l'ai dit, malveillant et
difficile, il paraît n'avoir rien fait pour tenter de venger
l'assassinat de son cadet, et semble, même, ne s'être
que fort peu inquiété du sort de ses neveux. Ceux-ci
devaient, heureusement, trouver plus de secours auprès
de leur oncle Yves.

Je n'ai, jusqu'ici, parlé de cet Yves que pour men-
tionner ses démêlés judiciaires avec son frère Christophe, ou les bons rapports qu'il entretint toujours, au
contraire, avec son frère Antoine. Et cette mésentente,

---

[1] Exactement entre le 18 avril 1574, où elle fit son testament, et le
4 mai, où elle est dite être récemment défunte (Archives nationales,
insinuations du Châtelet, cf. Y 115, fol. 244 et 288).

d'une part, ce parfait accord, de l'autre, paraissent bien, en réalité, avoir été cause de l'attachement témoigné, tout de suite, par Yves d'Alègre à ses neveux orphelins.

Mais, si cet Yves entre, ainsi, seulement, en scène dans l'histoire de la famille, à l'occasion de la mort de son frère et de la tutelle de ses enfants[1], et si, pour cette raison, je l'étudie seulement ici, alors que son titre d'aîné et de chef de sa maison auraient dû lui mériter la première place, ce n'est pas qu'il ne soit intéressant par d'autres endroits. Les divers détails que j'ai rassemblés sur sa vie en font, en effet, une physionomie assez curieuse, et ceux que j'ai retrouvés sur sa mort tragique continuent, de façon assez saisissante, la lamentable histoire de la maison d'Alègre, pour que les uns et les autres vaillent la peine d'être rapportés.

I

Né vers 1523[2], Yves III d'Alègre avait fait son entrée dans la vie publique, en 1558, comme sénéchal du Puy-en-Velay. En octobre de cette année, en effet, Henri II, « à la requeste et poursuite des députés, consuls et habitans du Puy, et moyennant la finance de 25.000 livres », avait créé dans cette ville un nouveau siège de sénéchaussée démembré de celui de

---

[1] Je n'ai pas retrouvé d'acte authentique donnant ce titre de tuteur à Yves III d'Alègre, mais il est désigné, expressément, comme ayant accepté cette charge par Simon Marion, dans la plaidoirie prononcée par lui, le 26 juin 1582, devant le parlement de Paris, en faveur d'Yves IV d'Alègre, neveu du marquis d'Alègre. (*Plaidoyers de Simon Marion*, 1609, in-8°, p. 378-379.)

[2] Bibl. nat., fr. 20.230, généalogie de la famille d'Alègre.

Nîmes, et les offices de ce siège ayant été, peu de temps après, adjugés aux plus offrants, le poste de sénéchal fut attribué à **Yves d'Alègre**, moyennant 3.000 livres [1]. Mais, ce titre, M. d'Alègre ne le conserva pas très longtemps [2], et, dès 1560, il ne porte plus que celui de gentilhomme ordinaire de la chambre du Roi, recevant, pour ces fonctions, des gages de 1.200 livres par an [3].

Très peu après cette date, il semble, au reste, avoir abandonné l'Auvergne pour séjourner en Normandie. C'est là, du moins, que nous le retrouvons, lors de la première guerre civile. On sait que, dès le début de cette guerre, en avril 1562, les protestants s'étaient saisis de Rouen, dont ils restèrent les maîtres jusqu'en octobre. Or, M. d'Alègre fut parmi les gentilshommes du pays qui résistèrent le plus énergiquement à cette occupation. Dès le mois de mai, en compagnie de Jean, baron de Clères, de François de Briqueville, seigneur d'Auzebosc, et autres, il aidait Jean d'Estouteville, seigneur de Villebon, lieutenant au gouvernement de Normandie, à se saisir de la ville de Pont-de-l'Arche [4],

[1] *Chroniques d'Etienne Médicis, bourgeois du Puy,* publiée par A. Chassaing, 1859, in-4°, t. I, p. 498. — J.-A.-M. Arnaud, *Histoire du Velay,* 1816, in-8°, t. I, p. 304 et suiv.

[2] Le nouveau siège de sénéchal créé au Puy par Henri II en octobre 1558, fut supprimé par lui en avril 1559, puis rétabli en juin 1560 par François II (J.-A.-M. Arnaud, *Op. cit.,* t. I, p. 304-307).

[3] Quittance de 300 livres donnée par Yves d'Alègre, gentilhomme de la chambre du Roi, pour un quartier de ses gages, le 6 décembre 1560 (Arch. nat., K 1722, n° 99).

[4] *Discours abrégé et mémoires d'aulcunes choses advenues tant en Normandie que en France depuis le commencement de l'an 1559 et principalement en la ville de Rouen.* dans A. Héron, *Deux chroniques de la ville de Rouen* (Société de l'histoire de Normandie), 1900, in-8°, p. 206.

« au grand dommage de ceux de Rouen, auxquels, toutes
les semaines, arrivoient, auparavant, des vivres tant de
ce lieu que d'autres estans plus haut, sur la rivière de
Seine [1] ». Un peu plus tard, ayant fait exécuter, autour
du village de Blainville, d'importants travaux de défense,
et bien fortifié son château, qu'il avait pourvu d'artillerie,
M. d'Alègre tenta, de là, à plusieurs reprises, d'assez
heureuses sorties contre la garnison de Rouen, « dans
l'une desquelles il réussit à capturer aucuns bourgeois
et soldats de la ville », qui s'étaient imprudemment
aventurés hors les murs. C'est même pour délivrer ces
prisonniers, et tirer vengeance de cette insulte que, dans
la nuit du 15 au 16 août 1562, une véritable expédition
fut organisée de Rouen contre Blainville, expédition qui
parut, d'abord, devoir être couronnée de succès, car les
huguenots arrivèrent, tout de suite, à forcer « les tran-
chées et barrières » qui défendaient le village, pillèrent
la collégiale et les autres églises, et saccagèrent les
maisons des chanoines. Mais, « fort estonnez soudain
de quelques coups d'artillerie qui leur furent tirez du
chasteau », ils n'eurent que le temps de s'enfuir, en
emmenant seulement prisonniers deux chanoines, et
deux ou trois des principaux du lieu [2]. Enfin, lorsque,
en septembre, l'armée royale, commandée par le duc de
Guise, se présenta sous les murs de Rouen, M. d'Alègre
paraît avoir été mêlé, d'assez près, aux opérations du
siège. Dans une lettre adressée, plus tard, par lui au
duc de Nevers, il prie ce dernier, non sans complai-

---

[1] *Histoire ecclésiastique des églises réformées au royaume de France*,
éd. Baum et Cunitz, 1883-1889, in-8°, t. II, p. 721.

[2] *Discours abrégé...*, dans A. Héron, *Op. cit.*, p. 240-241.

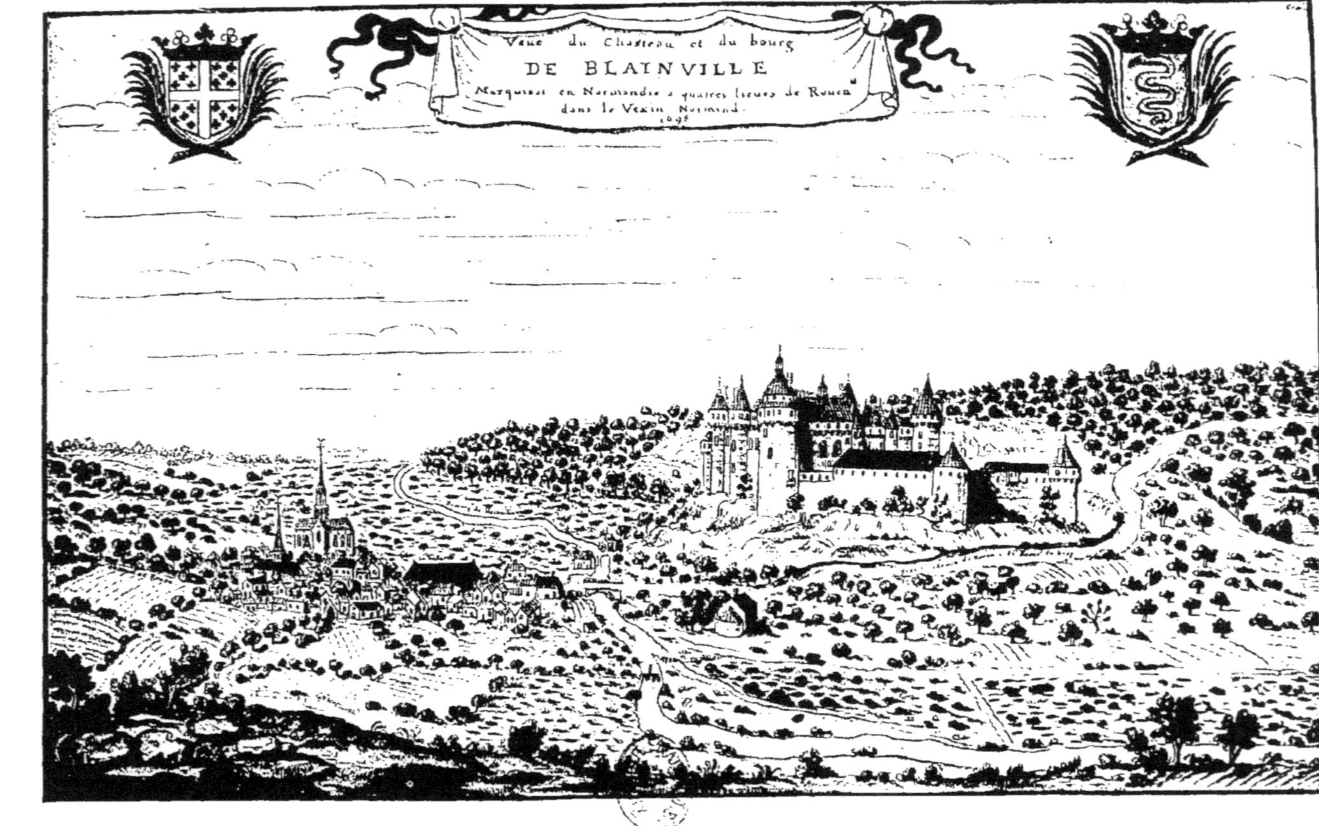

VUE ANCIENNE DU CHATEAU DE BLAINVILLE,

d'après une aquarelle de la collection Gaignières (*Bibliothèque nationale*, Cabinet des estampes).

sance, de se souvenir que, « aux premiers troubles,
dit-il, et feu Monsieur de Guise menant lors la guerre
en Normandie, là où, pour lors, j'estois retiré à ma
petite maison, je ne luy fus du tout inutile, et lui don-
nai des advis qui luy servirent à exécuter nombre de
beaux faits d'armes[1] ». Nous ignorons évidemment
beaucoup des choses qui faisaient M. d'Alègre se décer-
ner à lui-même pareils éloges. Du moins, savons-nous,
pertinemment, qu'il prit part au sac de la ville, le
26 octobre 1562, car, peu de jours après, l'archidiacre
et deux chanoines du chapitre de Rouen venaient demander à la Reine-mère restitution de l'or, de l'argent et des
pierres précieuses de la châsse de Notre-Dame, « qu'aucuns soldats de M. d'Alègre avoient dérobée au cours du
pillage[2] ».

II

A quel titre M. d'Alègre servait-il, alors, dans les
troupes royales ? Je ne saurais le dire, car ce n'est qu'en
1565 que nous le trouvons officiellement qualifié de « capitaine de trente lances des ordonnances du Roy[3] ». Et
si une dépêche de l'ambassadeur anglais Smith veut
que, au commencement de 1563, il ait été fait gouverneur de Rouen, je n'ai découvert, nulle part, confirmation
de la chose[4].

[1] Lettre d'Yves d'Alègre au duc de Nevers, de Meilhaud, 16 mai 1577
(Bibl. nat., fr. 3320, fol. 110).

[2] *Discours abrégé* .., dans Héron, *Op. cit.*, p. 273.

[3] Quittance délivrée par Yves d'Alègre, le 10 juin 1565 (Bibl. nat.,
pièces originales, fr. 26.516, n° 33).

[4] Lettre de Thomas Smith à William Cecil, 4 février 1563 (*Calendars
of State papers of the reign of Elizabeth, foreign serie*, 1563, n° 23916).

Un autre renseignement, le concernant, émané de la
même source, et d'après lequel il aurait été envoyé,
en 1563, en Espagne, auprès de Philippe II, est, lui,
certainement, erroné [1]. C'est M. Clutin d'Oysel qui fut
chargé de cette mission. On peut s'expliquer, du reste,
la confusion ; car, en même temps que M. d'Oysel était
expédié auprès du Roi Catholique, et que René de Birague
était accrédité extraordinairement auprès de l'Empereur, M. d'Alègre l'était auprès du Pape, et ces trois
ambassades se rattachaient à un ensemble de négociations poursuivies, alors, très activement, par la cour de
France.

L'objet commun de ces négociations était de faire
revenir ceux auprès desquels elles étaient menées de la
mauvaise impression produite sur eux par la promul-
gation de l'édit d'Amboise (19 mars 1563), et par les
concessions faites en cet édit aux réformés de France.
MM. d'Oysel, Birague et d'Alègre devaient, dans ce
but, représenter aux souverains près desquels ils
étaient envoyés que, en signant l'édit de pacification,
« le Roy n'avoit eu l'intention ni d'établir, ni mesme de
souffrir la nouvelle religion dans le royaume », que, au
contraire, « il estoit tout prêt à s'unir aux autres puis-
sances catholiques d'Europe, pour lever et dissiper les
diversités d'opinion qui séparaient les chrétiens », et que
le concile lui paraissait bien être le moyen le plus sûr
d'y parvenir ; mais, — et c'était là le second point des
instructions des ambassadeurs de France, — un concile
général et œcuménique plus largement ouvert que celui

Du même au même, le 12 mars 1563 (*Ibid.*, n° 438).

qui se tenait, dans le moment, à Trente, un concile auquel,
disait le Roi en ces instructions, « ceux qui diffèrent
d'opinion avec nous, soit de nos sujets ou autres, puissent librement assister », un concile réuni ailleurs
qu'en Italie, car « cette situation du lieu de l'assemblée est suspecte aux réformés qui nient qu'elle soit
de sûr accès », un concile assemblé, par exemple,
en Allemagne, et où tous pourraient être admis à
s'expliquer[1].

Il est inutile de dire que pareil appel, qui témoignait,
tout au moins, de singulières illusions chez ceux qui,
en le lançant, semblaient oublier le lamentable échec
du récent colloque de Poissy, que pareil appel, dis-je,
n'avait aucune chance d'être entendu des souverains
auxquels il était adressé. Aussi bien, n'y avait-il là,
peut-être, de la part de la Reine-mère qui dirigeait les
négociations, qu'un moyen de légitimer, après coup, la
paix d'Amboise, en laissant supposer qu'une répression pacifique de l'hérésie lui semblait encore dans
l'ordre des choses possibles. Mais la suite des instructions données, en particulier, à M. d'Alègre laissait assez
entrevoir combien la cour de France demeurait sceptique
sur la conclusion « amiable » du conflit religieux. D'une
part, en effet, M. d'Alègre avait ordre de presser le
Saint-Père d'accorder au roi de France l'autorisation
déjà sollicitée par lui d'aliéner une partie des domaines
ecclésiastiques, pour subvenir, le cas échéant, aux

---

[1] « Sommaire de l'ambassade de M. d'Alègre à Rome » (Bibl. nat.,
fr. 6619, fol. 3 et suiv.). — Lettre de Catherine de Médicis à Bernardin
Bochetel, évêque de Rennes, du 30 avril 1563 (*Lettres de Catherine de
Médicis*, éd. La Ferrière, t. II, p. 27). — De Thou, *Histoire universelle*,
trad. fr. de 1734, t. IV, p. 573-575.

nécessités de la lutte contre les réformés ; d'autre part, il avait reçu secrètement une charge plus significative encore, et tout à fait opposée à l'espoir dont semblait officiellement se bercer la cour de France, celle de sonder le Saint-Père sur la possibilité d'une entente offensive contre l'hérésie entre le Saint-Siège, la France, l'Empereur et le roi d'Espagne.

D'Alègre nous a laissé le récit très curieux des mystérieux pourparlers, au cours desquels cette partie de sa mission lui fut confiée.

« Quant à ce qu'il a pleu à Sa Majesté commander audict d'Alègre de bouche, écrivait-il, plus tard, à la Reine-mère, elle se souviendra, s'il luy plaist, que, au lieu de Chenonceaux, en souppant, elle luy tint propos d'une veue, qu'elle désiroit qui se peust faire, du Pape, de l'Empereur, du Roy et du Roy Catholique, dont elle disoit n'avoir communiqué, encores, avec personne, sinon avec le sieur d'Oysel que, peu auparavant, elle avoit envoyé en Espagne, auquel elle en avoit donné quelque charge, deffendant très expressément audict d'Alègre qu'il n'eust, en façon quelconque, à se déclarer, ny à se laisser entendre à personne vivante sur ce faict, sinon à Monseigneur et à Madame de Savoye, en passant, auxquels il diroit que la Reyne en avoit desjà communiqué avec Monseigneur le Légat[1], lequel elle avoit trouvé assez disposé à cela, dont elle le vouloit bien advertir, luy priant que, comme de luy mesmes, il en vouloist tenir propos audict seigneur Légat, lui remonstrant combien ladicte veue seroit utile et nécessaire à la chrestienté.

[1] Hippolyte d'Este, cardinal de Ferrare, légat en France.

« De laquelle veue elle lui deffendoit en faire semblant à Rome en aucune manière, mais bien, si Sa Sainteté luy en parloit et faisoit démonstration de le désirer, qu'il ne feist, sur ce, aucune responce, ny feist semblant, en cela, d'avoir aucunement entendu le voulloir de la Reyne ; mais qu'il sceust de Sa Sainteté s'il trouvoit bon qu'il dépeschast en dilligence vers la Reyne pour luy faire entendre ce que de par luy luy en avoit esté dict, et, s'il trouvoit bon cest expédient, que ledict d'Alègre dépeschast en toute dilligence le sieur de Marchaumont, secrétaire du Roy[1], vers Leurs Majestez pour leur faire entendre, bien au long, le contenu de ce qu'il auroit appris.

« Sur ce point, Sa Majesté, s'il luy plaist, se souviendra que, le lendemain qu'elle eut faict audict d'Alègre cest honneur de lui communiquer ce faict, il se trouva, de bon matin, à son lever, et luy dit ces propres mots : « Madame, j'ay à vous dire chose de conséquence, « et vous supplier vous voulloir tirer un peu à part, « afin que je les vous die. » Sa Majesté appela ledict d'Alègre à part, qui luy dit : « Madame, la négociation, « que vous m'avez commandé de tenir si secrète, est « commune et publique, aujourd'huy, par toute ceste « court. Car, afin que vous n'imputiez la faute à moy, « après que je serai party, je vous veulx bien dire que « ung seigneur de ceste compagnie m'envoya, arsoir, « quérir en sa chambre, là, où estant, il me dit : « Monsieur d'Alègre, je suis bien informé que, là où « vous allez, vous avez charge de parler d'une veue,

---

[1] Pierre Clausse, seigneur de Marchaumont, secrétaire du Conseil, plus tard chambellan du duc d'Alençon.

« comme aussy a eue **M. d'Oysel**. Mais tenez pour certain
« que c'est un des plus grands dommages qui puissent
« advenir à ce royaume, si cela sort à effect, et, pour
« ce, pensez-y, vous que je congnois estre bon servi-
« teur du Roy, de ne prendre ceste charge, que vous
« ne l'ayez bien signée du Roy et de la Reyne, afin que,
« si, à l'advenir, on vous en voulloit faire rendre compte,
« vous ne fussiez désavoué ». Le susdict seigneur,
ledict d'Alègre nomma alors à la Reyne, qui croit qu'elle
s'en souviendra ; et la responce que icelluy d'Alègre
luy feit fut qu'il n'avoit jamais ouy parler de chose
approchante de cela [1]. »

On le voit, la mission de d'Alègre était assez délicate. Il
lui fallait justifier, auprès du Saint-Siège, la récente pacification accordée aux protestants, en semblant ne pas
douter du succès d'un concile général ; et, en même temps,
il devait amener habilement le Pape à se prononcer sur
l'appui qu'il entendait donner au gouvernement français,
au cas où celui-ci reprendrait les hostilités vis-à-vis des
réformés. Pour un homme rompu à toutes les roueries et
les subtilités de la diplomatie, il y aurait eu, là, une tâche
fort difficile ; elle devait être écrasante pour **M. d'Alègre**
que rien, jusqu'alors, n'avait préparé à ce rôle.

Il paraît bien pourtant s'être appliqué à le remplir
avec une docilité touchante, la plus extrême prudence,
et une discrétion rare. Sur le point le plus essentiel,
celui d'obtenir du Pape la déclaration spontanée du
secours qu'il entendait prêter à la France, au cas d'une
action commune contre les réformés, **M. d'Alègre** pré-

---

[1] « Sommaire de l'ambassade à Rome de M. d'Alègre. » (Bibl. nat..
fr. 6619, fol. 32-33).

tendit bien, toujours, en particulier, avoir obéi à ses instructions, ne s'être avancé en rien, et que le Pape lui avait, le premier, tenu le propos d'une ligue des princes catholiques avec un dépôt de 300.000 écus. Et on peut le croire de bonne foi, quand il se justifie auprès de la Reine de l'accusation d'avoir outrepassé sa charge, et découvert son gouvernement. Mais, si, lui, avait été discret, d'autres l'avaient moins été, et, dès l'arrivée à Rome de l'ambassadeur extraordinaire de France, il semble bien que la politique à double jeu de Catherine de Médicis avait été percée à jour, et que le Pape ne souhaitait rien tant que la divulgation de ses projets et de ses calculs pour forcer la main à la politique française et l'amener à reprendre la lutte contre les réformés. M. d'Alègre s'en douta bien ; mais ce qu'il paraît n'avoir jamais compris, c'est que la Reine, voyant ses desseins démasqués, et le bruit répandu partout d'une prochaine entente entre la France et le Saint-Siège, bruits qui ne pouvaient que nuire à sa politique de pacification en France, n'avait qu'un moyen de sauver la face, c'était de désavouer son chargé d'affaires. Elle le fit avec brutalité. Dès le 10 août 1563, celui-ci avait écrit à la Reine que, selon ses instructions, il avait scrupuleusement attendu que le Pape lui parlât du fait en question, avant de lui en dire un seul mot, que c'était comme de lui-même que le Saint-Père s'en était ouvert à lui, un jour qu'il l'avait envoyé quérir, après dîner, à Saint-Marc, et se promenant avec lui familièrement en une galerie[1]. Cette lettre resta sans

_____

[1] « Sommaire de l'ambassade à Rome de M. d'Alègre. » (Bibl. nat., fr. 6619, fol. 33 vº, 34 vº).

réponse jusqu'au 3 octobre, où la Reine, bien informée alors, d'autre part, que le Pape n'avait parlé que parce que le secret de la négociation était éventé depuis long-temps, écrivit au malheureux d'Alègre la lettre la plus mortifiante, dans laquelle elle l'accusait expressément de grave manquement à ses instructions. « Car, lui mandait-elle, il faut que je vous die que j'ay trouvé fort estrange ce que vous m'avez dernièrement escript, comme vous aviez mis en avant, par delà, à nostre Saint-Père de faire une ligue de princes et un dépost de 300.000 escus; car, si vous vous souvenez bien des charges et instructions que vous emportastes quant et vous, à vostre partement, vous trouverez qu'il ne vous fut rien commandé de semblable, ny par le Roy, mon-sieur mon fils, ny par moy; au moyen de quoy, si vous en avez parlé à nostredict Saint-Père, cy-devant, regar-dez, en premier lieu, à n'y passer oultre et à rabiller, qui plus est, ce que vous pourrez avoir faict en cest endroict, luy faisant entendre bien clairement que vous avez parlé de cela comme de vous mesmes, et sans que vous en eussiez aucune charge de nous, car le Roy ne trouve pas qu'il luy faille autre plus estroicte ligue, pour le bien de ses affaires, que la paix universelle qui est entre les princes chrestiens ses amys, voisins et alliez[1]. »

« Ledict M. d'Alègre, est-il exposé dans le *Sommaire* de son ambassade qu'il nous a laissé, ledict M. d'Alègre recevant ladicte lettre de Sa Majesté se trouva fort estonné, voyant que on luy mettoit à sus chose à quoy il n'auroit jamais pensé, qui estoit d'avoir parlé au

---

[1] Lettre de Catherine de Médicis à M. d'Alègre. du 3 octobre 1563 (*Lettres de Catherine de Médicis*, t. II, p. 419-420).

Pape d'une ligue et d'un dépost de 300.000 escus, et
que c'estoit très en sens contraire le service qu'il pen-
soit avoir faict.' » Aussi, tout de suite, écrivit-il à la
Reine une lettre où il protestait énergiquement de son
innocence.

MADAME, lui mandait-il, j'ay veu la lettre qu'il vous a pleu
me faire cest honneur de m'escripre par le sieur Luca Ma-
nelli, pour obéir à laquelle, je ne fauldroy de aller trouver Vostre Majesté au plus tost que j'en aurai peu recouvrer
le moyen, qui ne me sera sitost offert comme je désire avoir
ceste grâce et cest honneur de vous pouvoir aller faire très
humble service. Quant à ce qu'il vous plaist me mander que
je me souvienne de ce qui m'a esté enchargé au partir, je
crois, Madame, que n'aurez oublié les commandements qu'il
vous pleut me faire, lesquels s'il se trouve que je y aye excédé
en rien, je en attends, de bon cœur, la punition que méritera
mon outrecuidée témérité, pour laquelle recevoir j'espère,
incontinant qu'il me sera permis m'acheminer, aller la part
où sera Vostre Majesté. Au reste, Madame, le bruit est icy
tout commun que vous avez dépesché le nunce ¹ par deçà en
partie pour l'affaire dont il vous a pleu me donner charge ;
et, afin qu'il vous plaise entendre en quels termes il l'a trouvée à son arrivée, je vous diray que je n'y avois point si mal
besongné que l'on ne m'eust parlé de consigner 300.000 escus
en ung lieu pour soudoyer vos forces, toutes fois et quantes
que le Roy les voudroit mettre sus, et m'eust dit davantage
que, si, sur ce que je vous ay escrit par le sieur de Marchaumont, je avois bonne responce, Sa Sainteté vous en feroit
encore entendre davantage sur la ligue qu'il m'avoit dit
voulloir faire avec vous. De vous avoir escript cela, il me
semble que, suivant vostre commandement, il ne vous peult
estre désagréable. Mais, puisqu'il vous a pleu en donner la
charge à un autre, je seray très aise que Vostre Majesté se

¹ Prosper de Sainte-Croix, évêque d'Albano, nonce en France.

trouve servie comme elle désire. De ma charge, Madame, je m'assure que Nostre-Seigneur me fera la grâce de vous en rendre meilleur compte que vous n'avez espéré, ou que par adventure on ne vous a faict entendre [1].

Mais cette lettre demeura sans réponse, et le malheureux d'Alègre, voyant qu'on l'oubliait à Rome, « ne sachant ce qu'il devoit faire, ou demeurer là, ou s'en revenir, et ne pouvant faire, d'ailleurs, ni l'un ni l'autre, sans estre secouru d'argent, fut contraint d'emprunter de ses amis le mieux qu'il put, et peu à peu se retirer, satisfaisant à un chacun, comme luy fut possible [2] ».

III

Nous ne savons rien du retour de M. d'Alègre à la Cour. Mais il ne semble pas qu'on ait tenu rigueur à l'homme du désaveu que la Reine avait dû infliger à l'ambassadeur, car, en 1565, nous le trouvons qualifié de chevalier de l'ordre du Roi [3], et, en 1567, de capitaine de cinquante hommes des ordonnances [4].

Au surplus, à partir de ce moment, nous n'avons sur lui, pendant plusieurs années, que des détails d'ordre privé, détails relatifs surtout à la continuation de ses

[1] « Sommaire de l'ambassade de M. d'Alègre. » (Bibl. nat., fr. 6619, fol. 36 v°-37).

[2] *Ibid.*, fol. 34 v°-35, 36.

[3] Quittance donnée par Yves d'Alègre, chevalier de l'ordre, capitaine de 30 lances des ordonnances, le 10 juin 1565 (Bibl. nat., pièces originales, fr. 26.516, n° 33).

[4] Quittance donnée par Yves d'Alègre, chevalier de l'ordre, capitaine de 50 hommes d'armes des ordonnances du roi, 6 juin 1567 (Bibl. nat., pièces originales, fr. 26.516, n° 40).

différends avec son frère Christophe d'Alègre, seigneur
de Saint-Just. Ces différends portaient, on s'en souvient,
sur deux points : d'une part, sur le règlement de l'héritage de leur mère en Normandie, et notamment sur
l'attribution faite à Yves et contestée par Christophe de
la seigneurie de Blainville; d'autre part, sur la rente
primitivement due à la maison de Luxembourg par la
maison d'Alègre, rente dont Yves avait été chargé de
rembourser le capital qui, l'ayant été par Christophe,
était maintenant réclamé par ce dernier à son aîné. Or,
si, sur le premier de ces points, le parlement de Paris
retardait toujours sa décision, sur le second, cette même
juridiction, par un arrêt du 13 avril 1568, donnait définitivement raison à Christophe. On se rappelle que,
pour éteindre la rente en question, ce dernier avait cédé
aux Luxembourg la terre d'Obsonville. L'arrêt du parlement déclarait que, en conséquence de cette cession,
« une terre de pareille valeur, qualité et bonté » devrait
être rendue à son frère par Yves d'Alègre, et condamnait, de plus, ce dernier à rembourser à Christophe les
arrérages échus de cette rente qu'il avait dû payer[1].
Puis, comme, en dépit de ce premier arrêt, Yves ne se
pressait pas de s'exécuter, le 6 mai 1572, la cour ordonnait, par un second arrêt, que « dans quatre mois, Yves
d'Alègre payeroit à Christophe d'Alègre, son frère, les
sommes contenues dans l'arrêt du 13 avril 1568, sinon
qu'elles doubleroient et tierceroient suivant l'ordonnance[2] ».

[1] Archives nationales, parlement civil, X¹ᴬ 1622, fol. 306.

[2] Archives nationales, parlement civil, plaidoiries. X¹ᴬ 5037, fol. 247
et v°.

Que ce soit cette double condamnation qui, achevant de séparer Yves d'Alègre de son frère Christophe, l'ait décidément amené à reporter, comme j'ai dit qu'il le fit, toute son affection sur les enfants de son frère Antoine, assassiné en 1573, la chose est fort vraisemblable, d'autant que, à ce moment, bien que marié, depuis le 26 septembre 1551, à Jacqueline d'Aumont, fille de Pierre d'Aumont et de Françoise de Sully, il n'en avait point de descendants, et vivait même séparé de sa femme. Ce qui est certain, c'est que, après la mort de M. de Meilhaud, il s'était fait nommer tuteur de ses neveux et que, pour obtenir et mériter cette tutelle, il avait fait, le 6 avril 1574, donation à son neveu, Yves, de 6.000 livres de rente à prendre sur ses biens, et à sa nièce, Isabelle, d'un capital de 20.000 livres à toucher quand elle serait nubile [1].

Les graves événements politiques qui suivirent, et auxquels il fut mêlé, allaient, d'ailleurs, amener M. d'Alègre à s'attacher plus particulièrement et plus étroitement encore son neveu, Yves.

IV

Ces événements sont ceux qui marquèrent le début du règne de Henri III.

Aussitôt après l'accession du nouveau roi, les troubles civils avaient, en effet, repris. La répression du complot des Politiques, formé, à la veille de la mort de Charles IX,

---

[1] Cette donation est mentionnée dans un arrêt du Grand Conseil, du 30 octobre 1587 (Arch. nat., V⁵ 145), et dans un autre arrêt du 28 avril 1588. — signifié le 13 novembre 1621 (*Ibid.*, V⁵ 330).

entre les réformés et les catholiques modérés, les
« Politiques », n'avait atteint en somme que des comparses : La Molle et Coconat. Mais des véritables orga-
nisateurs de ce complot, le maréchal de Montmorency,
seul, était prisonnier ; le duc d'Alençon et le roi de
Navarre étaient rentrés en grâce ; le maréchal Damville,
bien que destitué, le 4 mai 1574, de sa charge de gouverneur de Languedoc, restait à la tête d'une armée
de 15.000 hommes, dans le Midi ; le prince de Condé
et M. de Thoré, qui avaient pu fuir à temps, s'étaient
réfugiés en Allemagne[1] ; enfin, les protestants du Dauphiné, commandés par Montbrun, n'avaient pas eux
non plus déposé les armes[2]. Aussi, à peine Henri III
était-il revenu de Pologne, qu'intrigues, manifestes et
même actes d'hostilité ouverte s'étaient multipliés. Pendant son voyage dans le Midi, à la fin de 1574, le Roi
avait pu voir l'armée de Damville s'emparant de la ville
de Saint-Gilles presque sous ses yeux, et l'assaut donné
par les troupes royales à Livron repoussé avec accom-
pagnement d'injures à son adresse par les défenseurs
de la place[3]. Puis, pendant toute l'année 1575, ce
n'avait été qu'un général soulèvement de tous les partis.
Réunis à Millau, au mois de juillet 1574, protestants et
politiques avaient arrêté les articles de leur programme
et de leur union, et, le 11 avril 1575, avaient fait

---

[1] F. de Crue, *Le parti des politiques, au lendemain de la Saint-Barthélemy. La Molle et Coconat*, 1892, in-8°, *passim*.

[2] J.-H. Mariéjol, *La Réforme et la Ligue. — L'Edit de Nantes (1559-
1598)*, dans E. Lavisse, *Histoire de France*. t. VI, 2ᵉ partie, p. 140-143,
165-167.

[3] H. de la Ferrière, *Lettres de Catherine de Médicis*, t. V, introduction, p. XLV-XLVI.

exposer leurs doléances au Roi par des députés[1]. Le prince de Condé qui, dès le 12 juillet 1574, avait lancé d'Allemagne un manifeste, où il réclamait la liberté de conscience, et demandait la réhabilitation des victimes de la Saint-Barthélemy[2], signait, le 27 septembre 1575, avec Jean-Casimir, fils de l'Électeur palatin, Frédéric III, un traité lui assurant la levée en Allemagne de 10.000 reîtres, et négociait, en même temps, en Suisse, le recrutement d'autres mercenaires[3]. Peu de jours avant, le 15 septembre, le duc d'Alençon, s'échappant de la cour, s'était mis à la tête des mécontents[4].

Le prince de Condé annonçant l'arrivée imminente des premiers secours d'Allemagne, le plan des réformés était, comme déjà lors des troisièmes troubles, de préparer, dans le centre du royaume, la jonction des forces réunies dans le Midi avec les troupes venant de l'étranger, pour, avec cette armée, placée sous le commandement du duc d'Alençon, écraser celle du Roi. Et, à vrai dire, cette dernière paraissait incapable de résister. Un premier détachement de 2.000 reîtres commandés par M. de Thoré fut bien, le 10 octobre 1575, écrasé à Dormans par le duc de Guise[5]. Mais celui-ci gravement blessé, et dont on se méfiait du reste, ainsi que du duc de Mayenne, son frère, allait pour longtemps être mis hors de combat.

[1] F. de Crue, *Op. cit.*, p. 253-254, 259-260.

[2] Déclaration du prince de Condé, Eppenheim, 12 juillet 1574 (Bibl. nat., fr. 4805, fol. 5-v° 91).

[3] Traité entre le prince de Condé et Jean-Casimir, du 27 septembre 1575 (Bibl. nat., V^c Colbert, vol. 399, fol. 133).

[4] F. de Crue, *Op. cit.*, p. 291.

[5] R. de Bouillé, *Histoire des ducs de Guise*, 1850, in-8°, t. III, p. 16-20.

La Reine-Mère, reprenant la direction des affaires, avait, alors, tenté d'empêcher, par sa seule diplomatie, ce qu'elle pensait ne pouvoir arrêter par les armes, et, se tournant, d'abord, du côté du duc d'Alençon, elle avait, au prix des cinq villes d'Angoulême, de Niort, de Saumur, de Bourges et de la Charité, obtenu de lui, le 8 novembre, la signature d'une trêve de six mois[1].

Restait, toutefois, l'armée d'Allemagne, dont les chefs devaient être moins facilement réductibles. Envoyés vers Condé, M. de Beaufort, au nom du Roi, M. de Bournonville, au nom du duc d'Alençon, lui offrirent bien 500.000 livres, pour le dédommager de ses armements, s'il voulait renoncer à passer la frontière[2]. Comme seule réponse, le prince refusait officiellement, le 22 novembre, de ratifier la trêve signée par le duc d'Alençon[3], et, le 11 décembre, les troupes étrangères, massées à Strasbourg, quittaient la ville, pour aller faire leur montre près de Salonne[4], en Lorraine, et, de là, se concentrer à Charmes[5], où elles parvinrent le

---

[1] « Ce qui a esté accordé entre la Reyne, mère du Roy, et Monseigneur le duc d'Anjou, soubs le bon plaisir du Roy, à Marigny-Marmande, le 8 novembre 1575 » (Bibl. nat., V‍ᶜ Colbert, vol. 399, fol. 230 et suiv., et 276-282). — Cf. De Crue, *Op. cit.*, p. 300.

[2] Instructions données par le duc d'Anjou à M. de Bournonville, Châtellerault, le 9 novembre 1575 (*Ibid.*, fol. 248). — *Recueil des choses jour par jour advenues en l'armée conduite d'Allemagne en France par M. le prince de Condé pour le restablissement de l'estat du royaume et nommément pour la religion, commençant au mois d'octobre 1575 et finissant au mois de mai suivant que la paix fut publiée à Etigny, près Sens, 1577, in-16*, p. 18 et suiv. — *Mémoires de la Huguerye*, éd. de Ruble, 1877, in-8°, t. I, p. 354 et suiv.

[3] Refus de Condé de ratifier la trêve, de Strasbourg, le 22 novembre 1575 (Bibl. nat., V‍c Colbert, vol. 399, fol. 296-300).

[4] Salonne, ancien département de la Meurthe, arrondissement et canton de Château-Salins.

[5] Charmes, Vosges, arrondissement de Mirecourt.

2 janvier 1576. C'est là que M. Pomponne de Bellièvre rejoignit Condé, chargé d'essayer, une fois de plus, de l'arrêter, tentative aussi infructueuse que la précédente, car, le 5 janvier, l'armée repartait de Charmes, et, prenant son chemin par Housséville[1], Removille[2], Autigny-la-Tour[3], allait passer la Meuse à la hauteur de Bazoilles[4], au-dessus de Neufchâteau[5], et entrait en France, le 11 janvier[6].

Bellièvre, qui vit cette armée à Charmes, en parle avec un certain mépris. « Ce sont jeunes princes, écrit-il au Roi, le 5 janvier, ce sont jeunes princes et soldats affamez qui trouvent belles les entrées à la guerre. Mais tout ce qui est icy n'a moyen de forcer un villaige clos de palissades, pourvu qu'il y ait des gens à le deffendre. Ils ont quatre canons, six moyennes, et de munitions si peu, que ce seroit presque pour l'harquebuserie, s'ils en avoient nombre. Leurs François sont piètres et la plus part Lorrains, gens qui ne semblent estre pour faire faction. Ils sont 500 en nombre, 1.500 lansquenechts qu'ils disent ne valoir rien, et font compte de s'en servir pour pionniers. Leurs Suisses, pour certain, ou pour le savoir de ceulx qui les ont comptés, n'arrivent pas au nombre de 3.000. Quant à la cavalerie, s'ils

---

[1] Housséville, Meurthe-et-Moselle, arrondissement de Nancy, canton d'Haroué.

[2] Removille, Vosges, arrondissement de Neufchâteau.

[3] Autigny-la-Tour, Vosges, arrondissement de Neufchâteau, canton de Coussey.

[4] Bazoilles, Vosges, arrondissement et canton de Neufchâteau.

[5] Neufchâteau, Vosges.

[6] *Recueil des choses jour par jour advenues en l'armée conduite d'Allemagne*, p. 28 et suiv. — *Mémoires de la Huguerye*, t. I, p. 362 et suiv.

sont 6.000 combattans, c'est au plus que l'on peut
dire, parmi lesquels il y a 2.000 garsons qui ne sont
aucunement de faction[1]. » Et ce n'est pas, encore, avec
pareilles gens, conclut un *Mémoire* anonyme, de la
même époque, que « les Allemands, qui nous mépri-
sent si fort, et qui, en leur cœur, ont desjà dévoré et
buttiné le royaume de France, pourront venir à bout
de leurs desseins[2] ». Il y a là, toutefois, exagéra-
tion, car, d'après d'autres sources, l'armée étrangère
comptait au moins 20 à 25.000 hommes. En premier
lieu, 8.000 reîtres[3], recrutés en Saxe et en Bruns-
wick, de ces reîtres, ou pistoliers allemands, qui, au
commencement des guerres civiles, avaient révolutionné
la tactique, en substituant à la charge au galop et en
haie de la gendarmerie française la charge au trot, en
escadrons épais de quinze ou seize rangs de profondeur,
dont le premier, arrivé à portée de l'ennemi, déchargeait,
seul, ses armes pour, en un mouvement tournant (le
limaçon ou la *caracola*), se reformer immédiatement
en arrière de la troupe, et laisser le suivant faire front
à son tour, puis opérer la même conversion ; de ces
reîtres, auxquels l'acier noirci de leurs bourguignottes
à masque et de leurs harnais coupés seulement de bandes
blanches polies, la couleur sombre de leurs grands man-
teaux à cloche, tombant en plis raides et symétriques,
avaient valu le nom de « cavaliers noirs » ; de ces reî-

---

[1] Lettre de M. de Bellièvre au Roi, de Charmes, le 5 janvier 1576
(Bibl. Nat., Vᶜ Colbert, vol. 8, fol. 11 et vᵒ).

[2] Mémoire anonyme, de 1576 (Bibl. nat., fr. 15.904, fol. 403).

[3] Traité entre le prince de Condé et Jean Casimir, du 27 septembre 1575 (Bibl. nat., Vᶜ Colbert, vol. 399, fol. 133).

tres, terreur par avance des provinces de France, moins redoutés pourtant que les 3.000 fantassins lansquenets qui les accompagnaient, et qui, « sur leurs enseignes, avoient une estrille peinte, pour monstrer qu'ils râpoient tout par où ils passoient[1] », moins avides, peut-être, aussi, que 8.000 Suisses, qui renforçaient l'armée, et qui portaient, au cou, en guise d'ornement symbolique de leur cupidité, des colliers faits de pièces d'or pliées en deux[2]. 2.000 hommes de pied lorrains, 300 canonniers, menant 22 grosses pièces et 24 petites, et 500 pionniers complétaient cette armée, dont l'importance dépassait, on le voit, les évaluations par trop optimistes de Bellièvre[3]; d'autant que les valets, les goujats, les « garces », et les conducteurs des immenses chariots destinés à porter le butin, et que défendaient d'énormes mâtins d'Allemagne, en augmentaient singulièrement le nombre[4]. Un texte, qui exagère quelque peu, il est vrai, le chiffre des combattants en le portant à 30.000, nous dit que celui des bouches à nourrir montait à 100.000, et que, bien que les troupes marchassent serrées, leurs campements occupaient toujours dix à douze lieues de pays[5].

---

[1] *Recueil des choses jour par jour advenues en l'armée conduite d'Allemagne*, p. 100.

[2] *Recueil des choses jour par jour advenues en l'armée conduite d'Allemagne*, p. 62.

[3] La pièce, qui me semble faire foi sur l'effectif souvent discuté des troupes de Jean-Casimir, est l' « Etat des soldes des mercenaires allemands et suisses », publié dans *Calendars of state papers of the reign of Elisabeth, foreign serie*, 1575-1577, n° 460.

[4] *Recueil des choses jour par jour advenues en l'armée conduite d'Allemagne*, p. 65.

[5] *Ibid.*, p. 55.

Entrée en Lorraine de l'Armée de Jean-Casimir,

d'après une gravure (*Bibliothèque nationale*, Cabinet des estampes, Qe 64ᵘ).

Et comme tout ce « ramas » n'avait d'autre moyen de vivre que les réquisitions et le pillage, les premières montres ayant été « sèches », faute de fonds [1], on peut imaginer, aisément, le sort qui attendait les provinces qu'il allait traverser. Bellièvre en eut un avant-goût et un aperçu par les ravages commis en Lorraine, pendant quelques semaines. « Il n'est rien demeuré dans ce pays, écrivait-il, ni pour les hommes, ni pour les chevaux, et n'estimons que le pays de Poitou soit plus mangé de gens de guerre qu'a esté la Lorraine, à ce séjour d'un mois que ceste armée y a faict ; et disent qu'ils sont forcés d'entrer en France, ne pouvant plus vivre en Lorraine... Rien que de ce pauvre lieu de Charmes ils ont emmené plus de cinq cents chevaux [2]. »

Un document nous a conservé l'itinéraire presque journalier que suivit l'armée des étrangers, pour aller rejoindre, en Bourbonnais, celle du duc d'Alençon [3]. Entrés en France, le 11 janvier 1576, par Goncourt [4] et Bourg-Sainte-Marie [5], ils contournèrent le plateau de Langres, par Châtillon-sur-Seine [6], coupèrent la Bourgogne, du nord au sud, par Thil-Châtel [7], Longvic [8],

---

[1] La Huguerye, *Mémoires*, éd. de Ruble, t. I, p. 362-363.

[2] Lettre de Bellièvre au Roi, de Charmes, du 4 janvier 1576 (Bibl. nat., V^c Colbert, vol. 8, fol. 7 v°).

[3] C'est le *Recueil des choses jour par jour advenues en l'armée conduite d'Allemagne...*, déjà plusieurs fois cité.

[4] Goncourt, Haute-Marne, arrondissement de Chaumont, canton de Bourmont.

[5] Bourg-Sainte-Marie, Haute-Marne, arrondissement de Chaumont, canton de Bourmont.

[6] Châtillon-sur-Seine, Côte-d'Or.

[7] Thil-Châtel, Côte-d'Or, arrondissement de Dijon, canton d'Is-sur-Tille.

[8] Longvic, Côte-d'Or, arrondissement et canton de Dijon.

Cîteaux [1], Nuits [2], Savigny-lès-Beaune [3], traversèrent le Charolais, passant à Chagny [4], Buxy [5], Saint-Gengoux-le-Royal [6], Marcigny-les-Nonnains [7], et pénétrèrent, enfin, en Bourbonnais et dans la Limagne d'Auvergne, où, par La Palisse, Vichy, Gannat, Aigueperse, Montpensier [8], Charroux [9], ils firent, à Villefranche-d'Allier [10], leur jonction avec les troupes du duc d'Alençon [11].

Chose presque incroyable, durant cette longue équipée contrariée par des pluies diluviennes, nul adversaire ne s'était opposé sérieusement à la marche des « reistres », à peine contrariés, à leur entrée en Bourgogne, par quelques démonstrations du duc de Mayenne qui, sans forces suffisantes et sans ordres, n'avait pas osé tenter une attaque décisive [12]. D'autre part, les garnisons locales étant presque toutes impuissantes à résister au torrent, l'invasion n'avait été qu'une suite ininterrompue

---

[1] Cîteaux, Côte-d'Or, arrondissement de Beaune, canton de Nuits, commune de Saint-Nicolas-les-Cîteaux.

[2] Nuits, Côte-d'Or, arrondissement de Beaune.

[3] Savigny-lès-Beaune, Côte-d'Or, arrondissement et canton de Beaune.

[4] Chagny, Saône-et-Loire, arrondissement de Chalon-sur-Saône.

[5] Buxy, Saône-et-Loire, arrondissement de Chalon-sur-Saône.

[6] Saint-Gengoux-le-Royal, Saône-et-Loire, arrondissement de Mâcon.

[7] Marcigny, Saône-et-Loire, arrondissement de Charolles.

[8] Montpensier, Puy-de-Dôme, arrondissement de Riom, canton d'Aigueperse.

[9] Charroux-d'Allier, Allier, arrondissement de Gannat, canton de Chantelle.

[10] Villefranche-d'Allier, Allier, arrondissement de Montluçon, canton de Montmarault.

[11] *Recueil des choses jour par jour advenues en l'armée conduite d'Allemagne... passim.*

[12] Lettre du duc de Mayenne au Roi, de Bar-sur-Seine, le 19 janvier 1576 (Bibl. nat., V^c Colbert, vol. 8, fol. 30). — Lettres du même au même, des 3 et 10 février 1576 (*Ibid.*, fol. 55 et 72).

de dévastations : incendies systématiques par les lansquenets, « suivant leur meschante et maudite coustume[1] », de tous les villages où ils avaient été canton-
nés ; sacs du prieuré de Grosse-Sauve[2], où les pillards
arrachent jusqu'au plomb des toitures, de l'abbaye de
Cîteaux, où ils « gastent plus de farine qu'il n'en eust
fallu pour nourrir l'armée plus d'un mois », de la
Chartreuse de Beaune, qu'ils brûlent ; destruction des
églises, où les reîtres entrent à cheval et où, sans même
mettre pied à terre, ils brisent, à coups d'épée, les
autels et les images ; pillage du château du Pailly[3],
appartenant à M. de Tavannes, d'où les soldats emportent pour plus de 30.000 livres de vaisselle d'argent,
des châteaux de Longecourt[4], Gilly[5], Lourdon[6],
Noailly[7] ; sacs des villes, enfin, comme à Nuits, où
l'on tue jusqu'aux enfants, où les femmes, violées, sont
ensuite massacrées, ou chassées nues à travers la campagne[8].

[1] *Recueil des choses jour par jour advenues en l'armée conduite d'Allemagne*, p. 30.

[2] Grosse-Sauve, Haute-Marne, arrondissement de Langres, canton de
Fays-Billot, commune des Loges.

[3] Le Pailly, Haute-Marne, arrondissement de Langres, canton de
Longeau.

[4] Longecourt, Côte-d'Or, arrondissement de Dijon, canton de Genlis.

[5] Gilly-lez-Cîteaux, Côte-d'Or, arrondissement de Beaune, canton de
Nuits.

[6] Le château de Lourdon était dans la paroisse de Lourmand, Saône-
et-Loire, arrondissement de Mâcon, canton de Cluny.

[7] *Recueil des choses jour par jour advenues en l'armée conduite d'Allemagne*, p. 36-47, 53, 57, 73. — Noailly, Allier, arrondissement de la
Palisse, canton de Varennes-sur-Allier, commune de Magnet. Sur le
pillage du château de Noailly, cf. Aubert de la Faige et Roger de la
Boutresse, *les Fiefs du Bourbonnais*, 1906, gr. in-8°, p. 431 et suiv.

[8] Lettre de M. de Charny au Roi, de Dijon, le 28 janvier 1576 (Bibl.
nat., V° Colbert, vol. 8, fol. 43).

Et à ces désordres le chef de cette armée, Condé, est obligé, la plupart du temps, d'assister impuissant, car, à toute réprimande les étrangers répondent haut et arrogamment, ou par la clameur de *Coronnes! Coronnes!* qu'ils semblent avoir adoptée comme cri de guerre, et par laquelle ils réclament les couronnes de leur solde impayée[1]. Aussi, le prince français n'en est-il plus, bientôt, à compter les insolences et les mutineries de ses soldats. A l'une des premières étapes, à Removille, les reîtres envahissent les quartiers réservés au logement de leur chef, et forcent ce dernier à aller, dans la nuit et sous une pluie torrentielle, chercher un abri à trois lieues de là, à Autigny-la-Tour[2]. Une autre fois, le prince s'attire les huées des lansquenets, pour avoir voulu rechercher trois de leurs compagnons coupables d'avoir incendié, à Bourg-Sainte-Marie, le logis d'une pauvre femme, et brûlé ses trois enfants; mais il ne faiblit pas devant ces clameurs, et, « nonobstant la neige qui tomboit à force, et le temps froid et fascheux qu'il faisoit alors, il demeura, au milieu d'un champ, avec sa compagnie, jusques à ce qu'on eust retrouvé la mère des trois enfans, laquelle fut conduite et menée sur le chemin, où toutes les compagnies passèrent devant elle en bataille, pour veoir si elle pourroit remarquer, entre les autres, ceux qui avoient commis telle méchanceté[3] ». Et à un de ses rittmestres qui, « lui cherchant une querelle d'Allemand », ne craignait

---

[1] *Recueil des choses jour par jour advenues en l'armée conduite d'Allemagne,* p. 61.

[2] *Ibid.,* p. 31.

[3] *Ibid.,* p. 34-35.

pas de « lui dire qu'il avoit charge de lui déclarer, de la
part de ses compagnons, que, si on ne les accommodoit
mieux à l'avenir qu'on n'avoit fait par le passé, ils cher-
cheroient maistre ailleurs, Monsieur le prince, sans
autrement se formaliser de ceste si hautaine et si brave
harangue, lui fit response qu'il les avoit si bien accommo-
dez par le passé que, comme il sçavoit, sa propre personne
avait esté deslogée, souventes fois, pour les loger, et,
quant à l'avenir, il feroit encores mieux, s'il pouvoit.
« Mais, dit-il, avec une majesté et hautesse de courage
« digne d'un prince, quant à ce dont vous me menacez
« et me pensez estonner, dites à ceux qui disent qu'ils
« chercheront maistre ailleurs qu'ils s'en aillent où ils
« voudront, car, aussi bien, je ne veux point de telle
« canaille en mon armée, et les trouveray bien quelque
« part qu'ils soient [1]. »

De tant de peines et d'humiliations Condé pouvait,
cependant, espérer être récompensé, au terme de son
« voyage », par quelque brillante et décisive action
militaire. Toutefois, peu après qu'il eut faict sa jonction
avec Monsieur, il lui apparut, bientôt, comme à tous,
que la campagne si longuement préparée devait avorter.
Si, un moment, le duc d'Alençon avait paru prêt à échapper aux suggestions maternelles, les pourparlers et
les négociations reprirent, sans tarder, entre la mère
et le fils ; et comme, d'autre part, Damville, sollicité de
se joindre à l'armée des confédérés, avait refusé de
quitter le Midi, Condé et son allié Casimir, las de ces
tergiversations, et craignant d'en rester les victimes et

[1] *Ibid.*, p. 59-60.

d'être abandonnés par le duc, sommèrent ce dernier de marcher avec eux sur Paris [1]. Dès lors, devaient tomber les dernières résistances faites par la Cour aux exigences de ses adversaires. « Les voyant approcher de la capitale, raconte un officier de l'armée de Condé, postes sur postes et courriers sur courriers, quelquefois plus de douze par jour, venans de Paris et promettans la paix de la part du Roy et de la Royne-mère, ne cessèrent d'arriver en nostre camp [2]. » Les confédérés n'avaient plus, en somme, qu'à dicter leurs conditions. Ils les posèrent en deux entrevues à Cercanceaux [3], près Souppes (27 avril 1576), et à Châtenoy [4] (30 avril). Elles furent définitivement acceptées par la Cour à Étigny [5] où, le 6 mai 1576, fut signée la paix dite de MONSIEUR.

Je n'ai pas à exposer ici les avantages que cette paix valait au duc d'Alençon, qui y gagnait un accroissement notable de son apanage [6], ni ceux qui y étaient consentis au parti protestant et qui devaient leur être confirmés par le célèbre édit de Beaulieu [7] (mai 1576), dont on a pu dire qu'il était plus libéral que l'édit de

[1] F. de Crue, *Le parti des politiques au lendemain de la Saint-Barthélemy. La Molle et Coconat*, p. 317 et suiv.

[2] *Recueil des choses jour par jour advenues en l'armée conduite d'Allemagne...*, p. 144.

[3] Cercanceaux, Seine-et-Marne, arrondissement de Fontainebleau, canton de Château-Landon, commune de Souppes.

[4] Châtenoy, Seine-et-Marne, arrondissement de Fontainebleau, canton de Nemours. Cf. *Recueil des choses advenues...*, p. 148 et suiv.

[5] Etigny, Yonne, arrondissement et canton de Sens.

[6] Et qui prit, à partir de ce moment, le titre de duc d'Anjou, porté, précédemment, par son frère Henri.

[7] Beaulieu, Indre-et-Loire, arrondissement et canton de Loches. — Le texte de cet édit est donné dans les *Mémoires du duc de Nevers*, 1665, in-fol., t. I, p. 117-135.

Nantes lui-même. Il n'entre dans mon sujet que de rappeler les conditions au prix desquelles fut obtenue l'évacuation des troupes étrangères du territoire, car c'est à l'exécution de ces conditions que se trouve seulement avoir été mêlé **M. d'Alègre.**

« Que si l'on eust voulu, dit Brantôme, employer la moitié de l'argent qu'on donnoit aux reistres à dresser une bonne grosse armée, on les eust si bien battus et estrillez qu'ils eussent perdu l'appétit pour jamais des bons vivres et des beaux escus de France [1]. » De fait, on reste confondu en présence des énormes sacrifices pécuniaires consentis par la Cour, pour obtenir la retraite de ceux qui, depuis six mois déjà, ruinaient le royaume. Les historiens parlent ordinairement d'une indemnité de deux millions de livres. En réalité, d'un texte authentique il résulte qu'Henri III reconnaissait devoir à Jean-Casimir, ses feld-maréchal, rittmestres et lansquenets, la somme de 3.388.549 florins, ce qui, le florin valant environ deux livres, faisait un total de près de sept millions de livres [2].

De verser comptant ces sept millions, il ne pouvait être question naturellement, et l'on eut assez de peine à réunir environ douze cent mille livres destinées à parer aux premières et plus immédiates exigences des Allemands [3]. Encore, pour parfaire cette somme, dut-on

---

[1] Brantôme, éd. Lalanne, t. IV, p. 201.

[2] « Obligation du roi à M. le duc Casimir, ses feld-maréchal, colonels, rittmestres, Suisses et lansquenets », Paris, le 27 juillet 1576 (Bibl. nat., fr. 15.904, fol. 68-70).

[3] « Reçu donné par Jean-Casimir à Jacques Le Roy, trésorier de l'extraordinaire des guerres, à Andelot-en-Bassigny, le 10 août 1576, de 1.274.767 livres, 7 sous, 6 deniers en espèces, laquelle somme revient à 668.256 florins et 11 baths » (Bibl. nat., fr. 15.904, fol. 70 v°-71).

accepter le concours de deux aventuriers, Rafaël Maxfell et Philippe de Castellas, qui, moyennant mille lettres de noblesse signées en blanc par le Roi, et à eux accordées pour les revendre, s'engagèrent à verser 300.000 livres[1].

Mais, pour le reste, on ne put que demander du temps au duc Casimir, avec promesse de payements échelonnés jusqu'en 1580, condition que le prince voulut bien accepter, non sans garanties, toutefois, car : 1° il entendait qu'une partie des bagues et pierreries de la couronne lui fût remise en gage ; 2° il demandait la caution du duc de Lorraine, pour 1.500.000 livres, celle du cardinal de Guise, qui dut engager le temporel de son évêché de Metz, pour 240.000, celle du duc de Vaudémont, pour 100.000 ; 3° enfin, il exigeait des otages, dernière prétention qui doit nous intéresser à un double point de vue, d'abord, parce que M. d'Alègre fut un des premiers désignés, ensuite parce que cette question des otages fut la plus difficile à régler[2].

Les cinq otages nommés d'abord avaient été M. d'Alègre et François, comte d'Escars[3], auxquels on avait adjoint trois jeunes gens, appartenant aux maisons de Saint-Sulpice, de Piennes et d'Aumont : Bertrand Ebrard de Saint-Sulpice, second fils de M. de Saint-Sulpice, conseiller du Roi en son conseil privé, et

---

[1] Note signée du Roi, du 15 juin 1576 (Bibl. nat., fr. 15.904, fol. 121 et v°). — Promesse de M. de Bellièvre au sieur de Castellas, 6 juillet 1576 (*Ibid.*, fol. 232).

[2] « Obligation du Roy à M. le duc Casimir » (Bibl. nat., fr. 15.904, fol. 69 v°-70).

[3] Lettres de Catherine de Médicis à M. de Bellièvre, des 12 et 13 mai 1576, et lettre de la Reine-Mère au Roi, du 15 mai 1576 (*Lettres de Catherine de Médicis*, t. V, p. 313, 314, 198).

ancien gouverneur et surintendant de la personne et de la maison du duc d'Alençon ; Antoine Hallwin, seigneur de Piennes, fils de Charles Hallwin, seigneur de Piennes, gouverneur de Metz ; et René d'Aumont, fils de Jean d'Aumont, beau-frère de M. d'Alègre et lieutenant général du Roi en Bourgogne. La fortune et le nom de leurs familles avaient désigné ces trois gentilshommes au choix du Roi[1].

MM. d'Alègre et d'Escars furent les premiers qui répondirent à l'invitation de la Cour, et, le 15 mai, ils avaient rejoint à Sens la Reine-mère qui achevait de régler avec Casimir les dernières conditions du traité, ou pour mieux dire du marché.

A en croire un témoignage, ce n'avait pas été sans répugnance que M. d'Alègre avait consenti à accepter la charge qu'on lui imposait. La condition d'otage, surtout dans « le triste et sauvage pays d'Allemagne », était bien faite pour effrayer un gentilhomme habitué à la vie brillante et somptueuse de la cour de France, et qui souffrait, par ailleurs, déjà, d'assez graves infirmités. « M. d'Alègre, exposait, plus tard, l'avocat Simon Marion, estant, dès lors, au déclin de son âge, subgect à maladies, mesme tourmenté de douleurs véhémentes d'une sciatique, jugea sa mort prochaine par le travail d'un si lointain voyage, en un climat si rude, et entre les mains d'une nation si fière, s'il estoit contraint de s'y acheminer ; dont il fit au Roy et à la Reyne des remontrances si humbles et piteuses, qu'ils sembloient devoir estre esmeus à quelque compassion de sa juste

____

[1] Lettres du Roi à M. de Bellièvre, du 25 juin 1576 (Bibl. nat., fr. 15.904, fol. 181).

douleur. Mais l'eau du monde qui se sèche plus tost est celle des larmes qui n'ont d'autre source que la pitié des misères d'autruy ; joint que leurs Majestez en estoient encore diverties par les artifices de ceux qui de plus près approchoient autour d'elles, chacun desquels craignoit que cette excuse fist, après, retomber le sort sur soi-mesme, et, partant, tous ensemble les inclinoient à suivre leur premier advis. Tellement que, enfin, on fit dire à M. d'Alègre qu'il falloit qu'il fist ce service au public, pour esteindre les feux et faire cesser[1] le sang, la ruine et la force à l'honneur plus cher que la vie, bref toutes les insolences qu'il voyoit de ses yeux prestes à s'espandre sur toute la France, si le cours n'en estoit, sur l'heure, arresté ; mais qu'on auroit tel soing de satisfaire aux termes convenus, qu'il ne recevroit que tout bon traitement, et retourneroit, dedans fort peu de temps, avec la gloire d'avoir, en grand besoin, secouru la patrie, et l'asseurance d'en estre gratifié par tels honneurs dignes de sa famille qu'il pourroit désirer[2]. » Bref, M. d'Alègre vit, si clairement, que rien ne ferait revenir la cour sur son choix que, dès le 15 mai, jour de son arrivée à Sens, il faisait son testament, où, renouvelant ses libéralités précédentes à ses neveux, il déclare « que, en considération du périlleux voyage qu'il est près de faire au pays d'Allemagne, il institue son héritier universel en tous ses biens meubles et

---

[1] Peut être pour *céder*.

[2] Plaidoyer de Simon Marion, avocat au parlement de Paris, prononcé le 26 juin 1582, en faveur d'Yves IV d'Alègre, dans *Plaidoyez de Messire Simon Marion, baron de Druy, ci-devant advocat en parlement et depuis conseiller du Roy en son conseil d'Etat, et son advocat général* Paris, 1609, in-8°, p. 376-378.

immeubles, M. de Meilhaud, son nepveu, auquel il délaisse tout ce qu'il peut donner de droit et de coutume, oultre et par dessus les 6.000 livres de rente à luy données en prenant sa tutelle, qu'il veut estre pris sur le chasteau et terre de Blainville assis en Normandie ; plus donne, en cas de mort, à Isabeau, sa niepce, sœur aînée du demandeur, cent mille francs, et à Renée et Jeanne d'Alègre pareille somme de cent mille francs, qui est cinquante mille à chacune d'elles[1] ».

« Mais, continue le document qui nous fournit ces renseignements, M. d'Alègre ayant, ainsi, pourvu à sa maison, sur l'opinion de faire le voyage d'Allemagne, il fut, bientost, porté à un autre advis. » Cet « avis » lui fut suggéré par l'exemple de son futur compagnon de captivité, M. d'Escars, qui, effrayé, lui aussi, de la perspective d'être « livré, à son âge, à la merci d'un peuple si barbare que celui de Germanie », venait de solliciter et d'obtenir de Casimir la faveur de substituer à sa personne celle de son fils aîné, Jacques d'Escars, seigneur de Beaufort. Cette nouvelle causa, d'abord, à M. d'Alègre un vif déplaisir, « parce qu'entre deux seigneurs, égaux en âge, unis, de longue main, d'estroicte amitié, et nourris de jeunesse en mesme cour et en mesme armée, aux pieds d'un mesme prince, l'ennuy commun, soulagé de conseil et de consolation mutuelle et réciproque, eust esté plus léger à l'un et à l'autre ; tellement que, quand il se vit destitué de ceste compagnie, il entra en un plein désespoir de pouvoir seul porter la peine et le hasard d'un si fascheux voyage[2] ». Se décidant

---

[1] *Ibid.*, p. 378-379.
[2] *Ibid.*, p. 379-380.

alors à user du même subterfuge que venait d'employer
M. d'Escars, il offrit, à son tour, de mettre en son lieu
et place le neveu qu'il venait d'avantager si largement
dans son testament, « de sorte que les biens, que celui-
ci attendoit de luy, conjoints avec ceux qu'il avoit desjà
de ses père et mère le rendroient plus riche et, consé-
quemment, plus seur otage que si luy mesme, desjà
vieil et usé et prest à mourir, y demouroit[1] ». Mais l'offre
ne parut pas devoir être aisément agréée par le duc
Casimir. « Suivant l'usage des princes d'Allemagne,
qui sortent du pays pour conduite d'armée, il avoit,
en effet, à sa suite quelques docteurs en droit, ausquels
cest affaire estant proposé, ils dirent aussitost que le
jeune d'Escars estoit héritier né et irrévocable de son
père, tandis que l'institution testamentaire de M. d'A-
lègre au profit de son nepveu demouroit tousjours fra-
gile, et que, d'ailleurs, l'aisné d'Escars estoit mal com-
paré avec le fils d'un puisné d'Alègre[2]. » Déjà sur la
route de l'exil, et étant arrivé à Saint-Mesmin[3], le 17 mai,
en compagnie de Jean-Casimir, M. d'Alègre proposa
alors au duc de s'attacher plus étroitement son neveu,
Yves, en ne le faisant pas seulement son héritier universel, mais en l'adoptant, et s'informa si, dans ce cas,
sa demande aurait plus de chance d'être prise en considération. Puis, une fois qu'il eut l'assurance que rien
désormais ne s'opposerait à l'échange qu'il souhaitait,
par acte dressé en bonne et due forme, le 17 mai, il

---

[1] *Ibid.*, p. 380.

[2] *Ibid.*, p. 380-381.

[3] Saint-Mesmin. Aube, arrondissement d'Arcis-sur-Aube. canton de
Méry-sur-Seine.

réinstituait héritier de tous ses biens son neveu et
« fils adoptif », Yves d'Alègre, seigneur de Meilhaud,
et, le même jour, « bailloit au duc Casimir sa patente »,
où il était dit expressément :

Nous Yves, marquis d'Alègre, vicomte de Maisy, baron de
Blainville, chevalier de l'ordre du Roy, capitaine de cinquante hommes d'armes de ses ordonnances, et conseiller en
son Conseil privé, estant, de présent, par le commandement
du Roy, pour ostage auprès de Monseigneur le duc Jean-
Casimir, comte palatin du Rhin, duc de Bavière, selon le
traité faict, le sixiesme de ce mois, et signé par la Reyne,
mère du Roy, et M. de Bellièvre, contresigné JEAN FIZES, pro-
mettons à Son Excellence, et nous obligeons, en parole et
foy de gentilhomme et homme de bien, de nous représenter
près de sa personne, en quelque lieu qu'il soit, mesme
vivant mon héritier cy dessous nommé, toutes et quantes fois
que par Son Excellence en serai sommé et appelé pour
ostaige, pour le payement et les cautions des respondans
que la Reyne, mère du Roy, a accordez et promis, par ledict
traicté, dedans le quatriesme jour du mois de juing. Cependant, confessons que Sadicte Excellence et ceulx de son
armée, ayans considération sur mes remonstrances et mon
indisposition, m'ont, de leur grâce, accordé de me retirer en
ma maison, aux conditions et à la charge, toutefois, que je
demeureray en la mesme obligation que à présent pour
ostaige, pour ma personne et tous mes biens, en laissant et
substituant Yves d'Alègre, mon fils adoptif et héritier, baron
de Meilhaud, gentilhomme ordinaire de la chambre du Roy,
auquel je fais et confirme la donation de tous et chacuns mes
biens par ceste mienne lettre, fermement et irrévocablement,
comme je promets d'envoyer à Son Excellence, dedans quatorze jours, au plus tard, l'homologation et insinuation de
la court du parlement de Paris de ladicte donation faite par
moy ci-devant audict mon héritier et de ce qui despend de
ceste nostre obligation.

En foy de quoy, nous avons signé la présente de nostre main, et faict sceller du scel de nos armes.

Au chasteau de Saint-Mesmin, le dix septiesme jour de may, mil cinq cents soixante seize.

ALÈGRE [1].

Le même jour et au même instant, « le duc Casimir bailloit sa contre-lettre, contenant qu'il licencioit le marquis d'Alègre de se retirer en sa maison, luy ayant délaissé, en son lieu et place, le baron de Meilhaud, son nepveu, fils adoptif et héritier, à la charge de se représenter et de satisfaire aux clauses contenues en sa promesse du présent jour, toutes et quantes fois qu'il en seroit requis [2] ».

Cependant, les autres otages ne se pressaient pas d'arriver, chacun invoquant des excuses particulières pour se décharger du lourd honneur qui lui était fait, excuses à travers lesquelles perçait chez tous, d'ailleurs, l'effroi que leur causait un séjour dans les quartiers redoutés d'Allemagne. « Ayant ouï parler de l'amour extraordinaire qu'il portoit à ses enfans », le Roy avoit assez vite renoncé à imposer à M. d'Aumont « la venue de son fils [3] », et avait remplacé ce dernier par Henri de Pons, fils d'Antoine de Pons, comte de Marennes [4]. Puis, espérant faire cesser les hésitations et les retards des autres, il leur avait promis que, pendant tout le temps

[1] Bibl. nat., fr. 15.904, fol. 92.

[2] Plaidoyer de Simon Marion (*Op. cit.*, p. 383).

[3] Lettre du Roi à Pierre Brulart, secrétaire d'Etat, de Dieppe, le 29 juin 1576 (Bibl. nat., V^c Colbert, vol. 8, fol. 188).

[4] Lettre du Roi à M. de Bellièvre, de Paris, le 1er août 1576 (Bibl. nat., fr. 15.904, fol. 257).

de leur engagement, ils demeureraient à la cour de Lorraine ; il se faisait fort, disait-il, d'obtenir la chose du duc, qui avait accepté, déjà, nous l'avons vu, d'être caution de l'énorme somme de 1.500.000 livres. Cette assurance ne put, cependant, réussir à convaincre M. de Piennes, gouverneur de Metz, qui, par sa situation et ses rapports avec la cour de Nancy, était bien à même de connaître les intentions de cette dernière, et qui, sachant la décision très arrêtée du duc Antoine de ne pas accepter cette nouvelle charge[1], fit, tout de suite, savoir au Roi qu' « envoyer son fils hors de France estoit chose dont il estoit dissuadé pour beaucoup de raisons, et qu'il estimoit que Sa Majesté le tiendroit doresnavant pour excusé[2] ». Prise, une seconde fois, au dépourvu, la Cour parvint à substituer au jeune Piennes, Charles Tiercelin, seigneur de Saveuse, fils aîné d'Adrien Tiercelin, seigneur de Brosse, et, sur la foi des promesses du Roi, ce nouvel otage et M. de Saint-Sulpice, — M. de Pons restant introuvable, — partirent bien pour Nancy[3]. Toutefois, à peine arrivés, ils apprenaient, à leur tour, que le duc Charles refusait obstinément de se charger des otages. Vainement, M. de Bellièvre, Guy du Faur, seigneur de Pibrac, et Jacques Faye, seigneur d'Espeisses, lui avaient-ils, tour à tour, représenté que, seul, « il pouvoit espargner

---

[1] Lettre de M. de Piennes à M. de Bellièvre, de Metz, le 8 août 1576 (Bibl. nat., fr. 15.904, fol. 275).

[2] *Ibid.*

[3] Lettre de Philippe Le Brun à M. de Saint-Sulpice, le père, de Nancy, le 18 août 1576 (*Guerres de religion dans le sud-ouest de la France, d'après les papiers des seigneurs de Saint-Sulpice*, par Edmond Cabié, 1906, in-4°, col. 302-303).

au Roy ceste honte qu'on vist les enfans des meilleures
maisons de France traisnés en triomphe à travers l'Allemagne [1] ». Rien n'avait pu fléchir ses résolutions, et le
Roi n'avait eu, finalement, d'autre ressource que d'ordonner à MM. de Brosse et de Saint-Sulpice d'aller, de
bonne grâce, « se mettre entre les mains du sieur Casimir [2] ». Néanmoins comme, au même moment, les deux
jeunes gens recevaient de leurs pères la défense de
passer outre et que, sans tarder, ils quittaient la Lorraine[3], il fallut bien que la Cour se résignât à demander au duc Casimir de se contenter des deux seuls
otages qu'on avait pu lui livrer : MM. d'Escars et d'A-
lègre.

Ce ne fut point sans difficulté qu'elle l'obtint. MM. de
Bellièvre et Charles de Harlay avaient été chargés de
régler les dernières conditions de l'évacuation du territoire par les troupes allemandes. C'est à eux qu'in-
comba la tâche de faire accepter aux « reistres » cette
première infraction au traité du 6 mai. La fureur de
ceux-ci fut si violente, que, à la nouvelle du manque
de parole du roi de France, parvenue à Andelot vers le
milieu d'août, les deux négociateurs et les deux otages,
MM. d'Alègre et d'Escars, furent immédiatement gardés
à vue dans leur logis par deux cents lansquenets, mena-
cés de mort et que, dès le lendemain, ils prenaient

---

[1] Lettre de Bellièvre au duc de Lorraine, du 4 août 1576 (Bibl. nat.,
fr. 15.904, fol. 26). — Lettres de M. de Pibrac à M. de Bellièvre, de
Nancy, du 25 juillet, et du 4 août 1576 (*Ibid.*, fol. 242, et 264). — Lettre
du Roi à M. de Bellièvre, du 20 août 1576 (*Ibid.*, fol. 311).

[2] Lettre du Roi à Bellièvre, de Paris, le 15 août 1576 (Bibl. nat., fr.
15.904. fol. 292).

[3] Lettre de Philippe le Brun à M. de Saint-Sulpice, le père, de
Nancy, le 18 août 1576 (E. Cabié, *Op. cit.*, col. 302-303).

comme prisonniers, « à la suite des reistres », le chemin d'Heidelberg [1]. Sur les représentations énergiques du gouvernement français, MM. de Bellièvre et de Harlay étaient, il est vrai, remis en liberté le 2 septembre. Mais MM. d'Escars et d'Alègre, qui demeuraient en Allemagne, allaient payer pour les autres, et nous verrons, plus loin, en particulier, quelle longue et cruelle captivité, puis quel triste retour, étaient réservés à celui que son oncle avait ainsi livré, à sa place, à un « sauvage vainqueur ».

A cet oncle ne devait revenir, au contraire, que le bénéfice et la récompense du service qu'il avait rendu à la couronne, en lui assurant, coûte que coûte, l'otage sur lequel elle comptait. Dès le mois de mars 1576, le Roi avait signé des lettres patentes « créant et érigeant en nom, titre et dignité de marquisat la terre et baronnie d'Alègre », lettres enregistrées au parlement le 8 mai de la même année [2]. Et les circonstances parurent, elles-mêmes, bientôt, favoriser la carrière du nouveau marquis d'Alègre. C'est en Auvergne, en effet, au centre même d'un pays, où ses possessions, ses richesses, l'ancienneté de sa famille pouvaient lui permettre de jouer, mieux qu'ailleurs, un rôle, et un rôle important, qu'allaient se dérouler les principaux événements de la nouvelle guerre civile qui se préparait.

---

[1] Remontrances faites par M. de Bellièvre au duc Casimir, les 11 et 17 août 1576 (Bibl. nat., fr. 15.890, fol. 440-441, et 444 et suiv.). — Cf. Bibl. nat., fr. 17.195, fol. 245-247, et 247 et suiv.).

[2] Archives nationales, parlement de Paris, X¹ᴬ 1652. fol. 22 v°. — Vinols, *Titres originaux du marquisat d'Allègre* (*Annales de la Société d'agriculture, arts et belles-lettres du Puy*, t. XXI, 1857-1858, p. 379 et suiv.).

V

La pacification, qui avait suivi l'édit de Beaulieu, n'avait été, en effet, qu'apparente, et ne pouvait être qu'éphémère. Les concessions faites par cet édit aux réformés avaient, dès le premier jour, paru monstrueuses aux orthodoxes, et n'avaient point été sans contribuer à l'éclosion et à la propagation de la Ligue catholique. Et, peu après, le Roi, lui-même, ne s'était pas gêné pour dire que « ce qu'il avoit faict, au dernier édit de pacification, avoit esté, seulement, pour ravoir son frère, et chasser les reistres et forces estrangères du royaume, mais qu'il estoit en intention de remettre la religion, le plus tost qu'il pourroit, en son entier, comme elle estoit au temps des rois, ses prédécesseurs[1] ». C'était là le meilleur encouragement qu'il pût donner à une reprise des troubles, qu'il parut d'ailleurs assumer d'un cœur léger, en se proclamant chef de la Ligue, et en réglant lui-même le plan de la nouvelle campagne, qui était fondé sur l'offensive enjointe, en Languedoc, au maréchal Damville qui venait de faire défection au parti protestant, et sur la formation de deux armées : l'une commandée par le duc de Mayenne, et destinée à assiéger Brouage, l'autre sous les ordres de MONSIEUR, qui devait agir en Berry.

C'est précisément le succès, tout de suite, remporté, le 1ᵉʳ mai 1577, devant la Charité, par les troupes du

---

[1] Déclaration du Roi citée dans J.-H. Mariéjol, *la Réforme et la Ligue*, p. 179.

duc d'Anjou[1], qui décida celui-ci à porter la guerre en Auvergne. Y fut-il encouragé par M. d'Alègre? Bien que les sentiments catholiques de ce dernier puissent permettre de le supposer, nous n'en avons aucune preuve, et il paraît bien que ce furent, surtout, les représentations de Gaspard de Montmorin, comte de Saint-Hérem, gouverneur d'Auvergne, et du duc de Nevers, qui décidèrent le Roi à une expédition contre Issoire, l'une des places de sûreté accordées aux réformés par l'édit de Beaulieu, et qui, occupée, le 15 octobre 1575, au nom du parti protestant, par le célèbre capitaine Merle[2], était d'ailleurs, en fait, depuis longtemps, le boulevard du protestantisme en Auvergne. « Excepté Issoire qui n'est pas forte, écrivait le duc de Nevers au Roi, le reste d'Auvergne est en vostre obéissance; si bien qu'en y faisant des blocus comme aux autres villes rebelles, le pays ne seroit guère troublé. Mais, pour ce faire, je serais d'advis d'y envoyer pour y commander, afin d'oster la discorde qui est entre monsieur de Saint-Hérem, la noblesse du païs et les treize bonne villes, de peur que, en y la laissant continuer, elle n'engendre quelque inconvénient en ceste province[3]. » Sur cet avis

[1] Vicomte de Brimont, *Le XVIᵉ siècle et les guerres de la réforme en Berry*, 1905, in-8°, t. II, p. 142.

[2] A. de Pontbriant, *Le capitaine Merle, baron de Lagorce*, 1886, in-8°, p. 39-42. Voir aussi les lettres adressées, du 24 octobre 1575 au 24 avril 1576, par le maréchal Damville, le roi de Navarre, le duc d'Anjou au capitaine Merle, gouverneur de la ville d'Issoire, aux pièces justificatives du même ouvrage, p. 189-207. — Cf. *Annales de la ville d'Issoire, manuscrit inédit sur l'histoire des guerres religieuses en Auvergne aux XVIᵉ et XVIIᵉ siècles*, publié par J.-B. Bouillet, 1848, in-8°, p. 98 et suiv., p. 108-109.

[3] « Advis que M. de Nevers donna au Roy pendant les premiers Estats de Blois, le 2 janvier 1577, sur l'entretenement d'une seule religion en son royaume » (*Mémoires du duc de Nevers*, 1665, in-fol., t. I, p. 203).

et les instances de Saint-Hérem, dont les sentiments catholiques se renforçaient, d'ailleurs, d'une haine personnelle contre Christophe de Chavagnac qui, après Merle, retiré dans Ambert[1], commandait à Issoire[2], le Roi donnait, le 10 mai, à l'armée du centre l'ordre de marcher sur Issoire, sous les ordres combinés du duc d'Anjou, du duc de Nevers et du duc de Guise[3].

Mais, s'il ne nous est pas permis de dire que M. d'Alègre ait été l'un des inspirateurs de cette nouvelle campagne, nous pouvons affirmer en revanche que, dès le début des hostilités, il mit à la disposition de ceux qui la conduisaient sa connaissance des choses et des hommes de l'actuel théâtre de la guerre civile. Dès le 16 mai, informé, en même temps que M. de Montmorin-Saint-Hérem, par le sieur de Belesta[4] de la décision du Roi, il écrivait au duc de Nevers, du château de Meilhaud :

MONSEIGNEUR, je loue grandement Nostre-Seigneur de se qui m'a fait la grâce d'arriver par deçà en temps que je aurai moian de vous y faire quelque service : et, si plaist à Vostre Excellense se souvenir que, aus premiers troubles, feu Monseigneur de Guise menant la guerre en Normandie, là où, pour lors, j'estois retiré à ma petite maison, comme je

---

[1] *Annales de la ville d'Issoire*, p. 123, et A. de Pontbriant, *Op. cit.*, p. 56-58.

[2] Christophe de Chavagnac prend le titre de gouverneur d'Issoire, dès le 26 juillet 1576, dans un reçu signé par lui à cette date (A. de Pontbriant, *Op. cit.*, pièces justificatives, p. 208). — *Annales de la ville d'Issoire*, p. 114-115.

[3] Lettre de Henri III au duc de Nevers, de Chenonceaux, le 10 mai 1577 (Bibl. nat., fr. 3340, fol. 47).

[4] Probablement Jean de Varaignes, seigneur de Belesta (Haute-Garonne, arrondissement de Villefranche-de-Lauraguais, canton de Revel), gentilhomme ordinaire de la chambre du Roi.

pourois encore estre de présent, je ne luy fus du tout inutile, et lui donné advis qui luy servirent à exécuter beaucoup de beaus faitz d'armes; ainsin, Monseigneur, ai-je espérance, premier que partiés de ce païs, vous faire paroistre combien je vous suis très humble et affectionné serviteur. Et eusse plus tost envoyé vers Vostre Excellence, si j'eusse eu certitude de son chemin, telle que m'a donnée le sieur de Bellestat, porteur de la présente.

Pour vous rendre, donc, Monseigneur, véritable compte de ce qui s'offre aujourd'huy par deçà, pour le service du Roy, et vostre, je vous dirai que, la ville d'Issoire estant occupée par les ennemis desjà plus d'un an et demi, ils ont si mal entendu les fortifications qu'ils y ont faictes, qu'elles leurs nuisent plus qu'elles ne leur servent. Je commanserai à la contrescarpe, laquelle ils ont faicte si haute que ils ne ne voient aucunement derrière, et me vante de y loger mille harquebusiers seurement, sans qui puissent estre offencés, ny sans que l'on racontre autrement que se qui a esté faict par les ennemis mesmes; ce qui a esté bien par moy recongneu. Le fossé, en d'aucuns lieux, est bon et plain d'eau, environ de quatre à cinq pieds, laquelle, toutesfois, je escoulleré tousjours, en ungne nuit, sans que il y en demeure riens. Mais je vous diray à quoy elle nous sert. Le fossé, qui n'a que huit ou neuf pas de large, est plus hault que la ville, qui se trouve fort basse, et est retenue l'eau de la muraille mesme de la ville; et quand ils veulent ung peu hausser l'eau, comme certainement ils feront, nous sentant approcher, aiant ungne partie de leur espéranse à la seureté de leur fossé, soudain tout leur retranchement de dedans est tout en eau, et ne peuvent approcher de la muraille, pour la défendre, qui ne aient de l'eau jusques à demy pied près de la seinture, de façon qui sont contraints la laisser basse, laquelle, néantmoins, comme je vous ai desjà dict, l'on leur peut oster, dont ils ne se doutent. Vostre Excellence sera advertie que, en certains lieus, il n'y a ny fossé, ny eau, ou bien peu, et ses lieus là je les sés bien; mais, par le dedans,

ils ont faict ung rampart, ou terre-plain, d'environ cinq ou
six pas de largeur, qui s'en fault environ quatre pas qui ne
touche à la muraille. Ils n'ont point encores de flans faits par
le dedans, mais ils en délibéroient hier; au costé, là où l'eau
est dedans le fossé, il n'y a nul terre-plain derrière, ny flans
par dedans, ny chose quelconque, sinon ung chemin de
quatre pas, que ils ont lessé entre la muraille et les maisons;
car ils ont grande fianse à leur eau qui est inépuisable, se
tient-il. Il y avoit, à l'antour de leur ville, trois ou quatre
tours carrées assez haultes, pour voir derrière leur contrescarpe; mais, lundi, ils les rasèrent toutes à fleur de muraille,
craignant que la ruine de cela ne remplit leur fossé, aus
lieux où il ne vault rien. Quant aus flans, ils n'en ont ung
seul qui ne soit veu de plus de cinc cens pas, et ne sont que
petits demis-tourions, que, en dix coups de canon, je leur
lève les flans de quatre cent pas de muraille. Pour les para-
pés, il n'y en a point, sinon en d'aucuns lieux qui mettent
des planches, depuis le terre-plain jusques à la muraille,
pour faire mettre le nés dehors à quelques sentinelles pour
demander qui va là. De mousqués, ils n'en ont ung seul,
dont je me suis bien estonné, à ma venue, gens de guerre,
comme ils se disent, aiant gardé ceste ville si longtemps et
ne l'avoir pour le moins munie de deus dousenes de mousqués.

Il reste à vous dire, Monseigneur, quels gens de guerre
il y a dedans. Ils sont, pour toutes choses, environ six ou sept
vingt hommes, que bons que mauvés, dont Chavagnac est
chef. Les citadins, je ne les compte aussi n'estre grand chose,
et, s'il vous plaist m'envoier entre si et lundy, comme j'avois
desjà mandé à M. de Brion [1], pour vous faire entendre, cinq
cens harquebusiers, je me vante que ni trouverés autre chose

---

[1] D'après un texte, ce Brion aurait été fils de Philippe Chabot, seigneur de Brion, amiral de France, sous François Ier (« Issorii expu-
gnatio, ducis Alençonii imperio, facta IX^a die mensis junii », à la Bibl.
nat., fr. 3.902, fol. 179-180). Il s'agirait alors de François Chabot, seigneur de Brion, second fils de l'amiral.

que se que je vous dis ; je me logerai bien près d'eux et seurement. Je n'ai point l'opinion que Merle y revienne, quelque chose que l'on die; il congnoit bien que c'est ung très
mauvés logis. J'ai environ quelques cents chevaus avec moi;
pour peu que vous m'anvoiés d'arquebusiers, s'il approche,
vous en orrés parler. Pour vous résoudre à ma parole, je
n'ay pas opinion qui vous attendent, si nous sentent faire
ung peu de diligence, car le séjour les assure fort, ou se seroit
pour l'espérance qu'ils auroient d'avoir toujours ungne com-
position de vous, comme ceulx de la Charité.

Monseigneur, après vous avoir baisé les mains, avec toute
l'humilité que je puis et que je dois, je supplie le Créateur
vous donner, en santé et prospérité, très heureuse et très
longue vie.

A Meylaut, se seize may 1577.

Monseigneur, se matin, ai esté adverty qu'ils ont quitté
Ambert, et de faict, mardi, au soir, arriva à Issoire Monro-
don, gouverneur d'Ambert, avec quarante chevaux ou ju-
mens. Je le sçauré encores mieulx et vous en donnerai advis.
Monseigneur, il y en a, par deçà, qui désiroient que leur
justification apparust aux despens de nostre ruine, et donnent beau loysir et moïens à l'ennemi d'entrer à Issoire. Mais
si j'ai de vos nouvelles avec moïen, je accourcirai bien leurs
desseins. Je ne les craindrés tant que je ne les nomasse, si le
sieur de Belestat ne m'avoit adverti que vous les cognoissés
assés.

De Vostre Excellence le très humble et très obéissant serviteur.

ALÈGRE [1].

Cette lettre était, il faut le dire, d'un optimisme tout
à fait trompeur et mal fondé. Elle contenait vérité sur
un point : le petit nombre des défenseurs de la ville,
qui semblent bien n'avoir pas été, à ce moment, plus

---

[1] Bibl. nat., fr. 3320, fol. 116-116 *bis*, autographe.

de trois ou quatre cents hommes de guerre ; elle omet-
tait, seulement, de dire que ces défenseurs étaient ani-
més des résolutions les plus désespérées.

Si, en effet, dans une seconde lettre, M. d'Alègre
persistait à affirmer que la place serait d'une réduction
facile, il ne pouvait dissimuler les préparatifs de résistance à outrance des habitants, qui déjà faisaient sortir
de la cité une partie des femmes et des enfants.

Monseigneur, écrivait-il à son même correspondant, le
19 mai, puisqu'il vous plaist me tant honorer que de trouver
bons les advis que je vous donne, je les continueré autant
que je cognoistré que vostre service le requerra, et me estant
retenu à ma première lettre, pour avoir sentimant si je vous
serois agréable ou non, à ceste heure que je congnois qu'il
vous plaist vous servir de moy, je diray à Vostre Excellence
que Issoire est ungne ville que je congnois depuis quarante
ans, et quelsques ungs de mes voysins me opiniastrant,
hier, qu'elle n'estoit commandée, je me mis en telle colère
que je montai à cheval pour leur aller montrer et au doigt et
à l'œil. Vostre Excellence croira donc, s'il luy plaist, que, à
cinquante pas de la muraille, il y a un hault commandant à
toute la ville, et qui voit jusqu'aux personnes qui se prou-
mènent dedans la place. Ce hault est assés large pour y loger
douze canons, lequel fait un autre effect fort considérable,
car, de là, vous battés cinq cens pas tout le long de leur
courtine ; et là où je vous ai escript qu'ils ont un rampart
par dedans, si marche un chat sur leur rempart, vous le
voïés. C'est au lieu mesme où vous commanserés, se me
semble, vostre batterie ; car, aiant osté le peu d'eau qu'ils
ont de se costé, et les flans qui sont tels que je vous ai escript,
ils leur restent ses seules commodités de n'y avoir neul seul
dangereus pas depuis vostre batterie jusques à venir aux
mains avec eulx, et quant ils approchent de la défense de
leur muraille, d'estre veus, jusques à l'escarpin, de vos

pièses qui sont sur le hault. Ceste nuict sont sortis les enfans
de Chavagnac, La Borie[1] et autres chefs conduis de soixante
chevaux, et les mènent à ung chasteau nommé Saillant[2], à
huit lieues d'ici, appartenant à la belle-mère de Chavagnac.
Ils doivent rentrer ceste nuict; je manderai à M. de Brion,
qui est ici logé près de moy, si me veut secourir de deux
cens arquebusiers. Monseigneur, l'entreprise fut faicte, hier
matin, de faire sortir ses enfans dehors par ung voisin qui
alla boire avec euls, à qui ils firent tant d'honneur et le
receurent avec force vesselle d'argent qui lui aportèrent à la
porte. Il leur dict que n'aviés que huit canons et deux petites
couleuvrines, et que n'aviés que pour tirer quatre cents
coups. Les femmes doivent se retirer aujourd'hui chez lui et
le ministre; mais je doute qui ne les gardera. Vostre Excellence sera advertye que le plus aisé chemin de vostre artillerie est à Neschers[3], et, de là, droit au pont, estrade là où je
me trouverai, si me le commandés, — car, entre si et là, j'espère avoir cest honneur de vous avoir baisé les mains, —
pour faire prendre autre chemin aus pièces qu'il vous plaira
loger sur le hault dont je vous ai parlé. Il fault que là vous
sépariés vostre artiglerie, qui, toutesfois, conduite chascune
à son logis ne seront à cinq cens pas l'une de l'autre, et le
plus beau lieu et le plus commode qu'il est possible pour

---

[1] Charles de la Borie, seigneur de Poulargues, paroisse de Saint-Sau-
veur (Puy-de-Dôme, arrondissement d'Ambert, canton d'Arlanc). Il
avait été homme d'armes dans la compagnie de M. de Saint-Hérem,
en 1558, puis était passé dans les rangs des réformés (J.-B. Bouillet,
Nobiliaire d'Auvergne, t. I, 1846, in-8°. p. 265-266).

[2] Le Saillant (Cantal, arrondissement et canton de Saint-Flour,
commune d'Andelat). Mais le Saillant est à plus de huit lieues d'Issoire,
et d'Alègre se trompe aussi en faisant de la propriétaire du château la
belle-mère de Chavagnac. Ce dernier avait épousé Catherine d'Ondredieu, veuve d'Antoine du Bourg, seigneur du Saillant, et qui, en 1571,
était tutrice de Josué et de Louis du Bourg, ses fils (Arch. nat., parlement
criminel, requête présentée par Catherine d'Ondredieu, le 16 juin 1571,
série X^{2b} 66).

[3] Neschers, Puy-de-Dôme, arrondissement d'Issoire, canton de Champeix.

trancher entre deus et aller fort seurement et à couvert de l'une à l'autre. Je supplie très humblement Vostre Excellence qu'elle ne se persuade aultre chose sinon qu'elle a affaire à des *Buffles*, *Buffali*, et *Bufalini*, et, si, je sçai bien qu'il y en aura qui luy voudront bien faire entendre le contraire. [Et puisque] vostre bonté me honore tant que de me dire qu'elle se veult emploier à me faire plaisir en tout ce qui me touchera, après que je lui aurai faict quelque peu de service [et qu]' elle est deument advertye en quelle défaveur je vis envers Sa Majesté et les occasions que l'on m'a données de mescontentement [1], qui toutefois ne me ont rien faict oublier de mon naturel debvoir, s'il luy plaist escrire un mot en ma faveur à leurs Majestez, je lui asseure que je lui en demeurerai perpétuel esclave, et que rien au monde ne me fera changer ceste opinion.

Monseigneur, après vous avoir baisé les mains, avec toute l'humilité que je puis et que je dois, je suplie le Créateur vous donner, en santé et prospérité, très heureuse et très longue vie.

A Meylaut, se dix neufviesme mai 1577.

De Vostre Excellence le très humble et très obéissant serviteur,

ALÈGRE [2].

Mais, au lendemain de cette lettre, encore si pleine d'illusions, M. d'Alègre était bien obligé de convenir qu'un renfort inattendu venait d'entrer dans Issoire, et

---

[1] D'après une lettre du Roi au duc d'Anjou, de Chenonceaux, et du 4 juin 1577, il semble que la principale occasion du mécontentement de M. d'Alègre ait été le retrait qui lui fut fait de la compagnie d'ordonnances qu'il commandait. « J'avois accordé au sieur de la Bourdaisière, écrit le Roi, à la requeste et prière que vous m'en avez faite, la compagnie de gens d'armes du sieur d'Alègre; mais il ne se trouve point dans l'estat, et n'a point eu de compagnie depuis la réduction générale qui fut faite il y a quelques années » (Bibl. nat., V° Colbert, vol. 8, fol. 410).

[2] Bibl. nat., fr. 3320, fol. 20-21, autographe.

que les habitants modifiaient activement ce que leur
système de défense pouvait avoir de défectueux.

Monseigneur, mandait-il alors au duc de Nevers, je viens
d'estre présentement adverty pour certain, et, s'il vous plaist,
vous n'en ferez aulcun doute, qui sont entrez quatre cens
hommes, à la pointe du jour, dans Issoire. Ce sont ceux qui
estoient dans Ambert, lesquels l'ont quittée depuis hier, au
matin. Au partir, ils n'y ont faict autre mal synon abattre le
bois des portes et rompre la massonnerie desdictes portes. Je
suis aussi adverti comme Merle et La Roche[1] y entreront
cette nuit[2]. Vous y pourvoirés, s'il vous plaist, car, si, après,
vous ne trouvyés les choses si faciles comme je vous les ay
faictes, Vostre Excellence, s'il luy plaist, ne m'en inculpera.
J'ai sceu, enfin, comme, jeudi et vendredi derniers, ils beson-
gnoient à la contrescarpe que je vous avois mandé qui estoit
trop haute ; je ne sçay à ceste heure en quel estat elle peut
estre ; je vous en advertiray dès demain.

Monseigneur, en cest endroit je supplieray Nostre-Seigneur
vous donner bonne vie et longue.

A Meilhaut, à vii heures du matin, ce xx may [1577].

De Vostre Excellence le très humble et très obéissant serviteur,

ALÈGRE[3].

Cette lettre marquait déjà moins de confiance. Dès
le lendemain, il est vrai, revenu à son optimisme habi-

---

[1] Le capitaine La Roche tenait ordinairement garnison à Chaudesai-
gues (Cantal).

[2] C'était là une fausse nouvelle. Merle était bien, sans doute, impa-
tiemment attendu à Issoire. Mais « après avoir jeté dans la place un
certain nombre de soldats, et une partie des poudres et munitions qui
se trouvaient à Ambert, il était parti, gagné peut-être par l'argent qu'il
avait touché de la part du Roi » (A. Imberdis, *Histoire des guerres religieuses en Auvergne, pendant les XVI⁰ et XVII⁰ siècles*, 1848, in-8°,
p. 217). — A. de Pontbriant n'admet pas cette explication de l'abstention
de Merle (A. de Pontbriant, *Le capitaine Merle*, p. 69).

[3] Bibl. nat.. fr. 3320, fol. 112 : original mais non autographe.

tuel, M. d'Alègre déclarait que les nouvelles transmises par lui la veille ne devaient en rien décourager les agresseurs. Il lui fallait avouer, cependant, que, les troupes d'avant-garde ayant investi la ville, le 20 mai, dans l'après-midi, une première attaque était restée vaine.

Monseigneur, disait-il, je serois très marry que le desplaisir vous durast guères de ceux que je vous avois mandé qui estoient entrez dans Issoire ; et encore que le nombre en feust certain, néantmoins, je vous puys assurer et vous supplye, Monseigneur, vous y reposer sur moy que, en tout cella, il n'y avoit point quarante hommes d'effect, de façon que, de ceste heure mesme, ils ne sont point dedans Issoire cent cinquante soldats étrangers, qui vivent en telle crainte que, ceste nuict dernière, ils s'en sont jettez plus de trente par-dessus les murailles à bas ; les sentinelles mesme posées ceste nuict se y sont jettez, comme vous tesmoignera un soldat que je vous envoye, que mes gens ont pris ceste nuict, lequel s'alloit sauver comme les autres. Hier, tout le jour, je demeuray à voir affronter la ville par les nostres. Ils l'assaillirent par le plus fort, comme j'espère que Vostre Excellence jugera, car l'ennemy n'a bien labouré que de ce costé. Je leur feiz donner advis de s'accommoder d'un moulin qui estoit plus près, ce qu'ils ont faict ceste nuit ; il leur servyra bien. Si vous pouvez estre par deçà, vour pourrez veoir le hault, dont je vous ay escript, qui les incommode grandement. Ce jugement a esté desjà faict par tous ceux de l'armée qui l'ont veu, mais ils n'ont point encore esté sur le lieu, et si ne me commandez aultre chose entre cy et là, j'espère, avec l'ayde de Dieu, estre demain à vostre lever.

Monseigneur, en cest endroict, je supplieray Nostre-Seigneur vous donner, en très parfaicte santé et prospérité, très heureuse et très longue vie.

A Meilhiau, ce xxi may [1577].

De Vostre Excellence le très humble et très obéissant serviteur,

ALÈGRE [1].

Au surplus, on allait bientôt s'apercevoir que la ville
n'était pas la proie facile qu'on avait espéré. Le duc de
Guise étant arrivé le 23 mai [2], le duc de Nevers, le 25 [3],
on commença à investir plus étroitement la place, et
l'on se rendit compte qu'elle était beaucoup mieux
défendue que n'avaient pu le laisser supposer les renseignements inconsidérés du marquis d'Alègre. Celui-ci
restait, pourtant, toujours, le grand conseiller des opérations, et le duc d'Anjou, qui, le 20 mai, avait quitté
Chenonceaux [4], pour rejoindre l'armée, et était arrivé
à Clermont, le 27 [5], se rendit directement de là à
Meilhaud, où, le lendemain 28, il était reçu au bruit des
salves de quelques compagnies de gens de pied canton-
nées dans le village. Le soir même, on tenait, au château
un conseil de guerre [6], et il était décidé que les quinze
à dix-huit mille hommes, dont on disposait [7], seraient
divisés en trois corps sous les ordres des ducs de Guise
et de Nevers et de Philippe-Emmanuel de Lorraine, duc

[1] Bibl. nat., fr. 3320, fol. 14 et v°; original mais non autographe.

[2] *Le vray discours du siège tenu devant la ville d'Issoire par Monseigneur le duc d'Anjou, fils et frère de Roy*, Paris, 1577. in-8°.

[3] *Ibid.*

[4] Il annonce son départ pour ce jour-là, dans une lettre au duc de
Nevers du 17 mai 1577 (Bibl. nat., fr. 3337, fol. 55).

[5] Lettre du duc d'Anjou au duc de Nevers, de Clermont-Ferrand,
le 27 mai 1577 (*Ibid.*, fol. 66).

[6] De Thou, *Histoire universelle*, trad. fr. de 1734, t. VII, p. 500.

[7] Exactement 20 compagnies de gendarmerie à cinq ou six cents
hommes d'effectif et 5420 hommes de pied (État des troupes qui se sont
trouvées devant Issoire, le 31 mai 1577, à la Bibl. nat., V^c Colbert, vol. 8,
fol. 402-403).

de Mercœur, et que l'attaque de la ville se ferait sur trois points simultanément. Dès le lendemain, l'artillerie commença à donner. Mais en dépit du tir incessant de quatorze canons et de quatre coulevrines, ce ne fut que le 10 juin, qu'on se résolut à tenter un assaut général par les trois brèches que l'on avait commencé à pratiquer dans les fortifications, assaut qui demeura infructueux, où près de cinq cents assaillants trouvèrent la mort, parmi lesquels plusieurs capitaines de renom, et où un très grand nombre de gentilshommes furent blessés[1].

D'après beaucoup de récits du temps, l'un des plus maltraités dans cette journée aurait été M. d'Alègre, atteint à la cuisse d'une arquebusade. A ces récits je peux opposer un texte, tout à fait authentique, celui-là, suivant lequel ce n'est pas le 10 juin, mais dès le premier ou le second jour du siège que M. d'Alègre fut mis hors de combat. Dans une lettre de Henri III au duc d'Anjou, de Chenonceaux, et du 4 juin, et où il dit répondre à une dépêche du duc, du 30 mai : « Je suis bien marry, écrit le Roi, de ce que le sieur d'Alègre a esté blessé, et qu'il soit en danger[2] ». Il paraît, donc, impossible que, grièvement blessé le 29, ou le 30 mai, d'Alègre ait été présent à l'assaut du 10 juin. Et transporté, alors, nous le savons, à son château de Meilhaud, il ne put, vraisemblablement, pas davantage, assister à la prise de la ville qui, le 12 juin, était obligée de capi-

---

[1] *Annales de la ville d'Issoire*, p. 128-138, *passim*. — *Le vray discours du siège tenu devant la ville d'Issoire*, 1577, in-8°, p. 11.

[2] Lettre du Roi au duc d'Anjou, de Chenonceaux, le 4 juin 1577 (Bibl. nat., V^c Colbert, vol. 8, fol. 410).

tuler et qui, en dépit des promesses du duc d'Anjou, était livrée à un pillage dont un distique assez connu nous a conservé le souvenir :

> De MONSIEUR la miséricorde
> C'est le feu, le sang et la corde[1] !

Revenu à Meilhaud, M. d'Alègre avait voulu, semble-t-il, mettre, une dernière fois, ordre à ses affaires. Nous savons, en effet, que, par acte du 31 mai 1577, il renouvela la donation universelle de tous ses biens meubles et immeubles à son neveu Yves d'Alègre, à la charge seulement pour ce dernier de payer à sa sœur Isabelle une somme de 30.000 livres[2]. La blessure très grave reçue par lui, la veille ou l'avant-veille, explique suffisamment pareil acte. De cette blessure, il dut, cependant, se remettre assez vite; car c'est très peu après, et dans une aventure amoureuse, qui laisse bien supposer que le bon gentilhomme avait alors recouvré tous ses moyens, que devait périr d'une façon tragique l'aîné de la maison d'Alègre.

---

[1] *Annales d'Issoire*, p. 142-150.

[2] On trouve dans l'arrêt du Grand Conseil, du 28 avril 1588, signifié le 13 novembre 1621, mention très précise de cette donation et des formalités auxquelles elle donna lieu. « Donation faite, au château de Meilhaud, le 31 mai 1577, par laquelle Yves III d'Alègre donne à Yves IV, son neveu, tous ses biens, meubles et immeubles, présens et à venir, outre les 6.000 livres de rente déjà donnés, et, en conséquence, le charge de donner à Isabeau, sa sœur, la somme de 30.000 livres; arrêt de la cour du parlement de Paris, du 18 juillet 1577, contenant l'acceptation de ladite donation faite par François de Puget, écuyer, au nom d'Yves IV, absent; actes d'insinuation de ladite donation au greffe de la sénéchaussée d'Auvergne, pour et au nom d'Yves IV d'Alègre, le 23 juillet 1577; acte d'insinuation à la sénéchaussée de Clermont, au nom d'Yves IV et d'Isabeau d'Alègre, le 30 juillet 1577, acceptation de la donation par Yves IV d'Alègre, au château d'Heidelberg, le 7 août 1577 » (Arch. nat., Grand-Conseil, V⁵ 330).

« Le 28 mai 1577, lisons-nous dans le *Journal de L'Estoile*, Monsieur ayant assiégé Issoire, elle fut, le 12 juin, en parlementant, prise d'assaut. Les soldats ne purent estre empeschez qu'ils ne brûlassent et pillassent la ville, et tuassent, sans discrétion, tout ce qui se trouva devant eux. Le seigneur de Bussy, le jeune[1], et plusieurs gentilshommes furent tués aux approches de ceste ville, et d'Alègre, qui en avoit esté quicte pour une harquebuzade, fut, depuis, tué, de nuict, en son chasteau d'Alègre, à l'occasion d'une dame qu'il aimoit[2]. »

Comme le dit M. du Molin, son premier historien, « ces détails sur la mort du marquis d'Alègre sont un peu courts pour notre curiosité[3] ». Les *Annales de la ville d'Issoire* les complètent heureusement, sans toutefois nous satisfaire pleinement.

« M. Yves d'Alègre, frère d'Antoine d'Alègre, seigneur de Meilhaud, rapportent ces *Annales*, fut tué plus tragiquement encore que son frère. Sa femme, Jacqueline d'Aumont, dame vertueuse et prudente, estant maltraitée par lui, se retira chez ses parens ; ce que voyant, le sieur d'Alègre rechercha en mariage une autre grande dame, laquelle, sachant qu'il estoit marié, se moqua de lui, ce qui l'indisposa si fort qu'il tint des propos, avec beaucoup de jactance, contre l'honneur de cette dame, ce qui excita celle-ci à en tirer vengeance. Voici comme elle s'y prit.

« Quelque temps après, le sieur*** remit une lettre au sieur d'Alègre, sous le nom de cette dame, par

---

[1] Hubert de Clermont d'Amboise, seigneur de Moigneville.
[2] *Journal de L'Estoile*, éd. Brunet. t. I, p. 190.
[3] M. du Molin, *Les d'Alègre au XVI⁰ siècle*, broch. in-8⁰, 1867, p. 31.

laquelle elle lui disoit que, si elle n'avoit pas, dans le principe, reçu agréablement ses recherches amoureuses, c'estoit pour éprouver sa constance et non pour dédaigner son amitié ; qu'elle ne désiroit rien tant que de lui témoigner son affection ; que, à cet effect, il estoit prié de laisser la fausse porte de son chasteau ouverte, certain jour qu'elle lui désigna, qu'elle viendroit le trouver, vers les neuf heures du soir, accompagnée d'un homme et de deux filles de chambre, et qu'elle désirait entrer par la porte indiquée pour n'estre vue de personne.

« Le sieur d'Alègre, ravi de cette lettre, lui manda qu'elle seroit très bien reçue. L'heure assignée arrivée, il ordonna à ses domestiques de se retirer dans leur chambre, et de n'en point sortir qu'il ne les appellast, et lui mesme se mit au lit, où il n'eut guère demeuré que trois hommes, habillés en femmes, entrèrent dans sa chambre. L'une d'elles feignit d'estre sa maistresse et s'approchant de luy pour l'accoler, et tenant une courte dague sous sa robe, lui en donna plusieurs coups dans le corps. Les autres fausses demoiselles se jetèrent également, et au mesme instant, sur lui et le blessèrent si fort qu'il en mourut, ayant reçu trente-sept coups. L'exécution terminée, les trois individus se retirèrent sans que jamais, depuis, on ait pu découvrir les assassins [1]. »

« Cela, ajoute une note jointe au texte que je viens de citer, cela eut lieu le 13 juin 1577. » Il doit y avoir ici une erreur de date, car, le 13 juin, M. d'Alègre,

---

[1] *Annales de la ville d'Issoire,* p. 238-239.

récemment blessé, ne pouvait jouer le rôle qui est dit avoir été le sien, ce jour-là. Et il est assez probable, comme le laissent supposer d'autres documents, que c'est le 13 juillet et au château d'Alègre, et non à Meilhaud, où le marquis devait être encore soigné le 13 juin, qu'eut lieu la fin lamentable de celui dont j'ai essayé de retracer en ces quelques pages la biographie.

CHAPITRE V

YVES IV D'ALÈGRE, MARQUIS D'ALÈGRE

La mort d'Yves III d'Alègre et ses dispositions testamentaires, qui constituaient son neveu, Yves IV, héritier de ses domaines d'Auvergne et de Normandie, et de son titre de marquis, faisaient du fils de M. de Meilhaud le chef de la famille, au détriment de Christophe d'Alègre, seigneur de Saint-Just, le dernier survivant des cinq fils de Gabriel d'Alègre et de Marie d'Estouteville. Mais en 1577, au moment de l'assassinat de son oncle, le jeune homme était en Allemagne pour de longues années encore. En vérité, la vie s'était tristement ouverte pour cet adolescent : la mort de son père l'avait laissé orphelin à quatorze ans, c'est-à-dire à un âge où il ne pouvait songer à en tirer vengeance ; un dur exil avait, ensuite, reculé indéfiniment cette juste revanche que nous savons, pourtant, que, dès l'enfance, il souhaita passionnément ; ce même exil, enfin, allait le mettre dans l'impossibilité de recueillir, de longtemps, le bénéfice de la fortune qui lui advenait, dans l'impossibilité surtout de la défendre contre les entreprises de ceux des membres de sa famille qui, se jugeant lésés par libéralités du marquis d'Alègre, allaient s'empresser de disputer à son héritier absent la riche proie qu'ils convoitaient. En dépit, cependant, de tant d'obstacles qui barraient sa vie, Yves IV d'Alègre réussit à triompher de sa destinée, à venger son père, à arracher à des parents avides une partie des biens qu'ils prétendaient lui ravir, à se faire à lui seul une situation digne de son nom et de sa famille, tout cela à travers les plus émouvantes péripéties, dont une mort tragique ne devait pas être la moins dramatique.

I

Nous avons laissé « M. d'Alègre, le jeune », à Heidelberg, où nous nous souvenons qu'il était arrivé à la fin d'août 1577, en compagnie de M. d'Escars. Encore que les deux jeunes gens eussent eu, on se le rappelle, à supporter, dès le voyage, la mauvaise humeur du duc Casimir exaspéré de n'avoir reçu que deux otages sur les cinq qui lui avaient été promis, le souci de ménager son débiteur, le roi de France, et l'espoir d'en obtenir régulièrement les énormes annuités promises avaient, cependant, au début, incliné à l'indulgence le prince allemand. « Vérité est, disait, plus tard, l'avocat au parlement, Simon Marion, retraçant les tristes années de captivité de son client Yves d'Alègre, vérité est que, du commencement et durant encore les termes de payer ce qu'on avoit promis, ces Allemands lui faisoient honneste traitement, selon leurs mœurs. » Mais les mœurs allemandes pouvaient-elles inspirer aux captifs autre chose que dégoût et écœurement ! « Car qui est le François nourry, dès son enfance, à la sobriété et à une vie civile et humaine, qui ne prendroit à supplice la conversation, ores qu'elle fust libre, avec un peuple si rude

et si agreste, si brutal et glouton que, non content de
ce que le sommeil partage nostre vie quasi par la
moitié, il en fait encores une subdivision avec l'ébriété,
et met le plus haut point de sa courtoisie à noyer, ou
de gré, ou de force, ceux qu'il veut plus chérir en la
léthargie de cette vinolence indigne du nom d'homme. »
« Et jugeons par là, ajoute l'avocat, puisque ceste
nation monstre sa bienveillance par des signes si sales,
ce qu'on doit présumer des insolences de sa férocité,
quand elle est embrasée d'une colère ardente et furieuse,
comme elle a esté envers M. d'Alègre[1]. » C'est cette
colère qui ne devait pas tarder à se déchaîner, lorsque
deux des termes fixés et acceptés par le roi de France
pour les premiers payements se trouvèrent passés.
Après l'échéance du premier de ces termes, celui de
septembre 1576, Casimir mettait encore quelques
formes dans les plaintes qu'il adressait à Henri III[2];
mais lorsque, au mois d'août 1577, rien ne fut arrivé, en
une lettre pleine d'arrogance, où il refusait au Roi jusqu'aux titres de courtoisie qui lui étaient dus, le princi-
picule allemand déclarait que, s'il n'était immédiatement
payé, les bijoux de la couronne, qui lui avaient été remis
en gage, seraient distribués à ses capitaines, rittmestres
et gens de guerre.

Il vaut la peine de citer, en entier, cette lettre
incroyable de fond et de forme.

---

[1] Plaidoyer de Simon Marion, avocat au parlement de Paris, prononcé, le 26 juin 1582, en faveur d'Yves IV d'Alègre, dans *Plaidoyez de
Messire Simon Marion*, Paris, 1609, in-8º, p. 353-384.

[2] Lettres de Casimir au Roi, de Lautern, le 11 décembre 1576, et du
même, de Heidelberg, le 17 décembre 1576 (Bibl. nat., V Colbert,
vol. 398, p. 373, 385).

Monseigneur, écrivait au roi de France l'insolent Casimir, j'ay receu vostre lettre du xvii⁰ d'aoust, par laquelle requérez de moy de ne départir les bagues que mes colonels, rittmeistres et capitaines m'ont mis entre mes mains. Sur quoy, je vous supplie de considérer que, si ce que leur a esté si solemnellement promis, touchant leur payement, eust esté observé, comme le debvoir le requéroit, ils n'auroient eu aucune occasion d'en venir là. Mais, estans d'un costé frustrez d'espérance, par le rapport des ambassadeurs que je vous envoyai, et eux aussi, au mois d'apvril dernier, d'autre part, manquant aussi le duc de Lorraine et les héritiers de Vaudémont, je n'ay aucun prétexte, quand bien j'en auroys la meilleure envie du monde, d'en empescher la division. Car les bagues sont mises entre mes mains comme en dépost, et me sens redevable, pour éviter plusieurs inconvéniens, de les rendre à la volonté de ceux qui me les ont mises en main. Si, n'ay-je pas laissé de leur remonstrer le peu de profit qu'ils recevroient de la distribution, et le peu de réputation que cela apporteroit à un roy de France de distribuer et estaller ses joyaulx comme à l'encan ; mais, cela n'ayant servy, je ne peux davantage. Puis, la puissance que j'ay sur eulx ne s'estend que au temps que sommes en campagne, non pas à vouloir commander à leurs bourses ou intérests particuliers, ny en campagne, et, encores moins, estans licenciés. Et quand bien je voudrois m'efforcer de leur persuader de différer ceste distribution, si, ne peux-je veoir aucune certitude par vos lettres, sur laquelle ils se puissent asseurer de recevoir aucune chose, estant icelles si générales, sans aucune limitation de temps et de lieu, qu'il n'y a fondement aucun, attendu que nous avons eu obligation certaine et limitée, scellée et signée. Si n'ont ces choses-là eu aulcun effect, vous advouons fort bien que cela procedde, voyrement, de ceulx qui vous ont excité de nouveau des troubles, et sont cause de la création desdictes dettes, lesquels ne faut chercher ailleurs qu'en vostre conseil, en vostre suytte et en vostre court. Ceulx qui vous ont, jusques à présent, conseillé l'extirpation de la religion, la rupture de la paix, la violation de vos édicts authentiquement jurez, ceulx-là sont la vraie cause de la ruyne et désolation de vostre peuple (laquelle ne cessera jamais que par l'observation estroicte de l'édict faict pendant qu'estois en France), et de la création de vos debtes et de vostre déréputation, laquelle j'aymerois trop mieux voir florissante comme celle de vos ancestres, desquels ay eu l'honneur de recevoir des bienfaits, et me sentiray alors heureux de vous rendre quelque notable service.

Nonobstant les choses que dessus, je diray rondement à Vostre dignité royale que tout le moyen, que je congnois, d'empescher ladicte distribution des bagues (laquelle estant faicte, sera impossible de les ramasser), c'est que l'on nous fournisse argent à ceste foire qui se tiendra prochainement, au mois de septembre, à Frankfort. Autre moyen n'y a-il, que sera l'endroit où finiray les présentes, priant Dieu vous donner les conseils salutaires pour le repos de vostre couronne.

De Neustat, ce xxxᵉ d'aoust 1577.

Vostre très humble et très affectionné cousin,

J. CASIMIR [1].

Et en même temps que le rapace Allemand se vengeait de sa déconvenue par ces grossièretés à lui dictées, sans aucun doute, par quelque émigré de France, il faisait payer cher aux otages les retards de leur gouvernement. « Car, raconte encore Marion, après la fin des termes du traicté et plusieurs plaintes, allées et venues vaines et inutiles, le Roy s'excusant sur la désolation quasi générale de toutes ses provinces, par la longue suite des guerres civiles, pestes et famines, dont il estoit durement affligé, ce peuple de fer, espris de

---

[1] Lettre de Casimir au Roi, de Neustadt, le 30 août 1577 (Bibl. nat., Vᶜ Colbert, vol. 398, p. 457-458).

rage de se voir mesprisé, et de ne recevoir ce qu'il s'estoit promis, conçut, à la fin, en ses mœurs barbares, tant de truculence contre les deux ostages, que, jamais menaces ne furent plus horribles... On emprisonna, alors, M. d'Alègre au chasteau d'Heidelberg, en une tour horrible, où le feu n'a garde de faire dommage, parce que, en icelle, il n'y a bois quelconque; mesmes au dedans des chambres voultées, sombres et obscures, à cause de l'immense épaisseur des murs, la table est de pierre, le banc de pierre, le dressoir de pierre, voyre le lit de pierre, bref une carrière, sauf qu'elle n'est soubz terre, qui a, par l'espace de plus de quatre ans, servi de maison à un seigneur françois de famille illustre... Mais, si la face du lieu estoit effroyable, la forme inhumaine du traitement l'estoit encores plus, mesmes d'autant que la porte de fer, dernière des quatre qui fermoient la chambre, ne s'ouvroit jamais, ainsi une seule petite fenestre, par où on donnoit le boire et le manger, tel qu'on peut présumer de cette austérité. Et ce qui surpasse tout ce qui se peult dire ny penser d'espouvantable, on venoit, souvent, à ceste fenestre, vomir des opprobres contre la France et contre les François, et commander à ce jeune seigneur d'escripre, de sa main, au Roy, à la Reyne et à ses parens ce qu'on luy ordonnoit, avec des menaces adjurées de blasphèmes impies et abominables que, si, dans certain temps, il n'estoit satisfait au payement requis pour sa délivrance, on le feroit mourir par toutes les espèces de tourmens et tortures que l'immanité pourroit excogiter ; ce qui lui demeuroit si avant imprimé en la fantaisie, la solitude et détresse du lieu ne luy permettant pas de la pouvoir divertir ailleurs, que les seuls images de ses cogitations estoient les supplices, les gibets et la mort; mesmes, comptant les jours qu'on lui avoit préfix, le moindre bruit, qu'il oyoit par après, lui faisoit penser que c'estoient les bourreaux qui le venoient saisir! Dont son oncle estant adverty... il déclara, alors, qu'il en avoit au cœur un regret extresme, et que lui mesme engageroit plus tost sa propre personne que de le laisser plus longtemps en si piteux estat[1]. » Mais presque aussitôt la nouvelle, qui lui parvenait, de la mort de cet oncle achevait de démoraliser le malheureux jeune homme, en lui enlevant son principal espoir d'être jamais secouru.

Cette nouvelle semble avoir été apprise à M. d'Alègre par un certain Praillon[2], agent français, venu, en décembre 1577, à Heidelberg, apporter, non pas encore de l'argent, mais de bonnes paroles à Casimir, et aussi solliciter de lui la substitution comme otage de l'aîné de la maison de Saucourt à M. d'Escars, le jeune. Le père de ce dernier avait insisté, en effet, sans répit, auprès du Roi, pour obtenir cet échange que Praillon était chargé de négocier[3]. Demeuré, par la mort de son oncle, sans appui et sans faveur à la Cour, M. d'Alègre ne pouvait plus espérer que personne s'entremît pour

---

[1] Plaidoyer de Simon Marion (*Loc. cit.*, p. 384-388).

[2] Jean ou Baptiste Praillon, tous deux secrétaires interprètes en langue allemande, sans que j'aie pu savoir quel lien de parenté les unissait.

[3] Lettre de Casimir au Roi, de Lautern, le 9 décembre 1577 (Bibl. nat., V^c Colbert, vol. 398, p. 555-556). — Cet « aîné de la maison de Saucourt », doit être Maximilien de Soyecourt, fils de François III, seigneur de Soyecourt et de Tilloloy (Somme), chevalier de l'ordre, mort après 1595, et de Charlotte de Mailly. On trouve, en effet, très fréquemment, ces Soyecourt appelés Saucourt.

lui procurer pareille faveur. Aussi, profitant du séjour de Praillon à Heidelberg, résolut-il de lui remettre deux lettres, où, directement, il osait se recommander à la bonne grâce et à la pitié du Roi et de la Reine-mère. Ces lettres, qu'il parvint à écrire en secret, étaient d'un ton bien différent de celles qu'avaient pu, jusque-là, lui dicter ses geôliers. Elles nous sont parvenues en original.

Sire, disait celle au Roi, ayant entendu la poursuitte et dilligence que faict Monsieur d'Escars, et autres ses amis en France, pour retirer le sieur de Beaufort, son fils, hors d'otage et captivité, en laquelle nous sommes, entre les mains des reistres, et le mettre en liberté, congnoissant, aussi, le peu de parens et amys que je puis avoir près Vostre Majesté, pour vous requérir et me pourchasser semblable bien, d'aultant que feu Monsieur d'Alègre, mon oncle, duquel j'espérais tout aide et secours, estant décéddé, il ne me reste aucun espoir de sortir bientost d'icy, par le moyen des dilligences d'aucuns de mes parens ou amys estans près de Vostre Majesté, s'il ne plaist à Vostredicte Majesté se rendre favorable en mon endroict, à laquelle, à ceste occasion, je m'adresse pour la supplier, très humblement, me faire ce bien et faveur de ne permettre que ledict sieur de Beaufort sorte hors d'icy, que je n'en sorte à mesme temps, attendu que, à mesme temps, nous y sommes entrez, et avons couru mesme et semblable fortune, vous asseurant, Sire, s'il adve-noit, ce que Dieu ne veulle, que je y demourasse après luy, que la mort seulle m'en délivreroit bientost, laquelle n'eust tant demouré à me visiter, n'eust esté l'espérance, que j'ay tousjours eue, d'une prompte délivrance, veu les grandes et diverses maladies desquelles j'ay esté tourmenté, depuis mon emprisonnement, qui ne prendront fin que par l'issue d'une tant ennuyeuse et misérable prison et captivité en laquelle je suis, ou par la mort qui me sera beaucoup plus agréable, l'emploiant pour le service de Vostre Majesté, laquelle je supplie, de rechef, très humblement, me deppartir de sa bénignité et faveur, pour me tirer hors d'icy; et ce faisant, Sire, vous conserverez en vie celuy qui ne sera jamais autre que très humble et très obéissant subjet et serviteur de Vostre Majesté, suppliant le Créateur, Sire, qu'il doint à Vostre Majesté, en santé et prospérité, très heureuse et très longue vie.

De Heidelberg, ce quatriesme jour de décembre 1577.

Vostre très humble et très obéissant subjet et serviteur à jamais,

YVES D'ALÈGRE [1].

Et à la Reine-mère, auteur responsable du traité dont il était la victime, le jeune homme rappelait plus précisément encore ce qu'il avait été convenu que serait sa captivité, et ce qu'elle était.

MADAME, lorsque Vostre Majesté nous mit entre les mains de M. de Casimir, il vous pleust nous promettre que ce ne seroit que pour trois ou quatre mois, au plus, et que ne recevrions de luy qu'un gracieux et favorable traictement. Madame, il y a tantost deux ans que nous sommes hors de France, et, depuis dix mois, aultant estroictement resserez et indignement traictez que si nous estions coupables de crime de lèse-majesté. Il me semble, puisque c'est pour le bien d'un chacun que nous avons esté envoyez par deçà, [qu]'il n'est raisonnable que deux vostres très humbles subjets et serviteurs portent la peine pour tous. Madame, je vous puis dire que j'ay ung extresme regret qu'il faille que je consomme le plus précieux de mon âge à une malheureuse prison, sans proffiter à aucune vertu, qui me privera d'estre digne de pouvoir faire au Roy, mon maistre, et à vous, Ma-

---

[1] Lettre de M. d'Alègre au Roi, de Heidelberg, le 4 décembre 1577 (Bibl. nat., V^c Colbert, vol. 398, p. 553-554; autographe).

dame, à l'advenir, quelque signallé et agréable service, si Vostre Majesté, protettrice des pupilles, n'a pitié de moy, qui suis aultant desnué de bons parens et amys que gentilhomme de vostre royaume.

Madame, j'ay entendu la vive poursuitte que Monsieur d'Escars fait pour mettre son fils en liberté. Encores que je crains que peu de personnes pourchassent la myenne, je me promects tant de vostre accoustumée bonté, piété et justice que vous ne sortirez jamais l'un sans l'autre ; car, si ce malheur m'arrivoit de recharge aux grandes et diverses maladies, desquelles j'ay esté persécuté depuis trois ou quatre mois, je n'attendrois rien [de] moins qu'une prochaine mort. Et pour conserver la vie de celluy qui désire l'emploier pour le service de Vos Majestez, comme les miens ont tousjours faict pour celluy de vos ancestres, je vous supplyerai très humblement avoir pitié et souvenance de nous, et en remettre d'autres en nos places, puisque vous en avez une si grande quantité en vostre royaume qui peuvent faire le mesme service, lequel se peult aysément supporter pour quelque temps ; mais, pour tousjours, je souhaiterois plus tost la mort, que j'estimerois bien heureuse, l'acquérant à vostre service, si par autre moyen que le myen vostredict service ne se pouvoit faire. Et espérant que nous nous ressentirons de vostre faveur, et que conserverez la vie à ce pauvre gentilhomme qui ne la désire et souhaite que pour vous en faire à jamais très humble service, je finiray ma lettre, après avoir à Vostre Majesté baisé les mains en toute humillité, suppliant le Créateur, Madame, vous conserver, en toute santé et prospérité, très heureuse et très longue vie.

Du chasteau de Heidelberg, ce IIIIe jour de décembre 1577.

Vostre très humble et très obéissant subjet et serviteur à jamais,

YVES D'ALÈGRE [1].

---

[1] Lettre de M. d'Alègre à la Reine-Mère, de Heidelberg, le 4 décembre 1577 (Bibl. nat., V^c Colbert, vol. 398, p. 551-552 ; autographe).

Les deux lettres si touchantes de ce jeune homme de dix-sept ans ne durent, cependant, guère émouvoir leurs destinataires, puisque ce ne fut que près de quatre ans après, en septembre 1581, que se termina la pénible captivité de celui qui les avait écrites. Lassé, alors, d'attendre en vain la réalisation des promesses du roi de France, et prévoyant bien qu'il n'avait plus à compter sur l'intégrale exécution du traité de 1576, Casimir, moyennant le versement de 200.000 livres, consentit, enfin, à mettre en liberté les deux otages. Je dis : les deux otages ; car les instances de Praillon n'avaient pu fléchir les geôliers de M. d'Escars, et lui et son compagnon furent renvoyés en France en même temps. Nous en avons pour preuve la « patente » délivrée par Jean-Casimir à M. de Meilhaud, et qui est curieuse par les aveux dénués d'artifice qu'elle contient.

Nous, Jean-Casimir, comte palatin du Rhin, duc de Bavière, dit ce document, certifions à un chascun, pour vérité, que, au royaume de France, l'an 1576, quand on fit la paix, on nous donna pour ostages le marquis d'Alègre et le seigneur d'Escars, dont nous fismes inquisition, et fusmes enseignez qu'ils estoient bien riches ; pour quoy, nous nous en contentasmes. Mais le marquis d'Alègre remonstra qu'il estoit vieil et malade d'une sciatique, et nous pria que nous voulussions le laisser aller, et prendre en sa place Meilhaud, son nepveu, fils adoptif et héritier, à qui il donneroit tous ses biens ; ce que nous fismes, moyennant la promesse qu'il nous donna par escript, signée de sa main et scellée de son cachet, laquelle nous prismes, ayant fiance que, par ce moyen, sondict nepveu estoit maistre et seigneur de tous ses biens, et, par cela, plus solvable que son oncle ; sans quoi, nous n'eussions voulu prendre ledict nepveu.

Mais, avec cela, et en ceste fiance, nous le prismes et l'ame-nasmes en Allemagne, avec le jeune d'Escars, où ils furent, quelque temps, comme ostages. Mais, quand nos colonels et rittmeistres virent qu'on ne leur envoyoit point d'argent de France, comme on debvoit, ils furent emprisonnez, soubs clef, au dedans une grosse tour de nostre chasteau de Heidel-berg, en laquelle tour ils ont esté serrément tenuz et plus mal traittez que nous n'eussions voulu. Mais nous estions contraints faire ainsi, pour deux motifs : l'un, pour appaiser le murmure de nos colonels et rittmeistres qui les mena-çoient d'un plus grief mal ; l'autre, afin que leurs parens en eussent pitié et en fissent doléance au roy de France pour nous faire envoyer de l'argent. Enfin, on nous a apporté deux cent mil francs de France, qui n'est pas toute nostre debte pour quoy ils estoient ostages ; toutesfois, nous les avons aujourd'huy délivrez et mis en liberté. Et, afin que tout le monde sache les motifs de leur traitement, et sembla-blement qu'ils puissent monstrer qu'ils ne s'en sont pas allez contre leur foy, sans nostre congé, nous leur donnons la présente patente, et rendons à Meilhaud le papier que son oncle nous avoit baillé en France, en nous le délivrant. Et en attestation de vérité, nous avons signé ceste patente de nostre main et faict sceller du scel de nos armes.

En Heidelberg, le IIe septembre, l'an 1581.

J. CASIMIR[1].

II

« Cinq ans et demy, s'écriait Simon Marion, dans l'éloquent plaidoyer qu'il prononça pour Yves d'Alègre, le 26 juin 1582, cinq ans et demy de la première fleur de sa jeunesse, les plus propres de toute nostre vie pour apprendre l'honneur et la vertu, les armes et les

---

[1] Plaidoyer de Simon Marion (*Loc. cit.*, p. 389-392).

lettres, s'insinuer en la grâce des rois et des princes, bref se rendre capable de toutes choses hautes, ces beaux ans, dis-je, consommés en la crasse d'une dure servitude, se peuvent-ils rendre ? Les peut-on racheter ainsi qu'on retire des terres engagées ou qu'on en acquiert d'autres ? Peut-on rendre à ce jeune homme ce qu'il a perdu en santé ? Qui peut douter que ce mesme âge, au lieu d'estre au large pour déployer l'effort de sa croissance, en toute liberté, ayant, au contraire, esté rcuellement estrainct et resserré dedans le cep d'une estroicte prison rance et moisie, triste et désolée, toute pleine d'horreurs et d'épouvantemens, sans aucun exercice, sous un autre air, avec autres vivres que les naturels, ne soit demeuré, comme une jeune plante qu'on dit rabougrie, foible à jamais, débile et infirme, languide et malsain ? Mais, qu'est-il besoin de prouver par discours ce qui se voit à l'œil, par sa disposition si tendre et délicate, et par son teint si pasle et deffait qu'il semble tousjours estre, ou encore malade, ou, depuis peu de jours, relevé du lit, au lieu que ce sont les taches éternelles de sa captivité qui lui abrégera les jours de sa vie[1] ! »

Taches et tares qui, du reste, ne devaient jamais disparaître, si nous nous en rapportons au portrait, très certainement postérieur, du jeune marquis d'Alègre, et où, représenté vers l'âge de trente ans, environ, semble-t-il, il nous frappe par son apparence chétive, son aspect morbide, son profil émacié, ses traits altérés, ses joues creuses, les « poches » de ses yeux caves et cernés.

[1] *Ibid.*, p. 437-439.

En revanche, quelle volonté apparaît sur ce front et en ces mâchoires obstinées, quel feu a le regard, quelle flamme l'anime ! Physionomie disgracieuse, si l'on veut, mais de quel caractère et de quel relief, et qui, si elle n'explique pas, à première vue, au moins, l'un des côtés du personnage, je veux parler de ses prodigieuses fortunes auprès des femmes, rend compte très bien, du moins, de l'âpre énergie et de la ténacité avec laquelle, à peine revenu d'Allemagne, il revendiqua, tout de suite, pour la branche si éprouvée de sa maison, la fortune qu'il prétendait lui avoir été injustement ravie.

Après la mort d'Yves III, marquis d'Alègre, un autre que celui en faveur duquel il avait disposé de tous ses biens avait, en effet, tenté de s'en approprier le plus gros morceau. C'était le propre frère du défunt, Christophe d'Alègre, seigneur de Saint-Just, ce singulier et équivoque personnage, auquel remontait l'origine d'une partie des malheurs de la famille. Nous nous rappelons les mauvaises relations qu'il avait toujours entretenues avec son frère Yves. Ces mauvaises relations s'étaient encore aggravées par suite des dissidences religieuses qui les avaient séparés. Christophe, protestant au début des guerres civiles, était bien, peu après, semble-t-il, revenu au catholicisme, puisque, en 1563, nous le trouvons, dans les rangs de l'armée royale, devant Orléans, offrant de « charmer, par enchantemens et par paroles prononcées et méditées, la plaie de M. de Guise », blessé à mort par Poltrot de Méré [1] ; mais en 1576, il s'était, sûrement, rallié de nouveau à la Réforme.

<hr>

[1] Brantôme, éd. Lalanne, t. IV, p. 256-257. — Cf. P. de Vaissière, *De quelques assassins*, 1912, in-8°, p. 37.

« Casimir, ce cadet d'Allemagne, ny toute sa suite, disait plus tard l'avocat Marion, n'eussent seuls osé regarder la France, pour y penser venir faire tant de ravages, si quelques François mesmes ne les eussent excitez, enhardis et menez par la main. Et sous quel party s'estoit rangé le feu sieur de Saint-Just, père des deffendeurs? Mesmes si on eust combattu au camp près de Sens, comme on s'y attendoit, qu'eust faict son espée? Vers quelle poitrine eust-il porté sa lance, où eussent tendu ses yeux, ses pieds, ses mains, à quoi eust aspiré l'ardeur de son courage? Qu'eust-il désiré, qu'eust-il souhaité[1] ? » Il eût souhaité, concluait l'avocat, la défaite du drapeau sous lequel servait son frère, dont, ainsi, après des dissentiments d'ordre privé, l'avaient éloigné sa foi et ses croyances. Et, sans doute, cette considération n'avait-elle pas été sans influer, encore, sur les dispositions prises par le marquis d'Alègre en faveur de son neveu.

Mais, Yves III mort, et le bénéficiaire de ses libéralités étant en Allemagne, sans moyen de les recueillir, Christophe arguant, aussitôt, de l'inefficacité de ces libéralités, et soutenant, au mépris d'elles, qu'il était héritier présomptif de son frère au même titre que son neveu Yves et que ses nièces Isabelle, Renée et Jeanne, s'était fait nommer tuteur des enfants, encore mineurs, de M. de Meilhaud, et s'était saisi de tous les biens d'Yves sis en Normandie. Reprenant, au sujet de la terre de Blainville, la thèse qu'il avait jadis combattue, avec tant d'acharnement, — lorsque, à la mort

____
[1] Plaidoyer de Simon Marion (*Loc. cit.*, p. 397).

de leur frère François, Yves III se l'était attribuée, sous le prétexte que, située dans le pays de Caux, elle était « impartable et indivisible », et devait revenir hors part aux aînés de la famille, — il s'en était mis, d'abord, en possession. Sous un autre prétexte, il avait occupé les seigneuries de Marcilly et de Maisy, sous le prétexte de se rembourser de la rente de 400 livres dont Yves lui avait toujours refusé la restitution, en dépit des arrêts de 1568 et de 1572. Quant aux biens d'Auvergne, il avait déclaré s'en désintéresser, et, se réservant, seulement, le titre de marquis d'Alègre, il avait admis que ces biens reviendraient : la terre et le château d'Alègre, à Jacqueline d'Aumont, veuve d'Yves III, pour ses reprises, et le reste des terres, aux enfants d'Antoine d'Alègre, seigneur de Meilhaud[1]. Et, ayant, par cette concession, gagné les sœurs d'Yves IV, Isabelle, Renée et Jeanne, il s'attacha, même, entièrement, la première, en facilitant son mariage avec Gabriel du Quesnel, seigneur de Coupigny, gentilhomme de Normandie[2], par

---

[1] Arrêt du Grand Conseil, du 28 avril 1588 (Arch. nat., V⁵ 330). — *Requeste des descendans de messire Gabriel du Quesnel, marquis d'Alègre et de Coupigny, chevalier des ordres du Roi, et de dame Isabeau d'Alègre, son épouse, dans l'instance intentée pour raison de la restitution des biens donnés par Yves III d'Alègre à Yves IV d'Alègre et Isabeau d'Alègre, sa sœur, dont messire Christophe d'Alègre, leur tuteur, qui avoit épousé la dame Duprat, se prévalant de leur minorité, s'est mis en possession, et dont l'usurpation a continué jusques à ce jourd'huy...,* 1716, in-fol. (Bibl. nat., fonds Clairambault, vol. 1219, fol. 74 et suiv.). — *Factum d'Yves. marquis d'Alègre, lieutenant général des armées du Roi, gouverneur de la ville et du château de Saint-Omer, fils et héritier d'Emmanuel, marquis d'Alègre,* in-fol., p. 3 (Bibl. nat., fonds Clairambault, vol. 1219).

[2] Le contrat de mariage de Gabriel du Quesnel et d'Isabelle d'Alègre est du 6 août 1577 (Arrêt du Grand Conseil, du 28 avril 1588, aux Archives nationales, V⁵ 330). — Gabriel du Quesnel, chevalier, seigneur de Coupigny (Eure, arrondissement d'Evreux, canton de Nonancourt,

la promesse faite à l'épousée de lui compter 10.000 livres sur les 20.000 dont son oncle Yves l'avait gratifiée par sa donation de 1574 [1].

Le nouveau marquis d'Alègre ne jouit pas, d'ailleurs, longtemps de ses usurpations. Il mourait, en effet, en 1580, à Rome, où, d'après une note généalogique, il aurait été chercher l'absolution de ses erreurs religieuses [2]. Mais sa veuve, Antoinette Duprat, constituée tutrice de son fils, Christophe II, et de ses quatre filles, Anne, Marie, Madeleine et Marguerite, maintint énergiquement les prétentions de son mari, et c'est elle qu'Yves IV d'Alègre trouva devant lui lorsque, à son retour d'Allemagne, il résolut de faire rendre gorge à ses spoliateurs.

Ce jeune homme de vingt-un ans, mûri prématurément par l'adversité, agit, d'abord, avec la plus extrême prudence, et commença, semble-t-il bien, par se concilier la veuve du feu marquis d'Alègre, Jacqueline d'Aumont, que, un peu plus tard, il déclarait vouloir laisser en jouissance, sa vie durant, de tous les biens ayant

commune de Marcilly-la-Campagne) et de Pinçon (Eure, arrondissement d'Evreux, canton de Nonancourt, commune d'Illiers-l'Evêque), conseiller et chambellan ordinaire de Monseigneur, frère du Roi, demeurant habituellement au lieu de Pinçon ; ainsi est-il qualifié dans un acte de procédure, du 20 décembre 1583, joint à l'arrêt du Grand Conseil, du 30 janvier 1584 (Arch. nat., V⁵ 126).

[1] Transaction entre Christophe d'Alègre et Isabelle d'Alègre, du 14 avril 1579, mentionnée dans l'arrêt du Grand Conseil du 30 octobre 1587 (Arch. nat., V⁵ 145).

[2] Par lettres du Roi aux Etats de Normandie, du 27 octobre 1579, Christophe d'Alègre, élu député de la noblesse du bailliage de Rouen, est « dispensé de ceste élection et de siéger auxdicts Estats, à cause du voyage qu'il prétend faire en Italie ». (*Cahiers des Etats de Normandie sous Henri III*, publiés par Ch. de Beaurepaire, 1887, in-8°, t. I, p. 358-359). — M. du Molin, *Les d'Allègre au XVI° siècle*, 1867, in-8°, p. 34.

appartenu à son mari au pays d'Auvergne[1]. En même temps, il regagnait à sa cause son beau-frère, M. de Coupigny, et sa sœur Isabelle d'Alègre, à laquelle il promettait l'exécution de la donation de 30.000 livres à elle faite par leur oncle, Yves III d'Alègre, le 31 mai 1577[2]. Puis, estimant inattaquable sa qualité de donataire universel de son oncle, et jugeant qu'à l'injuste usurpation d'une partie de son patrimoine il n'y avait à répondre que par la force, moins de deux mois après son arrivée à Paris, il se présentait, dans la nuit du 23 au 24 décembre 1581, devant le château de Blainville, accompagné d'une bande de gens armés, parmi lesquels MM. de Coupigny et de Saint-Laurent[3], « s'en emparoit par force », en chassait les occupants, et notamment l'une des filles de Christophe d'Alègre et d'Antoinette Duprat, « qui estoit, lors, dedans ledict chasteau », s'établissait en maître dans la seigneurie, et contraignait « les sujets de ladicte seigneurie » à lui en payer, sans retard, les redevances. C'était une vraie et soudaine déclaration de guerre, qui ne prit pas, toutefois, la veuve de Christophe d'Alègre au dépourvu. « Ayant, sans délai, recours au Roy », elle en obtenait, dès le 27 décembre, lettres patentes adressées au parlement de Rouen, par lesquelles il était mandé à la cour que, « s'il lui apparoissoit que la demanderesse eust la terre de Blainville depuis cinq ou six ans, comme elle

---

[1] Transaction entre Yves IV, marquis d'Allègre, et Jacqueline d'Aumont, du 6 février 1586, mentionnée dans l'arrêt du Grand Conseil du 28 avril 1588 (Arch. nat., V⁵ 330).

[2] Nous voyons, en effet, dès le début des hostilités, Isabelle d'Alègre marchant entièrement d'accord avec son frère, Yves.

[3] Peut-être Jean Brandin, seigneur de Saint-Laurent.

disoit, ladicte cour fist le nécessaire ». Le nécessaire,
le parlement le fit, le 12 janvier, par une signification à
MM. d'Alègre, de Coupigny et Saint-Laurent d'avoir à
comparaître à sa barre. Vaine injonction, car « le sergent, chargé de ladicte signification, avoit esté receu à
coups d'harquebuzes par les nouveaux maistres du chasteau, qui l'eussent tué et massacré, s'il ne se fust sauvé
de vitesse ». M. de Carouges, gouverneur de Normandie,
ayant, alors, été sommé par le parlement de prêter main-
forte à la justice, M. d'Alègre avait cru prudent de « se
retirer au Conseil d'Estat du Roy, et d'y présenter requeste tendant à ce que les procès d'entre luy et la
veuve Duprat fussent renvoyez devant autre cour que
celle de Rouen »; et par arrêt du Conseil, en date du
26 janvier 1582, le Roi avait accordé à M. d'Alègre l'autorisation de porter sa cause devant le Grand Conseil,
sous la condition, il est vrai, que, avant tout, « il seroit
tenu de vider, dans huitaine, le chasteau de Blainville »,
et que l'exécution de cet arrêt serait confiée au parlement de Rouen. En dépit de quoi, lorsqu'un conseiller
de cette cour s'était transporté, de nouveau, à Blainville, « avec forces ordonnées par le gouverneur de la
province, au lieu d'obéir, les gens et soldats des sieurs
d'Alègre et de Coupigny avoient tué à coups d'harquebuzes l'un des capitaines, et grandement blessé et excédé
deux de ses soldats ». Le Roi avait, à ce moment, chargé
Girard Cotton, son conseiller et l'un des maîtres des
requêtes ordinaires de son hôtel, de faire exécuter l'arrêt
du 26 janvier, et, le 12 février, force restant à la loi,
MM. d'Alègre et de Coupigny avaient, enfin, évacué le
château de Blainville, non sans en emporter, d'ailleurs,

une partie des meubles. Et, presque aussitôt, les deux beaux-frères et leurs complices se jetaient sur les terres de Marcilly et de Maisy, « prenoient et enlevoient par force, comme à Blainville, plusieurs sommes de deniers des fermiers », et commençaient à raser les bois qui formaient l'une des principales richesses de ces deux terres. Recourant, de rechef, au Conseil du Roi, la dame Duprat en avait bien obtenu, le 16 mars, un second arrêt interdisant aux dits d'Alègre et de Coupigny ces dégâts, et leur rappelant qu'ils étaient, désormais, justiciables du Grand Conseil. Toutefois, non seulement M. d'Alègre n'avait tenu aucun compte de cet arrêt, ni d'un autre du 18 avril, mais lui, qui avait demandé, récemment, le renvoi du procès au Grand Conseil, avait eu l'audace de solliciter qu'il fût évoqué devant une autre cour, le parlement de Bretagne, par exemple, et le Roi avait eu la faiblesse d'y consentir et de faire, par lettres patentes du 4 mai 1582, renvoi de la cause devant le parlement de Paris[1].

C'est là que, le 26 juin 1582, fut exposé et discuté, pour la première fois, le point de droit du litige, car, jusqu'alors, n'avaient été débattus que des questions de fait. M⁰ Simon Marion occupait pour M. d'Alègre, M⁰ Louis Buisson pour Antoinette Duprat. Les plaidoyers des deux avocats nous ont été conservés, l'un dans les œuvres de Marion, l'autre dans les registres du parlement[2], et ils nous permettent de jeter quelque

---

[1] Plaidoirie de Louis Buisson pour Antoinette Duprat, veuve de Christophe d'Alègre, du 26 juin 1582 (Arch. nat., parlement civil, plaidoiries, X¹ᴬ 5107, fol. 405 v⁰-408).

[2] Arch. nat., parlement civil, plaidoiries, X¹ᴬ 5107, fol. 403-409 v⁰.

jour sur ce procès célèbre et interminable, puisqu'il devait se poursuivre jusqu'au milieu du xviiie siècle.

La cause était particulièrement épineuse. Elle portait sur la nature et la validité des actes, en vertu desquels le marquis d'Alègre avait, en 1576-1577, transmis à son neveu, Yves d'Alègre, la totalité d'une fortune qui aurait dû se partager entre tous ses héritiers présomptifs, c'est-à-dire, entre son frère Christophe, aujourd'hui représenté par ses cinq enfants, et ses neveux et nièces : Yves, Isabelle, Renée et Jeanne. Ces actes, leur bénéficiaire, Yves IV d'Alègre, les reconnaissait « purs de toute cause immorale », les déclarait passés en bonne et due forme, homologués et insinués qu'ils avaient été au parlement de Paris, affirmait que « ce qu'avoit fait le feu marquis d'Alègre ne relevoit que de la puissance que la nature donne à un chacun sur ce qui est sien[1] ». Et c'est bien là ce que fit ressortir, d'abord, éloquemment, Marion. Mais ces considérations suffisaient-elles à rendre ces actes valables et exécutoires en droit ? C'est contre quoi s'élevait la partie adverse, par la bouche de Buisson. Quels étaient-ils, en effet, proprement, ces actes, à quel titre et sous quel nom pouvaient-ils être reconnus pour valables ? A aucun et sous aucun, ainsi que le prouvait très catégoriquement l'avocat. S'agissait-il, comme le mot en avait été prononcé, d'une adoption, qui, transformant le neveu du marquis d'Alègre en son fils adoptif, lui aurait assuré, comme tel, la fortune paternelle ? L'adoption, répondait Buisson, n'est point admise dans notre droit. Se

<hr>

[1] Simon Marion, *Plaidoyers...*, p. 428.

trouvait-on en présence d'une donation entre vifs? Il
pouvait le sembler, mais à première vue, seulement,
car « ceste prétendue donation n'avoit esté ni acceptée,
ni accompagnée d'aucune délivrance, comme le désirent
les ordonnances et coustumes de France; joint qu'en
Normandie, — où une partie des biens sont situés, —
on ne peut rien donner à son héritier présomptif, ny à
un estranger que le tiers des immeubles ». — Était-on
en face d'un legs? Non, « parce qu'en Normandie, à
cause de mort, et en Auvergne, où se trouve le reste
des biens, on ne peut léguer que le quart des propres ».
— L'acte en question était-il une institution testamentaire? Non, encore, « parce que pareille institution est
prohibée ès coustumes d'Auvergne et de Normandie ».
— Valait-il comme institution contractuelle ? Pas davantage, « parce que l'institution contractuelle est réprouvée
en Normandie, et n'a lieu, en Auvergne, qu'en contrat
de mariage ou de société universelle ».

Dans l'impossibilité, où l'on était, de ranger dans
une catégorie quelconque d'actes valables les libéralités
du marquis d'Alègre, Buisson concluait, donc, à la
nullité de ces dispositions, et, selon lui, la succession
du défunt devait se partager naturellement entre tous
ses héritiers. Il était, dès lors, parfaitement équitable,
ajoutait-il, que la terre de Blainville revînt à Christophe II d'Alègre, représentant de la branche aînée,
puisqu'elle était située dans le pays de Caux et que,
« suivant la coustume de ce pays, les fiefs sont impar-
tables et indivisibles, et appartiennent à l'aisné, sans
que les puisnez y puissent prendre aucune portion »;
l'avocat rappelait, d'ailleurs, que, à deux reprises, à la

mort de Gilbert et de François d'Alègre, frères aînés du
feu marquis d'Alègre, les choses s'étaient ainsi réglées[1].
Quant aux terres de Marcilly et de Maisy, si Christophe Ier d'Alègre, remarquait-il, s'en était saisi, il était
encore dans son droit : d'une part, en effet, suivant la
coutume de Normandie, « quand un père, frère ou autre
déceddé laissent plusieurs fiefs et plusieurs héritages,
les partages se font par choisie, c'est-à-dire que l'aisné
choisit, le premier, le fief que bon lui semble, encore
qu'il soit de valeur trois fois plus grande que les autres,
par droit de choisie »; et Christophe pouvait être considéré comme ayant usé de cette faculté ; d'autre part,
il ne fallait pas oublier que, par les arrêts du 13 avril 1568
et du 6 mai 1572, Christophe se trouvait créancier du
capital d'une rente de 400 livres et que, en conséquence,
il était permis de regarder comme une reprise légitime
la main-mise opérée par lui sur les terres de Marcilly
et de Maisy. En terminant, Buisson enfermait Yves
d'Alègre dans ce dilemne : ou bien, il persisterait à se
dire donataire universel de son oncle, et, dans ce cas,
courait à un échec certain; ou bien il opterait pour la
simple qualité d'héritier, et, dans cette hypothèse, tou-
cherait, sans difficulté, sa juste part dans la succession
du feu marquis[2].

A cette argumentation assez serrée Simon Marion
essaya de répliquer, en en combattant surtout les pré-
misses, à savoir que l'acte signé, en 1576, par Yves III
était nul, comme n'appartenant à aucune des variétés

<hr>

[1] Voir plus haut, p. 24.

[2] Buisson, plaidoirie du 26 juin 1582 (Arch. nat., parlement civil, plaidoiries, X[1A] 5107, fol. 403-409 v°, *passim*).

admises en droit. Exposant, en un long préambule, la situation exceptionnelle et anormale où se trouvait le marquis, au moment où il disposait de ses biens, il concluait qu'à cette situation exceptionnelle ne pouvait répondre et s'adapter qu'un acte exceptionnel, et que celui qu'il avait passé, alors, n'était, en fait, ni un legs, ni une donation, ni une institution testamentaire ou contractuelle, mais un acte participant de tout cela, et qui, imprévu en droit, devait être admis en équité. « Pour nous réduire au point capital de ceste cause, disait Marion, le marquis d'Alègre, quand il a disposé, estoit au pire estat que l'on pourroit penser. Car, s'il eust esté pris, ou en bataille, ou par autre rencontre, sur mer ou sur terre, par les ennemis chrestiens ou infidèles, il en eust esté quitte pour une rançon, et feignons la des plus excessives qui se voyent point entre particuliers, il y eust pu, néantmoins, satisfaire, en vendant ses terres. Mais, on le faisoit ostage pour une somme si grande et immense qu'elle excédoit toute rançon commune et tous les moyens d'un homme privé, quelque opulent qu'on le puisse feindre, joint qu'on le mettoit ès mains non d'un particulier, qu'il se pust promettre de pouvoir fléchir et réduire à chose modérée, mais de tout un peuple superbe et arrogant, fier et inexorable. Et, luy, homme d'âge, de sens et de jugement, nourri, de jeunesse, en la cour, aux armées et en l'usage de beaucoup d'affaires, prévoyoit assez ce que l'événement a, depuis, rendu manifeste et cogneu à tout le monde, que la France, épuisée par les calamités des longues guerres, pestes et famines, et offensée des outrages reçus par l'armée des reistres, ne satisferoit pas à ce qu'ils attendoient, ce qui poindroit d'aiguillons si piquans ces esprits avares et, d'ailleurs, farouches, que, s'en aigrissans comme d'une honte et injure publique, sans autre moyen de la pouvoir changer, pour n'avoir plus en mains des François mutinez qui les voulussent ramener en France, ils deschargeroient toute la rage du despit et courroux bouillans en leur cœur sur les gages de la foy qu'ils diroient enfreinte et violée... Bref, il estoit réduit en la plus dure espèce de captivité qui se puisse dire, tout y estant plein de crainte et d'effroy de choses horribles, et d'un désespoir, tousjours pire que ne sont les maux mesmes, d'y trouver jamais ny secours, ny remède, sinon par son neveu qui ne pouvoit estre autrement accepté qu'en le subrogeant en tous ses biens ainsi qu'en sa prison. Et qui peut donc douter que cette cause, si grave et importante qu'elle touchoit l'oncle jusques à sa vie et à sa liberté, ne luy ouvrist la porte très ample et très large de toute la puissance que la nature donne à un chacun sur ce qui est sien ? »

« Qu'a donc fait l'oncle ? continue Marion. Quelque chose, il est vrai, qui n'est, proprement, ni simple adoption, ni simple institution, ni legs, ni donation. Et qu'est-ce donc, dira-t-on ? Un nouveau négoce, qui n'a point de nom propre. Tellement que, quand les coutumes disent, et qu'on nous oppose : *Donner et retenir ne vaut ; on ne peut rien donner à son hoir présomptif, ni à qui que ce soit que le tiers de ses biens,* ce mot : *donner* doit être entendu, en son propre sens, de la donation toute munifique, simple et directe, pure et absolue, et en laquelle nulle autre obligation, nulle

autre charge ne sont impliquées. Mais nous sommes icy
en chose tout autre, sçavoir en une convention mutuelle
et réciproque : *Do ut facias*, de la part de l'oncle, *Facio
ut des*, de la part du neveu, qui n'est, en effet, nullement donation, ny propre, ny impropre, mais un contrat exempt de nom particulier, parce qu'il procède d'un
négoce commun qui a sa cause double, dont il est
appuyé de çà et de là, et principalement d'un profit
certain, si grand et immense du costé de l'oncle que
nulle loi civile ne pourroit retrancher l'effet infini de sa
disposition soustenue d'un fondement si ferme. Car
c'est une loy supresme que, si nostre vie, nostre personne, nostre liberté tombe en quelque péril, si en la
puissance, en l'embusche, en la main ou des brigands
ou des ennemis, tout nous est loisible, pour en eschapper. Il n'est point défendu, dit Paul, en ses *Sentences*,
de donner jusques à l'infiny à celui qui nous tire de la
main des voleurs, ou des ennemis...[1]. »

Cette thèse de Marion pouvait être quelque peu spé-
cieuse. Elle parut, néanmoins, au parlement mériter d'être
prise en considération, car il ne jugea pas opportun de
rendre immédiatement son arrêt. « Les parties, disait seulement la cour, sont invitées à corriger et adjouster à leurs
plaidoiries, à produire tout ce que bon leur semblera, à
bailler contredicts et salvations, et, ce fait, ladicte cour en
délibérera en conseil, au premier jour[2] ». Ce premier jour
n'était pas, toutefois, près de luire, puisque deux ans
devaient s'écouler, avant que fût rendu un nouvel arrêt.

---

[1] Plaidoyer de Simon Marion (*Loc. cit.*, p. 406, 417-418, 420, 426-428).

[2] Arrêt du parlement du 26 juin 1582 (Arch. nat., parlement civil,
plaidoiries, X^{1A} 5107, fol. 409 v°).

III

Après avoir ainsi pourvu à ses intérêts les plus ur-
gents, et en attendant la première sentence favorable, il
l'espérait, du parlement, M. d'Alègre résolut, alors,
d'accomplir, sans plus tarder, le vœu solennel qu'il
avait fait de venger, aussitôt arrivé à l'âge d'homme,
l'exécrable assassinat dont son père avait été victime,
en 1573, et dont l'auteur, Guillaume Duprat, baron de
Vitteaux, avait échappé non seulement à la vengeance
des parents de l'infortuné Meilhaud, mais aussi, finalement, à toute vindicte publique. Sans doute, l'arrêt du
parlement, du 11 mars 1574, avait, on se le rappelle,
condamné Vitteaux à la déportation dans l'île de Ré. Et
si la peine, édictée dans cet arrêt, était loin d'être pro-
portionnée au crime dont elle était le châtiment, il avait
été, un moment, permis d'espérer que, rigoureusement
appliquée, elle pourrait, du moins, mettre un terme aux
sanglants exploits du baron de Vitteaux, et apaiser, enfin,
cette querelle des d'Alègre et des Duprat qui se prolon-
geait depuis plus de huit ans.

Ce serait, néanmoins, se faire de singulières illusions
sur la justice du temps que de s'imaginer que l'arrêt du
11 mars avait reçu son exécution. En réalité, le parlement avait dû user de « temporisement », ou la grâce
du Roi intervenir, encore une fois, bien à propos ;
on ne sait. Le sûr est que Vitteaux ne fit même pas
le voyage de l'île de Ré. Nous avons, sur ce point, le
témoignage formel de Brantôme. « Le roy de Pologne,
dit Brantôme, qui estoit le principal persécuteur du

baron, s'en va en son royaume. L'on fait au baron son procès à la vollée ; son pardon et grâce lui est donnée et bien entérinée. Le voilà pourmener par la ville de Paris et à la Cour, mieux que jamais bien venu et arregardé de tout le monde [1]. » J'avoue qu'il m'a été impossible de retrouver les documents officiels qui pourraient corroborer les affirmations de Brantôme ; mais celles-ci paraissent difficiles à écarter.

Qu'était devenu Vitteaux de 1574 à 1583, date à laquelle il devait, enfin, payer de sa vie l'un de ses crimes les plus odieux ? Il vaut la peine de le rapporter, soit comme un nouveau témoignage des mœurs du temps, soit pour achever de prouver, — si, d'ailleurs, les exploits antérieurs du personnage ne nous en avaient assez convaincus, — à quel redoutable adversaire allait s'attaquer M. d'Alègre.

La belle sécurité que lui avait valu la scandaleuse impunité légale dont il avait bénéficié, et l'immunité qui lui avait été assurée par la jeunesse ou l'indifférence des parents de sa victime, Vitteaux n'en devait jouir que jusqu'au retour de Pologne du duc d'Anjou. Encore à Paris au moment de l'arrivée du nouveau roi de France, il n'hésita pas, sans doute, un instant, à « aller lui faire sa révérence », et il ne semble pas avoir été plus mal accueilli qu'un autre. Mais il retrouvait plus en faveur que jamais auprès d'Henri III, — qui allait le faire, bientôt, « mestre de camp de l'infanterie françoise des gardes de Sa Majesté [2] », — un homme qui

[1] Brantôme, t. VI, p. 333.

[2] C'est exactement le titre qui lui est donné dans un arrêt du Grand

lui pouvait être redoutable : c'était ce Louis Bérenger, seigneur du Gua, intime ami de Meilhaud, qui s'était, on s'en souvient, opposé de toute sa force à la grâce du meurtrier, et dont le temps ne paraissait pas avoir changé les sentiments. Nous avons, sur ce point, les confidences de Brantôme, ami commun de du Gua et de Vitteaux, confidences qui sont, à l'ordinaire, de la plus intense couleur. « Messieurs du Gua et de Vitteaux, écrit Brantôme, estoient tous deux mes grands amys, et je voulois les accorder. Mais, point ! M. du Gua n'y voulut jamais entendre ; car de la mort de Meilhaud, qu'il aymoit fort, il se formalisoit comme si fust esté son frère. Et moy, plusieurs fois, luy remonstrant et priant de laisser couler cela et accepter l'amitié du baron, dont je l'en priois et l'asseurois de la recherche, il me respondoit : « Je n'ayme pas mes amis vivans « seulement, mais morts encores [1]. »

Et le célèbre mémorialiste nous rapporte, à ce sujet, une scène qui nous prouve à quel point en était venue la haine entre les deux hommes. « Car trois mois avant qu'il fust tué, raconte encore Brantôme, M. du Gua estant dans la cour du Louvre, un jour, il me monstra son espée et la me donnant : « Advise, Brantôme, ce « me dit-il, si ceste espée est bonne. Je l'ay prise aujour« d'huy exprès pour chastier ces braves qui me font la « mine. Par Dieu, s'ils m'appellent à l'isle du Palais, « je la leur feray sentir et les estrilleray bien, tout « estropié que je suis. » Moy, ayant manié ceste espée

Conseil, du 24 septembre 1575, c'est-à-dire un mois avant sa mort (Arch. nat., V⁵ 91).

[1] Brantôme, t. V, p. 356-357.

à gardes dorées, je la trouvoys fort belle et bonne, mais pourtant fort foible et par trop légère ; mais il la luy falloit telle, à cause de la foiblesse de son bras. Le baron entendit ces mots, qui dist à quelqu'un qui me le redit : « Je ne suis pas si fol de le faire appeler, car je « sçay bien ce que vault l'aulne d'appeler un tel, qui a « telle charge de la garde du Roy, et favory de son « maistre. Je m'en garderay bien : il me combattroit à « belles harquebuzades qu'il me feroit tirer par ses sol- « dats. Cependant, je la luy garde bonne. » Puis, ajoute Brantôme, il s'en partit de Paris au bout de quatre jours[1]. »

Mais ce départ n'était qu'une feinte destinée à se faire oublier et à rendre plus sûre une vengeance que, dès lors, il estimait devoir être l'épilogue nécessaire de sa « querelle » avec Meilhaud. Revenu, en effet, à Paris peu après, Vitteaux se cacha au couvent des Grands-Augustins, « où il prit une cellule[2] », et ne négligea rien pour assurer le succès de sa nouvelle machination.

Il n'ignorait pas que du Gua, par sa situation même de favori et la manière dont il lui arrivait, parfois, de traiter les plus grands seigneurs de la Cour, par la liberté de ses propos qui n'épargnaient pas même les membres de la famille royale, par les mille aventures, enfin, de sa vie amoureuse, s'était fait des ennemis implacables ; il jugea que rien ne pouvait être plus utile

[1] Brantôme, t. V, p. 357.
[2] *Nouveaux mémoires du maréchal de Bassompierre*, publiés par l'éditeur [Antoine Serieys], de l'*Etablissement des Français dans les Gaules* du président Hénault, 1803, in-8°, p. 159-160.

PORTRAIT DE LOUIS BÉRENGER, SEIGNEUR DU GUA,
d'après un crayon (*Bibliothèque nationale, Cabinet des estampes*).

à ses projets que d'y associer quelques-unes des victimes
les plus en vue de son rival, et que de se couvrir de
leur patronage et de leur complicité. Très habilement, il
sut donc s'offrir comme un vengeur possible aux diverses
personnes qu'il soupçonnait de nourrir la même haine
que lui, afin de pouvoir se présenter, ensuite, comme
n'ayant été que leur instrument. Les contemporains va-
rient, il est vrai, sur le nom de celle qui accepta les propositions de Vitteaux. Les uns parlent du duc d'Anjou, frère
du Roi, qui n'avait pas pardonné à du Gua de « l'avoir
bravé jusques à estre passé, un jour, devant lui, en la
rue Saint-Antoine, sans le saluer, ni faire semblant de
le connoistre, et d'avoir dict, par plusieurs fois, qu'il ne
reconnoissoit que le Roy, et que quand il luy auroit
commandé de tuer son propre frère, qu'il le feroit[1] ».
« D'autres, raconte l'Estoile, disoient que c'estoit un
grand qui, par jalousie de sa femme », avait armé le
bras de Vitteaux. Et l'allusion est assez transparente à
Antoine d'Estrées, marquis de Cœuvres, grand maître
de l'artillerie, dont la femme, Françoise Babou de la
Bourdaisière, fut la dernière maîtresse de du Gua[2].
D'autres, enfin, avec de Thou, déclarent positivement
que la complicité, que Vitteaux sut s'assurer, ne fut
rien de moins que celle de Marguerite de Valois, reine
de Navarre et sœur du Roi.

« La malignité de M. du Gua, raconte de Thou,
n'avait pas épargné, en effet, les premières dames de la

---

[1] *Journal de l'Estoile*, éd. Brunet, t. I, p. 92.

[2] *Ibid.* — Françoise Babou de la Bourdaisière fut, on le sait, la mère
de Gabrielle d'Estrées. Elle avait épousé Antoine d'Estrées en 1559, et
était alors âgée de 33 ans.

Cour, dont il déchirait publiquement la réputation, souvent en présence de Sa Majesté, et il avait eu, même, la hardiesse de porter ses médisances jusque sur une grande princesse[1]. » Nous savons, par ailleurs, quelle fut la nature de ses médisances. Elles se rapportaient à une visite faite par Marguerite, — pendant le séjour du Roi à Lyon, lors de son retour de Pologne, — à M. d'Entragues, alors malade, et que la Reine de Navarre avait été rejoindre dans sa chambre. Du Gua avait souligné, auprès du Roi, l'inconvenance de cette démarche, et « déclaré, tout haut, que Sa Majesté ne devoit pas souffrir qu'on fist ainsi l'amour à sa sœur, dans sa maison[2] ». Marguerite ne lui avait jamais pardonné ce propos, et n'avait cessé, dès lors, de marquer, ouvertement, à lui et à sa maîtresse le plus profond mépris. « Un jour entre autres, rapporte le comte de Tillières, Mme d'Estrées estant entrée au cabinet de la Reyne mère, et la reyne Marguerite s'y trouvant, celle-ci dit assez haut : « Voici la garce du capitaine ! » A quoi, jouant sur les mots : « J'aime mieux, respondit « Mme d'Estrées, l'estre du capitaine que du *général*[3] ! »

« Résolue, donc, à se venger, la princesse, à en croire de Thou, se rendit, la nuit, au couvent des Augustins, auprès de Vitteaux, et, trouvant là un homme accoutumé à verser le sang de ses ennemis, que ses succès passés avaient familiarisé avec ces sortes d'attentats, elle l'engagea, par ses caresses, à se faire son vengeur,

---

[1] De Thou, *Histoire universelle*, trad. fr. de 1734, t. VII, p. 300.

[2] *Nouveaux mémoires du maréchal de Bassompierre*, p. 150.

[3] *Anecdotes scandaleuses... extraites des papiers du comte de Tillières* (Bibl. nat., nouv. acq. fr. 1208, fol. 2).

en vengeant ses propres injures. Elle le fit souvenir que, à la mort de Meilhaud, tandis que presque toute la Cour cherchait à justifier cette action, du Gua seul s'était, longtemps, opposé à la grâce qu'on voulait obtenir pour lui, en sorte que, malgré les prières des ambassadeurs polonais, le feu Roi eut bien de la peine à lui pardonner. Elle lui remontra que du Gua ne travaillait, encore, qu'à aigrir contre lui l'esprit du nouveau Roi, qu'il ne cessait de le lui représenter comme un scélérat capable, si le Ciel le permettait, d'oser contre son Roi ce qu'il avait exécuté contre tant d'autres, que, d'ailleurs, il était devenu à charge au monarque même par sa fierté insupportable, qu'il y avait lieu de croire que Henri III ne se mettrait pas fort en peine de sa mort, qu'au reste, après le coup, il trouverait un asile assuré auprès de Monsieur, qui regarderait comme un service signalé qu'on l'eût défait d'un homme dont il avait lieu de se plaindre lui-même et qu'il savait aigrir l'esprit du Roi contre lui[1]. »

« Il ne fut pas difficile, ajoute de Thou, — qui semble on le voit, attribuer à Marguerite seule l'initiative de l'entreprise contre du Gua, — il ne fut pas difficile à une grande princesse, éloquente et caressante, de persuader un homme qui trouvait son propre intérêt à se venger d'un ennemi puissant capable de l'accabler[2]. » En effet, il est bien probable que les discours de la princesse durent être beaucoup moins longs, et n'avaient pas besoin d'être aussi pressants que le rapporte le grand historien, et qu'elle dut convaincre assez aisé-

---

[1] De Thou, *Histoire universelle*, t. VII, p. 300.
[2] De Thou, *Histoire universelle*, t. VII, p. 300.

ment celui qui n'avait pu que feindre de se présenter à elle comme le vengeur qu'il ne souhaitait rien tant que de devenir pour son propre compte.

Quoi qu'il en soit, assuré, dès lors, d'une haute protection, Vitteaux ne songea plus qu'à préparer l'exécution matérielle de son nouveau crime, et il le fit avec une extraordinaire perfidie, durant près de trois mois, « quittant, seulement la nuit, sa retraite pour faire ses pratiques[1] ».

Mille choses semblaient, en principe, devoir contrarier ses projets. Tout d'abord, du Gua se méfiait des assassins, et si particulièrement de Vitteaux, que, depuis la disparition de ce dernier de la Cour, il avait chargé un de ses serviteurs « de tousjours guetter et épier son retour pour l'en advertir[2] ». D'autre part, il ne sortait jamais qu'accompagné soit d' « une foule d'officiers qu'il avait chaque jour à sa table, car c'était à ces sortes de profusions qu'il faisait servir les libéralités excessives d'un prince toujours magnifique à son égard[3] », soit de « quarante harquebuziers qui marchoient devant luy, la mesche sur le serpentin[4] », escorte à laquelle lui donnait droit son titre de mestre de camp du régiment des gardes. Enfin, il logeait habituellement au Louvre, et, « tous les soirs, après avoir posé garde à la chambre du Roy, il en faisoit placer une à la sienne de dix ou douze soldats[5] ».

---

[1] *Nouveaux mémoires du maréchal de Bassompierre*, p. 160.
[2] Brantôme, t. V, p. 355.
[3] De Thou, t. VII, p. 301.
[4] *Nouveaux mémoires du maréchal de Bassompierre*, p. 159.
[5] Brantôme, t. V, p. 354.

Mais Vitteaux savait, aussi, que, certains jours, renonçant à l'étiquette et à ce train grandiose de favori, du Gua se retirait plus simplement en un appartement qu'il avait rue Saint-Honoré. Brantôme nous dit discrètement qu' « il s'y séquestroit et s'y séparoit les jours où il faisoit diette[1] ». Il doit y avoir là, de la part de Brantôme, une prétérition ironique, car les jours de diète de M. du Gua n'étaient pas toujours ce que l'on aurait pu croire. Le grave historien de Thou, on ne s'y attendrait guère, est, là-dessus, plus explicite. « Comme M. du Gua avoit, dit-il, une galanterie avec une dame de la Cour, il avoit pris proche du Louvre un appartement contigu à celui de sa maîtresse. Une porte secrète, pratiquée dans un mur mitoyen, favorisoit les visites qu'il lui rendoit[2]. » « Il arrivoit souvent, rapportent, de même, avec des détails un peu différents, les *Nouveaux mémoires du maréchal de Bassompierre*, il arrivoit souvent que quelque maladie, ou le sujet de voir des dames faisoient coucher M. du Gua hors du Louvre. Il estoit devenu fort amoureux de Mme d'Estrées, mais comme il ne la pouvoit voir sans éclat, ou sans courre fortune, car il sçavoit bien qu'il estoit guetté, ils s'avisèrent de faire louer la maison au Vis[3], et que, par dessus les tuiles, il y auroit peu de chemin pour entrer sans soupçon dans le logis de M. d'Estrées, ce qu'ils pratiquèrent[4]. »

---

[1] Brantôme, t. V, p. 354-355.

[2] De Thou, *Histoire universelle*, t. VII, p. 301.

[3] Je n'ai pu identifier cette maison, ni celle de M. d'Estrées; cette dernière n'est certainement pas l'hôtel dit, plus tard, l'hôtel d'Estrées, et qui fut acheté par Henri IV pour Gabrielle d'Estrées.

[4] *Nouveaux mémoires du maréchal de Bassompierre*, p. 160.

C'est dans ce logis, qu'il connaissait bien pour l'avoir visité deux fois, « en habit dissimulé et sans estre reconnu[1] », que Vitteaux résolut de frapper son ennemi. De Thou nous raconte qu' « il se décida à faire son coup le premier novembre, 1575, veille de la fête des morts, et qu'il choisit cette date, parce que le son bruyant de toutes les cloches de Paris, qui se fait entendre alors, était propre à cacher le bruit inséparable de l'exécution de son entreprise, et parce qu'aussi, ce jour-là, chacun, fatigué d'avoir parcouru les églises, se retire de meilleure heure[2] ». Mais outre que ce détail paraît assez invraisemblable, étant donné qu'à l'heure, 10 heures du soir, où Vitteaux, on le sait, accomplit son crime, les cloches des églises avaient dû cesser leurs sonneries, il est démenti par L'Estoile qui nous dit, expressément, que le meurtre eut lieu le lundi, dernier octobre 1575, veille de la Toussaint[3]. Il est plus probable que Vitteaux ayant appris, peut-être de l'espion même de du Gua, que, à la suite d'une indisposition, celui-ci devait rester quelques jours à son logis de la rue Saint-Honoré, il se résolut soudain à profiter de cette occasion.

Voici comment il combina son guet-apens. Il savait que, pendant les séjours de du Gua rue Saint-Honoré, un poste des arquebusiers du Louvre venait, chaque matin, prendre la garde en son logis, et y demeurait jusqu'à 10 ou 11 heures du soir, heure à laquelle on fermait la porte et où ces soldats s'en retournaient coucher à leur corps de garde du Louvre, pour ne revenir que le

---

[1] *Ibid.*

[2] De Thou, *Histoire universelle*, t. VII, p. 301.

[3] *Journal de L'Estoile*, éd. Brunet, t. I, p. 92.

lendemain[1]. Vitteaux s'avisa de tirer avantage de cette particularité. Déguisés en arquebusiers, lui et les quatre compagnons dont il s'était assuré le concours, parmi lesquels Trophime et Olivier de Boussicault, guettèrent, donc, le soir du 31 octobre, vers 10 heures, la sortie des gardes du logis de du Gua. Puis à peine ceux-ci furent-ils hors de la maison, dont la porte n'était pas encore fermée, qu'ils coururent à l'entrée, si bien que le portier, encore sur le pas de sa porte, put croire qu'ils venaient de se détacher de la troupe qui s'éloignait à peine. Pour le confirmer dans cette idée, et « feignant d'avoir oublié son fourniment dans la maison : « Compagnons, dit Vitteaux à deux de ses « hommes, vous demeurerez un peu à la porte avec le « portier, jusques à ce que je revienne[2]. » Convaincu, alors, qu'il avait bien affaire à des soldats des gardes, le portier laisse entrer le baron et les deux Boussicault, pendant qu'il échange quelques propos avec les deux autres complices. Vitteaux, suivi des Boussicault, monte d'un trait à l'appartement de du Gua, et frappe à la porte qu'un enfant vint lui ouvrir. Bien au courant des aîtres, après ses deux visites précédentes, il court, sans hésiter, à la chambre de du Gua, et y fait irruption, l'épée au poing. « Celui-ci était déjà au lit et lisait à son ordinaire[3] », rapporte un récit ; un autre dit qu' « il se faisoit faire les ongles des pieds par son valet[4] ». Les deux occupations ne sont pas inconciliables. Dès

---

[1] *Nouveaux mémoires du maréchal de Bassompierre.* p. 160.

[2] *Ibid.,* p. 161.

[3] De Thou, t. VII, p. 301.

[4] *Nouveaux mémoires du maréchal de Bassompierre,* p. 161.

qu'il aperçoit Vitteaux, il jette un cri de : « Ah ! mon Dieu ! » et, sautant dans la ruelle de son lit, se saisit d'un épieu déposé au chevet. Mais « comme il ne le pouvoit contourner et s'en ayder aisément comme en belle place [1] », l'autre, qui déjà était sur lui, lui criant : « Du Gua, il faut mourir [2] ! » lui « baille, de son espée fort courte et tranchante, deux ou trois coups au travers du corps [3] », qui le jettent expirant sur le plancher. Pendant que Trophime de Boussicault prêtait la main au baron, son frère Olivier, dit un récit, « tenoit, pour l'empescher de crier, un poignard à la gorge de l'homme de chambre de du Gua, que les meurtriers se contentèrent d'enfermer ensuite dans une garde-robe [4] ». De Thou prétend, au contraire, que les deux Boussicault se précipitant sur les valets accourus au bruit, et éteignant les flambeaux qu'ils apportaient, les dispersèrent, que l'un deux fut tué, qu'un réussit à se cacher dans une cheminée, et que les autres s'enfuirent par les toits [5]. Toutefois, cette scène tumultueuse et bruyante paraît assez invraisemblable, et ne s'accorde, guère, avec un fait très certain, la sortie parfaitement paisible des assassins qui, « le coup fait, se retirent résolus, sans trouver empeschement [6] », courent aux remparts, vers un point remarqué par eux auparavant, se laissent glisser le long d'une corde, et, ayant là des chevaux préparés, s'éloignent à toute bride [7].

---

[1] Brantôme, t. V, p. 355.

[2] *Nouveaux mémoires du maréchal de Bassompierre*, p. 161.

[3] Brantôme, t. VI, p. 334.

[4] *Nouveaux mémoires du maréchal de Bassompierre*, p. 162.

[5] De Thou, t. VII, p. 302.

[6] Brantôme, t. V, p. 355.

[7] De Thou, *loc. cit.*

Trois heures après, le malheureux du Gua rendait l'âme, accusant de l'avoir trahi le serviteur qu'il avait chargé de « guetter le baron ». « Ah ! barbe-grise, tu m'as trahi, disait-il, aux abois de la mort[1]. » Car il désignait formellement Vitteaux pour son assassin. Mais le plan de celui-ci avait réussi. « Son heureux coup de main, dit Brantôme, en réjouit plus d'un à la cour, et mesmes quelques dames, et principalement une grande[2]. » Cette grande dame n'était autre que celle dont Vitteaux avait escompté la protection, qui ne dut pas lui faire défaut, puisque, « si l'on informa, aussitôt, de cet assassinat, l'affaire fut ensuite assoupie, comme si on en eust ignoré les auteurs[3] ». Le Roi, lui-même, tout d'abord indigné d'un attentat si hardi, après les funérailles magnifiques qu'il fit faire au mort, parut prendre son parti de cette disparition, avec son égoïsme accoutumé. Pour la cinquième fois, le baron de Vitteaux « faisait défaut » à la justice, « encore bien qu'il fust estimé en France tel qu'il n'y avoit homme résolu pour faire un pareil coup que luy[4] ».

De cet homme la vie n'est plus, dès lors, il faut le dire, qu'une existence de bandit et de spadassin vulgaire. Son premier meurtre avait été, en quelque sorte, la suite d'une affaire d'honneur ; l'assassinat de Gonnelieu et le double attentat sur Meilhaud pouvaient n'apparaître que comme de légitimes vengeances dont la mort de du Gua formait la conclusion. Les nouveaux exploits

<hr>

[1] Brantôme, t. V, p. 355.
[2] *Ibid.*, p. 358.
[3] De Thou, t. VII, p. 302.
[4] Brantôme, t. V, p. 354.

du baron ne sont, désormais, que de vrais crimes de droit commun. Il se multiplient tellement, en revanche, qu'il est difficile d'en établir seulement la chronologie.

Très peu après l'affaire du Gua, semble-t-il, on trouve mort, « dans les bois et garennes de Nantouillet[1] », M. de Montrevault, de cette maison de Clermont avec laquelle nous avons vu les Duprat en procès dès 1559. Tout paraît bien indiquer qui a fait le coup. « Mais cela ne se put guères bien prouver », avoue simplement Brantôme, toujours plein d'indulgence pour son « grand ami[2] ».

Puis, le baron s'en prend à sa famille elle-même. « Ce jour mesme, 22 juin 1576, consigne Pierre de L'Estoile dans son *Journal*, le baron de Vitteaux, estant, sous couleur d'amitié, allé veoir le prévost de Paris, son frère, nouvellement marié à la fille de [François de Barbançon, seigneur de] Cany, estant en son chasteau de Nantouillet, après y avoir fait bonne chère, le soir, s'estant rendu, le lendemain matin, le plus fort audict chasteau, fut trouver son frère en sa chambre, et le força de lui fournir 4.000 escus, tant en argent monnoyé qu'en joyaux et bagues, pour le prétendu supplément de ses partages, et s'en partit bien monté des chevaux de sondict frère, dont il print les meilleurs en ses escuries, et bien bagué et garni d'argent, aux despens de luy et de sa femme. Le dimanche, 24, on fit le conte au Roy, à son disner, du bon tour joué par le baron de Vitteaux à son frère, le prévost de Paris,

---

lequel l'ayant entendu, dit : « J'ai toujours cru l'un
« capable de ceste peur et l'autre de ceste hardiesse[1]. »

Henri III s'égaya moins, il est vrai, lorsque, l'année
suivante, sachant, par expérience, que, vu l'immunité
judiciaire dont son frère paraissait jouir, il était insuf-
fisant de s'adresser contre lui aux tribunaux, le prévôt
de Paris ne trouva rien de mieux, pour se venger, que
de l'accuser de complot contre la vie du Roi[2]. Celui-ci
s'émut alors. Un arrêt du parlement de Paris fut publié
qui interdisoit au baron l'eau et le feu, comme criminel
de lèse-majesté, et une vraie expédition fut dirigée
contre le conspirateur que les derniers renseignements
signalaient comme, à ce moment, en son château de Vitteaux. « Le 20 novembre 1577, lisons-nous dans le
Journal de M. Pépin, chanoine de Dijon, le Roy a faict
conduire et a faict commander qu'aucunes de ses compagnies, sous la charge du capitaine Charny, fussent
prestes à Vitteaux-en-Auxois, et ne savoit-on pour quoi
ou pour quelle occasion ; et estoit son intention assiéger
le château de Vitteaux, et lui rendre le baron, seigneur
dudict lieu, entre ses mains ; quoi sçachant ledict baron
et se voyant investi de toutes parts, se délibéra, à la
diane, d'eschapper dudict lieu, ce qu'il fit bravement,

---

[1] *Journal de L'Estoile*, éd. Brunet, t. I, p. 136-137.

[2] « Sur la fin de novembre 1577, raconte L'Estoile, le Roy renforça sa
garde ordinaire de Suisses assis à la porte du Louvre d'une compagnie
de soldats françois, pris du régiment de Beauvais-Nangis qui, pour cest
effect, vint se loger au faubourg Saint-Marceau, à la grande oppression
des pauvres habitans du faubourg. Et fut ce renfort de garde occasionné
de ce que Antoine Duprat, prévost de Paris, avoit fait entendre à Sa
Majesté qu'il y avoit entreprise contre elle faicte par le baron de Vitteaux, son frère, et autres ses complices, et offroit fournir tesmoings
pour preuve de ladicte conspiration » (*Journal de L'Estoile*, t. I, p. 223-
224).

luy troisième, bien monté, et força les sentinelles et
gardes qui le tenoient assiégé, et se sauva [1]. »

Il ne devait pas rester longtemps sans faire parler
de lui, car, au commencement de 1578, escorté de ses
gardes du corps ordinaires, les deux Boussicault,
Antoine Zampini, Jean Duval et un certain La Bruyère,
il attaquait, à main armée, le château de Chevannay [2],
tout voisin de celui de Vitteaux, menaçait de mort
François Le Marlet, seigneur de Saulon [3] et dudit lieu
de Chevannay, pillait ses coffres et ses meubles, et finalement enlevait sa femme, Claude Jacquot, fille de Phi-
libert Jacquot, premier président en la chambre des
comptes de Dijon, laquelle Jacquot paraît bien, d'ailleurs,
avoir été sa complice [4].

Alors, de nouveau, la justice parut s'émouvoir, et,
une fois de plus, le Grand Conseil, — pourquoi le Grand
Conseil? — lança contre lui un arrêt de prise de corps,
bientôt suivi de deux arrêts de mort, l'un du 7 septembre 1579, pour le crime le plus récent, celui de Chevannay [5], l'autre du 18 avril 1580, pour l'attentat commis
à Nantouillet [6], arrêts tous deux, du reste et bien entendu,
par contumace. M. de Vitteaux, bien qu'encombré alors
d'une femme, demeurait toujours introuvable.

---

[1] *Livre de souvenance, ou Journal de M. Pépin. chanoine de Dijon*
publié par Garnier, en tête du *Journal de M. Breunot, conseiller à la
chambre des comptes de Dijon*, 1864, in-8°, t. I, p. 24.

[2] Chevannay, Côte-d'Or, arrondissement de Semur, canton de Vitteaux.

[3] Saulon, Côte-d'Or, arrondissement de Dijon, canton de Gevrey-
Chambertin.

[4] Arrêt du Grand Conseil, du 7 septembre 1579 (Arch. nat., V⁵ 103).

[5] *Ibid.*

[6] Arrêt du Grand Conseil, du 15 avril 1580 (Arch. nat., V⁵ 107).

Il le reste, aussi, pour nous, jusqu'au mois de juillet 1581, où il rentre en scène de la façon la plus inattendue. Nous savons, en effet, que, le 18 de ce mois, le Roi, étant en son Conseil, signait des lettres patentes autorisant le baron de Vitteaux « à se pourvoir au parlement de Paris, pour faire casser les charges, informations, procédures et arrests donnés contre lui au Grand Conseil, depuis l'année 1577[1] ». Que s'était-il passé ? Je l'ignore et ne peux que constater le nouvel et scandaleux échec infligé par Vitteaux à la justice. Tout ce que je sais, c'est que, dès ce moment, il devait être à l'armée de François de Valois, duc d'Anjou, aux Pays-Bas, car nous sommes informés par L'Estoile que, le 18 août 1581, il faillit être fait prisonnier par un parti espagnol sous les murs de Cambrai[2]. Ses juges furent, d'ailleurs, en ce même mois d'août, édifiés, eux aussi, sur sa « retraite », puisque, à cette date, ils recevaient requête de lui tendant à obtenir exécution des lettres patentes du 18 juillet 1581[3].

Le Grand Conseil hésitait, cependant, à se dessaisir d'une cause jugée par lui assez grave pour avoir motivé une double condamnation à mort. Mais, par nouvelles lettres du 27 janvier 1582, le Roi ayant réitéré sa volonté sur ce point, il n'eut plus qu'à s'incliner, et le parlement se trouva saisi[4].

Chose qui pourrait sembler curieuse, si, en pareille

---

[1] Lettres citées dans d'autres lettres patentes du 27 janvier 1582 (Archives de la Côte-d'Or, E 728).

[2] *Journal de L'Estoile*, t. II, p. 18.

[3] Arrêt du Grand Conseil, du 11 août 1580 (Arch. nat., V⁵ 113).

[4] Lettres patentes du Roi en faveur de Guillaume Duprat, baron de Vitteaux, du 27 janvier 1582 (Archives de la Côte-d'Or, E 728).

matière, nous devions encore nous étonner de quelque chose, je n'ai trouvé, dans la série des arrêts du parlement criminel relatifs aux années 1582-1583, aucune trace des instructions et des procédures auxquelles aurait donné lieu, pendant ces deux années, l'affaire Vitteaux, et il semble, par là, assez probable que ces instructions et ces procédures ne durent point être menées avec une bien grande activité contre le coupable, qui, cependant, dès le commencement de 1583, était, nous le savons, de retour à Paris. A ce moment, il était bien près de faire connaissance avec une autre justice que la justice humaine, et une vengeance providentielle allait précéder pour lui l'arrêt du parlement.

Par un juste retour, la punition de toute cette vie de crimes, était, en effet, réservée au fils même de l'une des victimes de Vitteaux, Yves d'Alègre, fils de M. de Meilhaud, qui se trouvant libre, au moment de l'arrivée du baron à Paris, des soucis matériels qui l'avaient absorbé depuis son retour en France, en profita, tout de suite, pour « chercher » le meurtrier de son père.

« Le mercredi, 15 février, lisons-nous dans le *Journal de L'Estoile*, le baron de Vitteaux revenant, sur le soir, du Louvre, fut chargé en la rue Saint-Germain, près le For-l'Evesque, par dix ou douze hommes de cheval bien montez et armez à l'advantage. Et mist ledict Vitteaux, brusquement, la main à l'espée, et, vaillamment se défendant, se retira, enfin, sain et sauf. L'abbé de Saint-Nicolas de Senlis[1] [Claude de la Curée], estant, lors,

---

[1] L'Estoile dit que cet abbé de Saint-Nicolas qu'il cite était un fils de Mme d'Elbène. Il commet, je crois, une erreur. Un Pierre d'Elbène avait bien été prieur, et non abbé, de Saint-Nicolas, mais seulement de 1578

de fortune, en la compagnie dudict Vitteaux, y fust
blessé à la teste, et un capitaine italien, nommé Sépoix,
qui le suivoit, y fut blessé à mort. On eut ceste opinion
que ceste charge avoit esté faicte par le jeune Meilhaud
désirant venger la mort de son père[1]. »

L'échec de son guet-apens fit-il juger à d'Alègre qu'il
valait mieux attaquer son adversaire d'une autre manière,
« non pas laschement et en trahison, mais en un duel
loyal[2] »? La chose est fort possible. Nous savons, dans
tous les cas, que, peu après, il s'abouchait avec un
célèbre « tireur d'armes » italien, Jacques Ferron, d'Asti,
qui, pendant trois mois, « l'exerça et le rendit fort
adroit ». Puis, se jugeant en état d'affronter le baron
face à face, « il le fit appeler et défier à se battre encontre
luy, hors Paris, en beaux champs[3] ».

« Ne faut point demander, dit Brantôme, si M. de
Vitteaux faillit à s'y trouver, car il estoit un des plus
courageux gentilshommes qu'on sceust veoir[4]. » Si
vraisemblable qu'elle nous apparaisse, d'après ce que
nous savons de Vitteaux, cette affirmation de Brantôme
est, pourtant, contredite par les *Nouveaux mémoires
de Bassompierre*. « Quelque instinct naturel faisant
appréhender à Vitteaux ce jeune homme, ou bien le
remords de son forfait, rapportent ces *Mémoires*, il offrit

à 1581. A cette date, il avait été remplacé par Claude Suret ou de la
Curée (*Gallia christiana*, t. X, col. 1521). Or nous allons, tout à l'heure,
retrouver un La Curée dans l'entourage de Vitteaux. C'était bien entendu
un prieur commendataire.

[1] *Journal de L'Estoile*, t. II, p. 105-106.

[2] *Nouveaux mémoires du maréchal de Bassompierre*, p. 162.

[3] Brantôme, t. VI, p. 326-328.

   Ibid., p. 326-327.

à **M**. d'Alègre toutes les satisfactions qu'il voudroit désirer de luy, pourvu qu'il ne se battist pas, de lui demander pardon à genoux, de venir, mesme, le lui demander lorsqu'il seroit à la messe et comme on lèveroit l'hostie. Mais ce jeune homme n'y voulut entendre, et celui qui estoit allé appeler Vitteaux estant revenu, le lendemain, lui dire qu'il n'y avoit que sa vie qui pust satisfaire Alègre, le baron n'eut plus qu'à accepter[1]. » Il fut décidé que le duel aurait lieu le dimanche, 7 août, à 8 heures du matin, en un champ derrière les Chartreux de Vauvert, c'est-à-dire à peu près entre la pépinière actuelle du jardin du Luxembourg et le parc de l'Observatoire[2].

Les deux adversaires furent fidèles au rendez-vous, ainsi que leurs seconds. Celui de Vitteaux était ce Claude de la Curée, cité précédemment par L'Estoile[3]. On ignore le nom de celui de d'Alègre. Il fut accordé, d'ailleurs, que les seconds ne se battraient pas, « car ils estoient fort grands amis[4] ». En revanche, d'Alègre resta sourd aux offres de conciliation qu'aurait alors renouvelées Vitteaux[5]. Je dois dire, à la décharge du baron, que le sieur Jacques Ferron, le dernier instructeur de d'Alègre, qui assista au combat « du haut d'un noyer », et le raconta ensuite à Brantôme, prétendit, toujours, « qu'il n'avoit jamais veu homme y aller plus bravement, ny plus résoluement, ny de grâce plus assurée

---

[1] *Nouveaux mémoires du maréchal de Bassompierre*, p. 162-163.

[2] Berty, *Topographie historique du faubourg Saint-Germain*, 1882, in-fol., p. 73 et suiv.

[3] *Nouveaux mémoires du maréchal de Bassompierre*, p. 163.

[4] Brantôme, t. VI, p. 327.

[5] *Nouveaux mémoires du maréchal de Bassompierre*, p. 163.

et déterminée ». « Car, rapporte Brantôme, d'après son témoin, il commença de marcher de cinquante pas vers son ennemy, sans pourpoint, nud en chemise, comme il avoit esté arresté, relevant souvent ses moustaches en haut d'une main, et, estant à vingt pas de son ennemy, non plus tost, il mist la main à l'espée qu'il tenoit en la main, non qu'il l'eust tirée encore, mais, en marchant, il fit voller le fourreau en l'air, en le secouant, ce qui est le beau, cella, et qui monstroit bien une grâce de combat bien asseurée et froide, et nullement téméraire, comme il y en a qui tirent leurs espées de cinq cens pas de l'ennemy, voire de mille, comme j'en ay veus aucuns. » « Ledict baron, continue Brantôme, ayant, cependant, affronté son ennemy, luy tira deux grandes estoquades, coup à coup, dont il fit reculer trois ou quatre pas son ennemy, et voyant que, par ces estoquades, il n'y gagnoit rien, il se mit aux estramassons, sur lesquels l'autre parant, et prenant le temps, et s'advançant, luy donna une grande estoquade, de laquelle il tomba, et aussitost, s'advançant sur luy de plus près, il lui donna trois ou quatre grands coups d'espée dans le corps, et l'acheva, sans luy user d'aucune courtoisie de vie [1]. »

« Ainsi mourut, déplore Brantôme, ce brave baron, vieux routier d'armes et tant de fois victorieux sur d'autres, par la main d'un jeune homme qui n'avoit que peu ou du tout point encore faict de grandes armes, sinon que, sortant hors d'ostage et de prison en Allemagne, vinst s'esprouver, tout du premier coup, contre

[1] Brantôme, t. VI, p. 327 et 329.

un des vaillans et déterminez de la France[1] ! » Et cette victoire parut si extraordinaire à ceux qui ne réfléchissaient pas que Vitteaux avait été surtout, en somme, un héros de guet-apens, que le bruit courut qu'elle avait été obtenue « par surprise et supercherie ». Les deux adversaires avoient bien combattu « nuds, en chemise[2] », et leurs seconds « les avoient bien visitez pour veoir s'ils n'estoient point armez dessous ». Mais le second de M. de Vitteaux avait été trompé, disait-on ; « car, ainsi qu'il vouloit visiter Alègre et le taster, celui-ci, deffaisant le devant de sa chemise, du costé de la poitrine, la luy monstra à plein, laquelle ne visitant autrement et croyant que ce fust sa propre chair, le laissa... Or, ledict d'Alègre auroit esté couvert d'une petite légère cuirassine sur la chair, laquelle estoit peinte si au naturel et au vif de la chair que, par ainsi, ledict second fut trompé en sa veue ». « C'est assavoir si cela fut, se demande Brantôme, de qui nous tenons ce détail, et si un peintre peut ainsi représenter une chair sur du fer ? Je m'en rapporte aux bons peintres. » L'on ajoutait, d'ailleurs, que, dès le début du duel, l'épée de Vitteaux « se trouva faussée par le bout », et qu'il y avait là une preuve du subterfuge de d'Alègre[3]. Mais ces bruits semblent avoir été répandus surtout par « les parens et amis » du baron, en haine de celui qui, pour son coup d'essai, avait abattu l'un des plus redoutables bretteurs du royaume.

D'Alègre en fut vengé, dans tous les cas, par les

---

[1] Brantôme, t. VI, p. 328.
[2] *Journal de L'Estoile*, t. II, p. 130.
[3] Brantôme, t. VI, p. 327.

innombrables témoignages d'estime et d'admiration des gens de bien, et aussi par une faveur faite pour combler de joie un jeune homme de vingt-trois ans. « La nouvelle du combat s'estant bientost espandue partout et estant venue aux oreilles de Mme d'Estrées, lisons-nous dans les *Nouveaux mémoires de Bassompierre*, celle-ci, vaine de joie de la mort de l'assassin de M. du Gua, fit diligence de trouver le lieu où d'Alègre s'estoit retiré au faubourg Saint-Germain, y vint le veoir le soir, luy porta une bague de prix, luy offrit mille escus dans une bourse et, outre cela, sa propre personne, s'il la trouvoit à son gré. Ce jeune homme heureux de trouver une aussi bonne fortune, car elle estoit extresmement belle, rejeta ses dons et accepta sa personne à l'heure mesme, et en devint, ensuite, si passionnément amoureux, et elle, de luy, qu'elle abandonna son mari pour le suivre en ses maisons d'Auvergne, où elle demeura jusques aux guerres de la Ligue, que le marquis d'Alègre se saisit d'Issoire, où il se tenoit et la tenoit pour le Roy[1]. »

C'est là, à Issoire, que, moins de dix ans après, les deux amants devaient trouver la mort, la mort violente et atroce que je raconterai bientôt.

IV

A ce moment, cependant, les affaires d'intérêt de M. d'Alègre menaçaient de ne point prendre un aussi heureux tour que ses affaires de cœur. Après de longs

---

[1] *Nouveaux mémoires du maréchal de Bassompierre*, 1803, in-8°, p. 163-164.

mois employés à l'instruction approfondie du litige, plaidé devant lui, le 26 juin 1582, le parlement clôturait la procédure par un premier arrêt, du 11 février 1584[1], et, par un autre arrêt, du 10 mars de la même année, sans se prononcer sur le fonds même du débat, laissait, pourtant, préjuger de la sentence définitive qu'il devait rendre, en ordonnant que la veuve d'Alègre-Duprat et ses enfants « seroient réintégrés et remis en la possession et jouissance des terres de Marcilly et de Maisy dedans huitaine », et que « les meubles, bagues et joyaux emportés du chasteau de Blainville » leur seraient également restitués. Il était bien dit, dans l'arrêt, que cette réintégrande serait exécutée « sans préjudice des actions et droits prétendus par le sieur d'Alègre ». Mais la satisfaction donnée à Mme d'Alègre était d'autant plus significative que, en terminant, l'arrêt plaçait ledit sieur d'Alègre dans le même dilemme où, on se le rappelle, l'avait enfermé Buisson, en lui enjoignant de « déclarer, dedans quinzaine, s'il vouloit et entendoit estre simplement héritier du feu marquis d'Alègre, son oncle », ou persister à défendre la validité de l'acte qui le faisait son donataire universel[2].

En dépit, cependant, du fâcheux pronostic qu'il pouvait tirer de cet arrêt du parlement, Yves IV n'hésita pas, et, par une déclaration du 24 mars 1584, il se portait de nouveau donataire universel du feu marquis[3].

[1] Arrêt du parlement, du 11 février 1584 (Arch. nat., parlement civil. X1A 1683, fol. 380 vo-381 vo).

[2] Arrêt du parlement civil, du 10 mars 1584 (Arch. nat., X1A 1684. fol. 234 vo-237).

[3] Déclaration d'Yves d'Alègre du 24 mars 1584, citée dans un arrêt du Grand Conseil, du 30 octobre 1587 (Arch. nat., V5 145).

L'affaire semblait, donc, en voie d'être bientôt et définitivement jugée, lorsque des incidents inattendus vinrent encore compliquer et arrêter la procédure.

Le premier fut soulevé par Isabelle d'Alègre qui, après avoir marché d'accord avec son frère, s'en était brusquement séparée, et avait présenté au parlement, le 20 avril 1583, une requête tendant à un autre règlement, fort imprévu, de la succession de son oncle. Au cours de l'instance, elle avait, en effet, découvert une donation faite, le 23 octobre 1552, par ce dernier à son frère, Antoine d'Alègre, seigneur de Meilhaud, et par laquelle le frère aîné donnait à son cadet tous ses biens d'Auvergne et 30.000 écus à prendre sur ses biens de Normandie[1]. Cette donation, déclarait-elle, lui semblait, par sa date, au moins, primer toutes les autres, et elle en demandait l'exécution au profit des héritiers de M. de Meilhaud, c'est-à-dire d'elle-même, de sa sœur Jeanne et de son frère Yves, dont chacun devait toucher, d'après elle, le tiers des biens d'Auvergne et 10.000 écus sur les biens de Normandie[2]. Puis, comme ce nouvel arrangement avait paru peu goûté

[1] Contrat de donation faite, le 23 octobre 1552, par Yves III d'Alègre à Antoine d'Alègre, seigneur de Meilhaud, de tous ses biens sis en Auvergne, et de 30.000 écus sur ses biens de Normandie, réserve faite de l'usufruit desdits biens à la dame d'Aumont, cité dans un arrêt du Grand Conseil, du 30 octobre 1587 (Arch. nat., V⁵ 145).

[2] « Isabeau et Jeanne d'Alègre requièrent l'entérinement au Grand Conseil d'une requête présentée au parlement, le 20 avril 1583, et tendant à fin que les deux tiers des biens d'Auvergne, qui ont appartenu à Yves III d'Alègre, et les deux tiers de la somme de 30.000 écus à prendre sur ses biens de Normandie, donnés par ledit Yves à M. de Meilhaud, leur père, le 23 octobre 1552, leur soient octroyés. » (Arrêt du Grand Conseil, du 28 avril 1588, aux Archives Nationales, V⁵ 330.) — Il est probable que Renée-Angélique, seconde sœur d'Isabelle, n'avait pas voulu joindre ses réclamations à celles de cette dernière, car elle ne figure plus, dès lors, à aucun moment, dans la procédure.

du parlement, le 26 avril 1585, Isabelle obtenait du Conseil d'État un arrêt renvoyant toute l'affaire du parlement au Grand Conseil[1].

La prétention de sa sœur n'avait pu, on le comprend, que mécontenter Yves qui, de donataire universel, serait ainsi retombé au rang de simple donataire ; et c'est, probablement, à cet incident qu'il faut faire remonter l'origine de la brouille du frère et de la sœur, qui, jusque-là, avaient marché parfaitement unis, brouille qui n'aurait été entre autres gens que dissentiment de plaideurs, mais qui, dans cette maison d'Alègre, ne pouvait pas ne pas être marquée par quelque éclat tragique.

« Le samedi, 26e septembre 1587, rapporte L'Estoile, à la Croix-du-Tiroir, fut rompu et mis sur la roue, à Paris, un normand nommé Chantepie, qui avoit envoyé au sieur Meilhaud d'Alègre, par un laquais, une boëte artificieusement par luy composée, dans laquelle estoient arrangés trente-six canons de pistolets, chargés chacun de deux balles, et y estoit un ressort accommodé de façon que, ouvrant la boëte, ce ressort laschant faisoit feu, lequel, prenant à l'amorce à ce préparée, faisoit, à l'instant, jouer les trente-six canons et jetter soixante et douze balles, dont, à peine, se pouvoient sauver ceux qui se trouvoient à l'environ. Cette boëte fut par le laquais envoyée sous le nom de la dame de Coupigny, Isabelle d'Alègre, sœur dudit Meilhaud, avec une lettre, par laquelle elle luy mandoit qu'elle

---

[1] Arrêt du Conseil d'Etat rendu, à la demande d'Isabelle d'Alègre, le 26 avril 1585, et renvoyant sa cause devant le Grand Conseil, cité dans un arrêt du Grand Conseil du 1er juillet 1585 (Arch. nat , V⁵ 131)

luy envoyoit une boëte de rare et merveillable artifice, afin qu'il la vist. Or, avoit Chantepie monstré au laquais comme il falloit ouvrir ladicte boëte, lequel, de faict, l'ouvrit en la présence dudict sieur de Meilhaud. Soudain se laschèrent tous lesdicts canons, desquels néanmoins ne fut ledict Meilhaud que peu ou point offensé ; deux ou trois balles, seulement, donnèrent dans les cuisses du laquais qui en fut fort blessé, et, toutesfois, n'en mourut point. Chantepie appréhendé confessa avoir basti l'instrument et luy avoir exprès envoyé en intention de le faire mourir, voulant prévenir la mort que Meilhaud avoit conspirée contre luy, pource qu'il avoit esté adverty que Chantepie paillardoit avec la dicte de Coupigny, sa sœur. Chantepie estoit bel homme et de grand esprit et fort industrieux ; mesme fut chargé de fausse monnaie, laquelle il sçavoit industrieusement fabriquer et forger, et en fut convaincu, qui fut occasion de le faire plus tost et plus cruellement mourir. Aussi, disoit-on que Meilhaud paillardoit avec la femme dudict Chantepie[1]. »

Avant même, pourtant, qu'Isabelle d'Alègre eût fait valoir de si violente façon ses revendications, les deux enfants récemment majeurs de Christophe Ier d'Alègre : Christophe II d'Alègre et Anne d'Alègre, comtesse de Laval, d'une part, et Antoinette Duprat, leur mère, veuve dudit Christophe I d'Alègre, d'autre part, en son nom et au nom de ses trois autres filles mineures : Marie, Madeleine et Marguerite d'Alègre, avaient produit moins bruyamment, mais très fermement de nouvelles prétentions. Nées de l'examen plus approfondi de leurs droits,

---

[1] *Journal de P. de L'Estoile*, éd. Brunet, t. III, p. 64-65.

auquel le parlement de Paris avait, par son arrêt du
26 juin 1582, imprudemment invité les parties, ces
prétentions étaient fondées, en l'espèce, sur le contrat
de mariage de Jacques d'Alègre et de Gabrielle de Lastic, daté du 1er juin 1454, et qui, en dehors des avantages déjà réclamés par les héritiers de Christophe Ier
d'Alègre en faveur de leur branche, — la branche aînée,
— en stipulait un qui avait échappé jusque-là à leurs
âpres convoitises. Par ce contrat il était « accordé et
convenu que l'aisné masle, qui sortiroit du mariage
desdicts Jacques d'Alègre et Gabrielle de Lastic, auroit, en préciput et avantage des autres enfans descendans dudict mariage, ou autres mariages : pour le
regard des biens de ladicte de Lastic, le chasteau, lieu,
mandement, justice et domaine de Saint-Diéry [1], et cent
livres de rente ; et des biens et seigneuries dudict
d'Alègre, en préciput et avantage des autres enfans
dudict mariage, ou autres mariages, la place, terre et
mandement de Viverols [2], et 500 livres de rente ». « Et
au cas que ledict aisné décéda sans enfans masles, ou
iceux masles sans enfans masles procréés de leur
corps », il était entendu que « le second descendant
dudict mariage auroit, en préciput et advantage, les
dessusdicts biens, et ainsi d'un autre masle à celui qui
porteroit les noms et armes d'Alègre [3] ». Il s'agissait
là, comme on le voit, de ce qui s'appelle, en droit, une
substitution.

[1] Saint-Diéry, Puy-de-Dôme, arrondissement d'Issoire, canton de Besse.
[2] Viverols, Puy-de-Dôme, arrondissement d'Ambert.
[3] Arrêt du Grand Conseil, du 28 avril 1588 (Arch. nat., V⁵ 330). —
Cf. arrêt du Grand Conseil, du 13 mars 1586, où sont mentionnées des
requêtes d'Antoinette Duprat des 8 et 10 mars 1586 (Arch. nat., V⁵ 435).

Chose assez remarquable, de cette substitution il n'avait été rien dit dans le dernier partage fait en 1554, entre les trois fils de Gabriel d'Alègre et de Marie d'Estouteville, et, à cette époque, tous les biens d'Auvergne avaient été partagés entre eux comme libres[1]. Mais cela pouvait-il infirmer la valeur de l'acte de 1454 ? En rien, soutenaient les d'Alègre-Duprat, qui réclamaient expressément l'exécution d'une clause qu'ils déclaraient imprescriptible.

A ce moment, les prétentions des parties étaient, donc, telles :

1° Yves IV d'Alègre, rejetant décidément la qualité d'héritier, se portait résolument donataire universel de son oncle, Yves III, en vertu, spécialement, des donations des 17 mai 1576 et 31 mai 1577.

2° Isabelle d'Alègre et sa sœur Jeanne demandaient la reconnaissance de la donation d'Yves III à M. de Meilhaud, du 23 octobre 1552, qui les faisait, elles et leur frère, venir, pour un tiers, chacun, à la succession du feu marquis d'Alègre.

3° Enfin, les enfants de Christophe Ier d'Alègre, se prétendant héritiers dudit marquis, au même titre que Yves, Isabelle, Renée-Angélique et Jeanne d'Alègre, réclamaient le partage équitable de ses biens, avec, d'une part, les privilèges dus à leur qualité de représentants de la branche aînée, c'est-à-dire, la reconnaissance de la substitution de 1454 et la concession hors

___

[1] *Factum d'Yves, marquis d'Alègre, chevalier des ordres du Roi, maréchal de France, contre dame Françoise de Belvezet de Jonchères, veuve de Jean de la Vernède, chevalier, seigneur d'Auriac, etc..*, 1730, in-fol., p. 3 (Bibl. nat., fonds Clairambault, vol. 1219).

part de la terre de Blainville ; avec, d'autre part, la restitution du capital autrefois versé en acquit de la rente de 400 livres par Christophe Ier d'Alègre pour son frère Yves, et que celui-ci, en dépit de plusieurs arrêts, ne lui avait jamais remboursé.

Le Grand Conseil ayant été substitué au parlement, en vertu de la décision du Conseil du Roi, obtenue par Isabelle d'Alègre, toute une nouvelle instruction dut être faite, qui prolongea encore la durée du procès. Le 28 avril 1588, seulement, l'arrêt était, enfin, rendu.

Cet arrêt témoignait, de la part de la cour, d'un sincère et très louable effort pour tenter de débrouiller la matière si compliquée qui était proposée à son jugement. De nouveau, le Grand Conseil posait la question de savoir si la donation universelle du feu marquis d'Alègre à son neveu Yves, à laquelle ce dernier prétendait s'en tenir, était bien valable en droit. Pour répondre à cette question, il établissait une distinction fondée sur les situations respectives des biens qui composaient l'héritage du défunt : biens sis en Normandie ; biens sis dans le pays de Caux ; biens sis en Auvergne.

En ce qui concernait les premiers, il ne pouvait faire doute que l'acte en question ne fût irrecevable. Comme l'avait déjà exposé l'avocat Buisson, en 1582, la coutume de Normandie interdisait expressément à quiconque toute donation à son héritier présomptif, et, dans ces conditions, la donation des terres de Marcilly et de Maisy consentie à Yves IV, héritier naturel du marquis d'Alègre, se trouvait frappée de nullité. Sans doute, si Yves eût renoncé à sa qualité de donataire, pour accepter celle d'héritier, ces terres eussent échu à tous les d'Alègre, et à lui comme aux autres ; mais, puisqu'il avait maintenu son titre de donataire et rejeté celui d'héritier, elles revenaient exclusivement aux d'Alègre-Duprat.

Pour ce qui était des biens situés dans le pays de Caux, le sort de l'un, au moins, celui de la terre de Blainville, — qui constituait, à peu près, les deux tiers des héritages dudit pays de Caux, — était formellement réglé par la disposition de la coutume qui réservait aux aînés de la famille la possession exclusive des fiefs. Quant au troisième tiers, sis au pays de Caux, dans l'incertitude où était le Grand Conseil des dispositions de la coutume touchant les droits des donataires, l'arrêt ordonnait « une preuve par enqueste et par tourbe, suivant l'usance de ladicte coustume, pour sçavoir si la donation pouvoit estre valable pour ce tiers. »

Restaient les biens d'Auvergne, au sujet desquels la cour semblait bien admettre une thèse plus large que les juridictions antérieures. Elle reconnaissait que les donations universelles de tous biens présents étaient admises par la coutume d'Auvergne, sauf réserve faite de la légitime, et paraissait démêler, pour la première fois, le vrai caractère de l'acte qu'à deux reprises, en 1576 et en 1577, avait voulu faire le marquis d'Alègre, et qui était, proprement, une donation entre vifs prenant effet par la mort du disposant, variété de donation soumise, en Auvergne, aux mêmes règles que la donation à cause de mort et valable sauf réserve, de même, de la légitime, et, encore, seulement, au cas d'enfants issus du mariage du donateur. Mais la validité des donations faites par le marquis d'Alègre de ses biens d'Auvergne ainsi établie, le Grand Conseil n'admettait les conséquences de fait de cette reconnaissance qu'avec une extrême timidité. Il n'estimait pas, en effet, que ces donations pussent primer des actes antérieurs, que rien, à son avis, ne permettait d'écarter.

En premier lieu, l'acte de substitution de 1454, dont on ne pouvait contester sérieusement la valeur. En raison de quoi, le Grand Conseil « déclaroit la substitution, pour raison du préciput et avantage donné aux aisnés de la maison d'Alègre par ledict contrat du 1ᵉʳ juin 1454, avoir esté ouverte en la personne de feu Christophe Iᵉʳ d'Alègre, seigneur de Saint-Just, par le décès de feu Yves, marquis d'Alègre, son frère, et, suivant icelle, adjugeoit à Christophe II d'Alègre, fils aisné dudict feu seigneur de Saint-Just, le chasteau, lieu, mandement, domaine et justice de Saint-Diéry, dict le chastel souverain, et la place, terre et mandement de Viverols ». Seulement, était-il ajouté, comme, en 1554, le partage avait été fait entre les trois frères d'Alègre, sans que l'aîné eût invoqué la substitution, et comme il était juste que les descendants de M. de Meilhaud ne souffrissent pas de cette inadvertance, le Grand Conseil décidait que Christophe II d'Alègre devrait indemniser Yves IV d'Alègre et ses sœurs d'un tiers des biens qu'il acquérait ainsi par substitution.

En second lieu, il était une obligation du feu marquis que sa succession devait également supporter, c'était celle du remboursement du capital de la rente de 400 livres, auquel ledit marquis avait été condamné par les arrêts du parlement de 1568 et de 1572. Confirmant ces arrêts, le Grand Conseil ordonnait que : « assignat et remploi seroit faict, au profit des d'Alègre-Duprat, sur le surplus des biens d'Auvergne ayant appartenu audict feu marquis d'Alègre, d'une terre de pareille valeur, qualité et bonté que la terre d'Obsonville cédée et transportée jadis par le feu sieur de Saint-Just au sieur de Luxembourg pour le racquit et amortissement desdictes 400 livres de rente ».

En troisième lieu, enfin, et cette fois au profit des d'Alègre-Meilhaud, la priorité sur toutes autres dispositions du feu marquis était accordée par le Grand Conseil à la donation faite par ledit marquis, le 6 avril 1574, de 6.000 livres de rente à Yves IV d'Alègre, et de 20.000 livres, une fois données, à Isabelle, sa nièce. Ces libéralités étant inattaquables, le Conseil décidait qu'elles seraient exécutées de préférence. D'une part, donc, il « adjugeoit définitivement audict Yves IV d'Alègre, seigneur de Meilhaud, lesdictes 6.000 livres de rente en fonds de terres et revenu annuel à prendre sur les biens dudict feu marquis assis au païs d'Auvergne, après toutesfois que remploy aura esté faict de ladicte terre d'Obsonville et des deux tiers du préciput ci-dessus adjugé, sans restitution des fruits desdictes 6.000 livres de rente »; d'autre part, il condamnait les d'Alègre-Duprat à payer à Isabelle d'Alègre les 20.000 livres, dont on se souvient qu'ils lui avaient déjà compté 10.000.

Ce n'était qu'après avoir réglé le sort de la substitution de 1454, de la rente de 400 livres, et de la donation de 1574 que le Conseil revenait, enfin, à la question de la validité des donations universelles des 17 mai 1576 et 31 mai 1577, auxquelles il n'accordait en somme

qu'une valeur assez relative et singulièrement limitée.
« En ce qui touche lesdictes donations, était-il dit, en
effet, dans l'arrêt, le Conseil a adjugé et adjuge à
Yves d'Alègre, seigneur de Meilhaud, le surplus des
biens délaissés par le feu marquis d'Alègre au païs d'Auvergne, qui se trouveront rester après ledict remploy et
assignat fait de la terre d'Obsonville, la délivrance du
préciput ci-dessus adjugé audict Christophe II d'Alègre,
et le paiement desdictes 6.000 livres de rente. »

Restait à statuer sur la demande d'Isabelle d'Alègre au
sujet de la donation faite, en 1552, par Yves III d'Alègre
à M. de Meilhaud, son frère. Cette demande fut rejetée
sans phrases, car, au cours de l'instance, il avait été
prouvé, que ladite donation avait été révoquée le
11 mai 1567 [1].

Tel est cet arrêt du 28 avril 1588 qui, s'inspirant à la
fois du droit et de l'équité, « essayoit entre les deux
extresmes de dirimer la cause par médiocrité » [2], et qui
n'était, comme tel, pour satisfaire aucune des deux parties. Ce qui semblerait le prouver, c'est que ni demandeurs, ni défendeurs n'en exigèrent la signification et
l'exécution, et que, en conséquence, il resta provisoirement lettre morte. Cela ne tint pas uniquement, d'ailleurs, au mécontentement des plaideurs, mais, aussi,
aux plus étranges concours de circonstances : tout
d'abord, au cours même de l'instance qui s'achevait, à
« la sortie du royaume » d'Antoinette Duprat et de ses

[1] Arrêt du Grand Conseil, du 28 avril 1588 (Arch. nat., V⁰ 330, sous la
date du 13 novembre 1621, date de sa signification).

[2] Plaidoyer de Simon Marion, dans *Plaidoyez de Simon Marion*, 1609,
in-8°, p. 440.

filles réfugiées, en 1585, à Sedan « pour cause de religion », et qui y demeurèrent jusqu'en 1589 [1]; ensuite,
et surtout, à la mort tragique d'Yves IV et aux dramatiques aventures de Christophe II, mort et aventures
qui me restent à raconter ; si bien que les descendants
des plaideurs de 1588 ne purent reprendre qu'en 1621
ce procès, dont j'ai, à grand'peine, essayé de retracer
les principaux épisodes, et qui devait, du reste, se
perdre, au xviii° siècle, seulement, dans les sables des
déserts arides de la chicane.

V

Au cours, cependant, de la longue instance qu'avait
clôturé, provisoirement, au moins, l'arrêt du 28 avril
1588, bien d'autres préoccupations et bien d'autres
« entreprises » avaient absorbé l'activité du jeune marquis d'Alègre, que six ans de dure captivité rendaient
plus fougueuse et plus ardente. Son père vengé, les tribunaux saisis de ses réclamations contre ses spoliateurs,
une autre ambition lui demeurait à satisfaire, celle de
reprendre le rang que les services des siens leur avaient
mérité à la Cour, et qu'il s'estimait digne d'occuper.

L'occasion qu'il cherchait, ainsi, d'attirer sur lui l'attention et la faveur royale, un voyage fait en Auvergne,
à la fin de 1584, paraît la lui avoir offerte. Ce voyage,
il semble bien qu'il l'ait entrepris en vue, seulement,

[1] *Factum d'Yves, marquis d'Alègre, lieutenant général des armées du
Roi, gouverneur de la ville et du château de Saint-Omer, fils et héritier
d'Emmanuel, marquis d'Alègre...*, in-fol., p. 6-7 (Bibl. nat., fonds Clairambault, vol. 1219).

d'aller se mettre en possession de l'héritage paternel, et de faire, aussi, valoir sur place les droits qu'il prétendait sur la succession du feu marquis d'Alègre. Mais, à peine arrivé dans la province, il se rendait compte qu'il trouverait là ce qu'il cherchait : un rôle tout prêt à prendre et avantageux à jouer.

Cette année 1584, où M. d'Alègre arrivait en Auvergne, apparaissait comme l'une des plus critiques qu'eût encore traversée la monarchie des derniers Valois. La mort du duc d'Anjou, dernier frère et héritier du Roi (11 juin 1584), avait ouvert définitivement la question de la succession au trône, puisque Henri III n'avait point et ne pouvait avoir, disait-on, de descendants. Et Henri de Bourbon, roi de Navarre, se trouvant par la naissance le successeur désigné du roi vivant, l'accession possible de cet hérétique à la couronne de France avait suscité une extraordinaire recrudescence de la Ligue, et réveillé, aussi, les espérances et la confiance des Réformés. Entre la Ligue et les Réformés, Henri III s'était trouvé, dès lors, plus isolé, plus affaibli et humilié que jamais.

Autant qu'ailleurs ces événements avaient eu leur répercussion en Auvergne. Jean-Louis de la Rochefoucauld, comte de Randan, nommé depuis peu gouverneur de la province, avait été très vite circonvenu par les Guise ; dès qu'il se fut déclaré pour la Ligue, gentilshommes et villes n'étant plus contenus s'étaient immédiatement divisés entre les trois partis ligueur, huguenot et royal qui se reformaient, et, immédiatement, les discordes civiles, à peine assoupies, avaient repris [1].

----

[1] A. Imberdis, *Histoire des guerres religieuses en Auvergne*, 1848, in-8°, p. 284 et suiv.

Quel mobile poussa M. d'Alègre à se jeter dans le parti royal? Une chronique locale affirme que ce fut sur la demande même du Roi. « Le Roy, est-il dit dans les *Annales d'Issoire*, écrivit au sieur de Meilhaud, qui se nommoit le marquis d'Alègre, auquel il recommanda de lui donner avis de la conduite du comte de Randan et de tout ce qui se passeroit dans le pays d'Auvergne [2]. » Toutefois, je n'ai trouvé confirmation de la chose dans aucun autre document. Peut-être d'Alègre ne fut-il, comme tant d'autres, amené à cette résolution que par l'incertitude de convictions qui, comme tant d'autres, ne l'inclinaient ni du côté des huguenots, ni du côté des Ligueurs. Peut-être, aussi, est-il permis d'expliquer sa décision par l'illusion que put lui causer, sur l'avenir de la cause qu'il embrassait, la force certainement plus considérable en Auvergne qu'ailleurs du parti royaliste. Peut-être, enfin, ce parti se trouvant encore sans chef bien désigné dans la province, en 1584, d'Alègre entrevit-il quelque avantage à se mettre à sa tête.

Très vite, quoi qu'il en soit, il prit position, car, à peine arrivé en Auvergne, il recrutait des partisans et des soldats à Henri III. Chose trop ignorée et que les historiens n'ont pas assez remarquée, on put croire, en effet, un moment, que le Roi allait sortir de son apathie, et tenter de résister aux factions qui l'opprimaient. Sébastien Zamet, le célèbre financier, lui avait promis son concours pour la levée de quelques milliers de Suisses, et il semble bien que des instructions furent

[1] *Annales de la ville d'Issoire...*, publiées par J.-B. Bouillet, 1848, in-8°, p. 165.

alors envoyées de la Cour aux principaux nobles des provinces pour solliciter d'eux des secours [1].

D'Alègre dut, dans tous les cas, recevoir pareil message, car lorsque ces belles velléités de résistance s'évanouirent et que le Roi eut signé avec le duc de Guise, le 7 juillet 1585, le fameux traité de Nemours, où il capitulait devant les menaces de la Ligue, d'Alègre lui adressait, aussitôt, la lettre suivante, fort curieuse en ce qu'elle confirme parfaitement ce que je viens de dire des premières intentions de Henri III.

SIRE, disait-il dans cette lettre, j'estois prest à m'en aller joindre avec les Suisses, suivant le commandement qu'il avoit pleu à Vostre Majesté de m'en faire, quant j'ay esté certain de la paix. Ainsi je n'ay voulu passer oultre sans, premier, avoir sceu la voulonté de Vos Majestez, et ce qu'il vous plaist que je fasse de la troupe que j'avois assemblée pour vostre service ; n'attendant que ceste résolution pour aussy promptement l'exécuter, comme chose que je me suis de long temps proposée de ne despendre que de vos commandemens, et de n'avoir rien de recommandé que l'accomplissement d'iceus. Priant Dieu, Sire, qu'il vous doint très longue et très heureuse vie, et la continuation des grâces qu'il vous a départies.

Ce 15 julet 1585.

Vostre très humble et très obéissant sujet et serviteur,

D'ALÈGRE [2].

De la troupe qu'il avait assemblée, d'Alègre ne devait pas, cependant, être longtemps embarrassé, dans l'état d'hostilités permanentes où allait entrer le pays, et

---

[1] J.-H. Mariéjol, *La Réforme et la Ligue. L'Edit de Nantes (1559-1598)*, dans Lavisse, *Histoire de France*, t. VI, 2e partie, p. 247.

[2] Bibl. nat., fr. 15.570, fol. 104. Or. aut.

l'Auvergne en particulier, et une occasion parut bientôt s'offrir au marquis de se distinguer aux yeux du parti qu'il avait embrassé ; occasion plus à portée de lui que nulle autre, puisqu'il s'agissait de mettre la main sur une ville voisine de deux lieues à peine de son château de Meilhaud, sur une ville dont l'histoire avait été mêlée, bien souvent, à celle de sa famille, et dont l'importance devait lui échapper moins qu'à tout autre, sur Issoire.

Tandis que la plupart des cités de la Basse-Auvergne s'étaient, très vite, nettement déclarées en faveur d'un des trois partis qui désormais se divisaient le pays, Riom, Brioude, Saint-Germain-Lembron, Langeac tenant pour la Ligue, Clermont, Montferrand, Aigueperse, Saint-Pourçain, Vodable, Vic-le-Comte gardant le parti du Roi, Ambert, Herment, Maringues, Saint-Angel aux mains des Huguenots[1], instruite par l'expérience et se souvenant de la terrible leçon de 1577, Issoire s'était, au moment de la reprise de la Ligue, strictement tenue à part des diverses factions et elle paraissait vouloir persister dans cette attitude[2]. Or, c'était une des villes de la Basse-Auvergne dont, au parti qui devait dominer dans la province, il importait le plus d'être assuré. En moins de dix ans, Issoire s'était, en effet, merveilleusement relevée du saccage de 1577, et avait reconquis une partie de son ancienne prospérité, réédifié ses fortifications, réassuré ses défenses. « La ville d'Issoire, est-il dit dans un document

----

[1] A. Imberdis, *Histoire des guerres religieuses en Auvergne*, p. 310-311.
[2] *Ibid.*, p. 288.

de 1589, est la plus belle ville de guerre de toute l'Auvergne, tant pour l'assiette qui est en une grande plaine très fertile et abondante de toutes choses nécessaires pour la commodité des habitans, que pour l'artifice qui est d'un large fossé plein d'eau et d'un grand terrain dedans la ville[1]. » Et ce n'était pas seulement comme un centre de résistance et un point d'appui solide que chacun des partis qui s'organisaient dans la Basse-Auvergne pouvait considérer Issoire ; son importance était décisive à d'autres points de vue. D'un côté, en effet, les Ligueurs étant maîtres du Lyonnais et du Forez, la petite cité se trouvait commander aux seules routes par lesquelles, désormais, les Royalistes et les Huguenots pouvaient espérer, les Ligueurs pouvaient craindre l'arrivée des secours du Midi, c'est-à-dire les routes des Cévennes et du Gévaudan[2] ; d'un autre côté, placée entre la Haute et la Basse-Auvergne, Issoire devait offrir à ceux qui l'occuperaient le moyen de donner aisément la main à leurs partisans du haut pays, et cet avantage était pour échapper d'autant moins à d'Alègre que son objectif était, justement, d'appuyer les manœuvres de Raymond Chapt de Rastignac, seigneur de Messilhac, qui se préparait à jouer, en Haute-Auvergne, le même rôle que d'Alègre en Limagne[3].

Le projet de se rendre maître d'Issoire, le marquis d'Alègre avait, du reste, essayé de le réaliser dès son arrivée dans la province. Vers la fin de 1584, ou le

---

[1] *Prise de la ville d'Issoire par M. le comte de Randan, 1589* (*Mémoires de la Ligue*, 1758, in-4°, t. IV, p. 39).

[2] A. Imberdis, *Op. cit.*, p. 407.

[3] *Ibid.*, p. 312.

commencement de 1585, — on ne peut préciser davantage, — s'autorisant des rapports que la ville avait toujours entretenus avec la famille d'Alègre, il avait mandé à Meilhaud les deux consuls en charge, Antoine Guérin et Guillaume Collanges, et, suivant un texte du temps, leur avait tenu ce langage : « Messieurs, je vous ai priés ici, pour vous avertir que, si vous ne prenez garde à vous, dans peu de jours, l'*Enfant fortuné*[1] vous surprendra et fera bastir une citadelle dans vostre ville, pour vous tenir en perpétuelle servitude contre l'autorité du Roy. Vous devez vous ressentir encore de la douleur des plaies que vous a causées la désobéissance. Songez à vos affaires, autrement vous estes perdus. Or, le vrai moyen pour vous garantir de ce mal est de prendre un gouverneur de la part du Roy. Je m'offre à vous y faire service et à garantir la ville de ce naufrage[2]. » D'Alègre débutait, on le voit, par la manière douce. Si engageantes qu'elles fussent, ses ouvertures ne parurent pas, pourtant, produire l'effet qu'il en espérait. Les deux consuls lui promirent bien de conférer avec les notables de sa proposition; mais, l'un d'eux, Guérin, avait, — ce que d'Alègre ignorait, — eu, autrefois, à se plaindre du feu marquis, son oncle, « dont il avoit reçu plusieurs affronts », et il sut, en particulier, si bien indisposer ses concitoyens contre celui qui vouloit devenir leur maître que, lorsque, peu de jours après, ce dernier se présenta devant Issoire,

---

[1] C'était le surnom que d'Alègre donnait à Randan et que méritaient, d'après lui, au gouverneur d'Auvergne les honneurs dont il avait été comblé à peine arrivé à l'âge d'homme.

[2] *Annales de la ville d'Issoire*, p. 165-166.

accompagné d'un gros de gentilshommes, il apprit que la ville s'opposerait à son entrée, et, trop faible, se retira[1].

Cependant, quoique manquée, cette tentative de d'Alègre, dont Randan fut bientôt informé, en même temps qu'elle acheva d'ouvrir les yeux du gouverneur sur les menées du marquis, ne fut pas sans l'inquiéter. Lui, aussi, se rendait compte de l'importance stratégique d'Issoire. Jusque-là, seulement, il n'avait pas osé risquer sur la ville un coup de main, dont l'échec eût été trop retentissant. L'iniative prise par d'Alègre le décida, et, au commencement de mai 1585, ayant réussi à introduire quelques soldats dans Issoire, sous le prétexte de l'exécution capitale de deux criminels coupables de viol sur une jeune fille de la ville, et de l'ordre à y donner, il en profita pour faire occuper les principaux postes des remparts et se faire maître de la cité. Réunissant, alors, les consuls et les notables : « Je reconnais sur vos visages, Messieurs les consuls et bons bourgeois, leur dit-il, que vous estes attristés de ce que je me suis asseuré de vostre ville. Ce n'est pas pour vous molester, ains pour empescher que M. de Meilhaud ne vous surprenne, pour troubler mon gouvernement et vostre repos. Je ne suis point un Attila. Je suis extrait d'une famille qui n'offensa jamais personne. Mon intention est de faire une petite citadelle à la porte du Ponteil, où je laisserai seulement quelques soldats. Cela fait, je ferai retirer ces troupes de vostre ville ». Les consuls répondirent que, « véritablement, ils estoient tristes et dolens, non tant de la garnison qu'il vouloit leur laisser

---

[1] *Annales de la ville d'Issoire*, p. 166.

que de la méfiance qu'il avoit conçue sur eux, sans aucun sujet, ce qu'il avoit pu connoistre par la franchise dont ils avoient usé en son endroit, l'ayant laissé entrer dans la ville, en plein midi, avec telle force qu'il avoit voulu. Toutesfois, puisqu'il désiroit s'assurer de la ville, ils le supplioient humblement ne laisser que cent hommes en garnison dans ladite ville, afin de ne pas trop fouler le peuple assez ruiné par les guerres passées[1] ». Le comte se rendit à ces vœux, et ne voulant point trop brusquer les choses, n'établit, en effet, dans Issoire qu'une assez faible garnison, si faible, que, le 15 juin suivant, elle était chassée de la ville, qui affirmant, une fois de plus, sa volonté de rejeter toute tutelle éconduisait, ce jour-là même, le marquis d'Alègre accouru en toute hâte, pour profiter d'une réaction qu'il pensait devoir aisément tourner à son avantage. « Ce 15e de juin, rapportent les *Annales d'Issoire*, le sieur d'Alègre, venant en poste de la cour, apprit en chemin ce qui venoit de se passer à Issoire. Au lieu de se faire conduire droit à Meilhaud, il laissa ses chevaux à la porte de la ville, et s'en vint trouver le consul Estienne Espagnon, au milieu de la place, environné du peuple encore échauffé de l'action qu'il venoit d'exécuter. Il le tira hors de la foule louant hautement l'action généreuse qu'il venoit d'exercer, et le pria, en même temps, d'engager les habitans à le recevoir pour leur capitaine et gouverneur. Mais Espagnon respondit que la ville ne vouloit d'autre gouverneur que ses consuls, et qu'il n'avoit rien à espérer à cet égard[2]. »

[1] *Annales de la ville d'Issoire*, p. 168-169.
[2] *Ibid.*, p. 171-172.

Et en 1586, et au commencement de 1589, deux nouvelles tentatives faites par les Ligueurs, l'une par le comte de Randan, lui-même[1], l'autre par Jean de Montmorin, seigneur de Préaux, frère de M. de Saint-Hérem, pour réoccuper Issoire, ayant ridiculement échoué, on put croire que la ville réussirait à garder la neutralité qu'elle s'était imposée[2].

C'était là, toutefois, une situation qui, dans la formidable agitation où se débattait le pays, ne pouvait durer qu'autant que les habitants demeureraient unis. Or, des germes de division se firent bientôt jour à Issoire. Ils apparurent à l'occasion d'impôts extraordinaires dont le corps municipal fut obligé de prendre l'initiative et qu'exigeait la situation obérée de la cité ; et, aussitôt, fut rompue la bonne entente à laquelle les Issoiriens avaient dû jusque-là leur salut. Ces dissensions furent habilement exploitées par une famille, celle des Aulterroche, qui, depuis longtemps, ne cachait pas ses sympathies pour le marquis d'Alègre[3]. Se faisant les chefs d'une sorte de parti populaire, les deux frères Jean et Etienne Aulterroche, appuyés par un certain Gilbert Liron, leur parent, profitèrent de l'effervescence que causait dans la ville l'établissement de nouvelles taxes, et accusèrent les consuls et les notables d' « avoir vendu la cité au comte de Randan, pour faire couper la gorge au petit peuple, jusques aux enfans au berceau, faire prendre par force leurs femmes et leurs

---

[1] A. Imberdis, *Op. cit.*, p. 303-304.

[2] *Annales de la ville d'Issoire*, p. 188, 191-193. — Imberdis, *Op. cit.*, p. 367-368.

[3] Imberdis, *Op. cit.*, p. 368-369.

filles, et les faire épouser aux soldats ; ajoutant qu'il falloit y remédier et faire du boudin du sang de ces traîtres dont ils avoient la liste dans leur poche[1] ». En même temps, ils allaient trouver le marquis d'Alègre à Meilhaud, et l'assuraient que, s'il pouvait seulement pénétrer jusqu'à la Grande place et parler aux habitants il serait proclamé gouverneur d'Issoire. Ce dernier grisé par de récents succès, — il venait de mettre la main, presque coup sur coup, sur les trois châteaux d'Ybois, de Mercurol et de Buron[2], — crut pouvoir risquer l'aventure. Une première tentative échoua, il est vrai ; car, accouru à Issoire, d'Alègre fut arrêté à la porte par les consuls Pierre Chometton et Michel Charrier, et ce dernier lui dit simplement que « s'il avoit quelque chose à dire pour le salut et conservation de la ville, il estoit là comme la représentant et pour l'écouter et le rapporter ensuite aux habitans, et que la ville n'avoit d'autres oreilles, ni langues que celles de ses consuls ». Avec une courtoisie un peu ironique, ces derniers firent, d'ailleurs, « apporter la collation » à celui qu'ils éconduisaient si fermement, et le marquis ne put se venger qu'en portant la santé de ses partisans. A la première rasade : « Mes bons amis, cria-t-il, petit peuple de la ville, c'est à vous que je bois, non pas à ces gros mylords qui vous trahiront et qui vous trompent ! » Et à la seconde il ajouta : « Je bois à la

---

[1] *Annales de la ville d'Issoire*, p. 193-194.

[2] *Mémoires de Jean de Vernyes (1589-1593)*, 1858, in-8°, p. 37. — Ybois, Puy-de-Dôme, arrondissement et canton d'Issoire, commune de Flat ; Mercurol, Puy-de-Dôme, arrondissement de Clermont, canton de Vic-le-Comte, commune de Sallèdes ; Buron, Puy-de-Dôme, arrondissement de Clermont, canton de Vic-le-Comte, commune de Yronde-et-Buron.

bonne grâce de Messieurs les Aulterroche ! » Puis il tourna bride [1].

Dès qu'il se fut éloigné, les consuls réunirent les bourgeois, et tous parurent approuver leur attitude. Mais peu de jours après, le lundi, 2 juillet 1589, les Aulterroche ayant, derechef, travaillé le peuple et tout préparé pour un nouveau coup de main, d'Alègre se représentait devant Issoire avec plusieurs gentilshommes et 120 soldats, s'y introduisait par la porte du Ponteil, que ses complices lui livrèrent, et occupait la ville au nom du Roi. Dans la bagarre, l'un des consuls, Pierre Chometton, avait eu l'épaule fracassée d'une pistolade, l'autre, Charrier, n'avait trouvé son salut que dans la fuite [2].

C'était la faction populaire qui avait fait le succès de d'Alègre. Il était tout naturel que le parti des notables fît appel, pour s'en venger, à l'ennemi juré du marquis, au comte de Randan. Par la force même des choses, Issoire se trouvait ainsi rejetée dans la lutte en dehors de laquelle la sagesse de ses habitants l'avait jusque-là tenue. Quelques jours après la surprise de la ville, d'Alègre commit l'imprudence de s'en éloigner, on ne sait pour quelle raison, y laissant comme capitaine un certain Simon de Frédeville. Étant informé du fait, Randan accourut aussitôt avec huit à neuf cents chevaux, et, dans la nuit du 13 au 14 juillet 1589, trois pétards ayant renversé la porte de la Berbiziale, il pénétrait dans la ville qu'il occupait après une lutte

---

[1] *Annales de la ville d'Issoire*, p. 194-195.

[2] *Ibid.*, p. 196-200. — Cf. le récit que fait de ces événements Imberdis, *Histoire des guerres religieuses en Auvergne*, p. 371-372.

acharnée, et où il établissait, comme gouverneur, Claude Le Groing, seigneur de Chalus, avec deux cents hommes de pied et soixante chevaux. Sans perdre un instant, cette garnison s'employait à la réfection des travaux de fortification et à la construction d'une nouvelle citadelle. L'on pouvait croire qu'Issoire était pour longtemps aux mains des Ligueurs[1].

Ces événements si vite accomplis étaient bien de nature à décourager le marquis d'Alègre et à lui faire regretter amèrement d'être parti d'Issoire avant d'y avoir solidement assis sa domination. Il lui aurait importé, d'autant plus, d'avoir là un appui solide que, à ce moment, au centre même de la résistance royaliste en Auvergne, à Clermont, son influence menaçait d'être battue en brèche par Gilbert Coiffier, seigneur d'Effiat, nommé précédemment par le Roi intendant de la province, mais surtout par Jean de la Queuille, seigneur de Florat[2], sénéchal de Clermont, qui semblait sur le point de lui disputer ce titre de chef du parti royaliste qu'il ambitionnait de tenir, et, cela, à l'heure même où la mort d'Henri III (1er août 1589) et l'accession au trône d'Henri de Navarre donnaient aux partis royaliste et huguenot désormais réunis les plus grandes chances de succès.

La situation de d'Alègre à cette époque est très clairement exposée par Jean de Vernyes, président de la cour des aides de Montferrand, qui chargé déjà par Henri III de le renseigner sur les agissements des diverses

---

[1] *Annales de la ville d'Issoire*, p. 200-205.

[2] Florat, ou Florac, aujourd'hui Fleurac, Cantal, arrondissement de Mauriac, canton de Saignes, commune d'Ydes.

factions en Auvergne, avait continué ses services au nouveau roi Henri **IV**, en lui adressant, — à la fin de 1589, — un mémoire détaillé sur l'état politique de la province. Et ce *Mémoire* de Jean de Vernyes nous donne trop de renseignements caractéristiques sur la curieuse figure d'Yves d'Alègre, pour que je n'en cite pas volontiers quelques pages.

Dans Clermont, écrivait, donc, le président de Vernyes, dans Clermont sont les sieurs de Florat, Meilhaud et d'Effiat, lesdicts Meilhaud et Florat en très mauvaise intelligence, chacun d'eux prétendant le commandement et avoir la volonté de la ville par escript, tous deux de contraires délibérations...

Le sieur de Florat est un gentilhomme fort assuré au service du Roy, auquel il a porté inclination avant son avènement à la couronne, pour avoir cet honneur d'être fils d'une sœur du sieur de Busset, issu d'un bastard de Bourbon[1], et avoir épousé la sœur de M. de la Vauguyon[2], laquelle touche de parenté à Sa Majesté. Il est pourvu de l'office de sénéchal de Clermont, et a reçu le commandement sur ladicte ville à la nomination et prière d'icelle ; mais ledict sieur de Florat est aussi cause de l'accroissement de l'ennemi en la province, en ce qu'ayant eu, par le passé, beaucoup de créance parmi la noblesse, il auroit promis au feu Roy plus qu'il n'a pu tenir, non par malice, mais s'estant asseuré de la foy de ceux qui ne la luy auroient gardée, il s'est trouvé suivi de dix ou douze hommes seulement, ce qui ne luy a point permis de rendre beaucoup de services au public, ne tenant que sa maison de Chasteaugay[3], au Bas Auvergne, distante seulement d'une lieue de Clermont, assez bonne.

---

[1] Isabeau de Bourbon-Busset, sœur de Philippe de Bourbon-Busset, fils de Pierre de Bourbon-Busset, bâtard lui-même de Louis de Bourbon-Busset, prince-souverain, puis évêque de Liège.

[2] Anne d'Escars, sœur de Jean d'Escars, comte de la Vauguyon.

[3] Châteaugay, Puy-de-Dôme, arrondissement et canton de Riom.

Le sieur de Meilhaud auroit esté, luy aussy, bon serviteur du Roy, tousjours accompagné de cinquante cuirasses, d'autant d'arquebusiers à cheval, et de cent arquebusiers à pied, de sa nature fort martial, et qui s'est exposé à tous les hasards et dangers de la guerre qui se sont présentés en la province, fort dépensier, aimé à cette occasion de ceux qui manient les armes, peu des gens de justice, pour estre fort altier ; ayant sa maison à cinq lieues de Clermont, assez bonne, et à sa dévotion les chasteaux de Buron, Ybois et Mercurol, places quasi imprenables, et qui, par ces considérations, pourroient accroître le parti ennemi, si, par mécontentement, il se vouloit réduire. A quoy on le juge plus facile que le sieur de Florat, pour estre homme impatient et hasardeux, l'autre retenu et froid. On n'a aucun soupçon sur le sieur de Florat. On en prend trois sur le sieur de Meilhaud : le premier, sur sa nécessité ; le deuxiesme, sur une lettre qu'on dit luy avoir esté escripte par une dame favorisant la Ligue, par laquelle on luy mande de s'asseurer de la ville [de Clermont], et qu'il laisse faire le reste, ce que, toutesfois, je ne sais que par bruit, peut-estre semé à dessein par ses adversaires ; le dernier soupçon a esté pris du traicté par luy faict avec le sieur de Randan devant Vic-le-Comte, lequel est peu honorable pour le service du Roy et pour luy, que la ville de Clermont, aussi, n'a voulu signer[1] ; ce qui a donné à penser qu'on ne peut tant s'asseurer de luy que du sieur de Florat...

Un inconvénient à redouter est que la division qui est, à présent, toute découverte entre lesdicts sieurs de Meilhaud et Florat ne fasse naistre deux partis dans Clermont et que, par iceux, sous le nom du public, les vieilles inimitiés des maisons ne s'exercent...

Quant à présent, il est du tout impossible pacifier leurs différends, parce que l'un ne voudroit céder à l'autre son avan-

[1] Il est fait allusion ici aux négociations qui durent suivre la prise de Vic-le-Comte par le comte de Randan, le 7 octobre 1589, négociations sur lesquelles je suis très insuffisamment renseigné (M. de Vissac, *Chronique de la Ligue dans la Basse-Auvergne*, 1888, in-8°, p. 154-156).

tage, et le Roy ne peut juger au profit du sieur de Meilhaud, sans oster l'honneur à un fidèle serviteur et sujet, laquelle injustice navreroit tous les gens de bien, ores que le sieur de Florat fust sans moyens et volonté de s'en ressentir, comme je crois qu'il seroit. Aussi ne peut-on rien adjuger au sieur de Florat, sans perdre le sieur de Meilhaud, la perte duquel pourroit traisner après soi celle de toute la province.

Ceux qui, sans passion de l'un et de l'autre, entreront en la seule considération du bien public et service du Roy supplieront Sa Majesté, pour obvier au susdit inconvénient, entériner la requeste des échevins de Clermont et, en ce faisant, remettre l'entier gouvernement de ladicte ville entre les mains desdicts échevins jusques à ce que Monsieur le Grand Prieur [1] estant sur les lieux puisse donner avis à Sa Majesté de ce qui sera le plus nécessaire et utile pour le bien de son service ; car, par cet appointement lesdicts sieurs de Meilhaud et de Florat estant contentés d'espérance tascheront par leurs services de se rendre plus recommandés et agréables, pour parvenir chacun d'eux à ses desseins : soit que le sieur de Meilhaud ait volonté, comme je crois qu'il a, de maintenir sa fidélité ou de la rompre, pensant jouer un plus gros jeu, s'il pense obtenir le commandement, il estimera, cependant, cest appointement à son avantage, puisqu'il trouble la possession de celui qui estoit establi ; et ledict sieur de Florat pourra estre satisfait par lettre particulière du Roy, sur le contentement que Sa Majesté a reçu de luy, en ce que, par son offre de se désister du gouvernement, il a eu plus d'esgard au bien des affaires publiques qu'à sa justice... Puis Monsieur le Grand Prieur, estant dans la province, il pourroit contenter ces deux seigneurs par cest expédient, de laisser le commandement de la ville de Clermont audict sieur de Florat, comme il souloit avoir, et prendre pour son lieutenant, en

---

[1] Charles de Valois, fils naturel de Charles IX et de Marie Touchet, grand prieur de France. — Cf. ses provisions de gouverneur du haut et bas pays d'Auvergne, datées de Corbeil, du 1er avril 1590 (Bibl. nat., fr. 3586, fol. 99).

l'armée et au reste de la province, ledict sieur de Meilhaud.

Sur quoy, toutesfois, pour le service du Roy, peut estre considéré que tout le service de la guerre doit tomber sur un lieutenant qui doit estre choisi de telle qualité qu'il soit : premièrement, non seulement exempt de blasme d'avoir communication avec l'ennemy, mais du soupçon ; deuxiesment, que, sans jalousie et envie toute la noblesse veuille lui déférer ; troisiesment, qu'il soit grand et expérimenté capitaine, ne soit seulement vaillant de sa personne et propre au combat, mais sage et digne du commandement ; finalement qu'il puisse amener quelque notable force en l'armée. Or, toutes ces qualités ne se retrouvent pas audict sieur de Meilhaud, car le soupçon de luy est entré faussement, je crois, en l'esprit de beaucoup d'hommes, par les raisons que j'ai déduites ; beaucoup de grands aussi se fascheront de luy obéir, et se contiendront plus tost dans leurs maisons que de le reconnoistre. Il ne sçauroit, en outre, avoir plus de force qu'il a, ni assez d'expérience pour la conduite d'une armée. Au contraire, en tout le haut et le bas pays, il seroit malaisé de rencontrer un seigneur plus accompli pour estre honoré de ceste lieutenance que le seigneur de Lavedan[1], parce qu'il est poussé d'un naturel zélé au bien des affaires de Sa Majesté, qu'il est déjà en âge, connu comme très bon et heureux capitaine, et qui pourroit amener cent cuirasses en l'armée.

Mais Sa Majesté pourroit, alors, en récompense, contenter ledict sieur de Meilhaud de la lieutenance de la Basse-Auvergne, au duché et comté d'Auvergne, à la charge de distraire les villes et comtés de Clermont et de Montferrand, et ceste concession pourroit estre grandement utile au service du Roy, parce que tout le pays est presque occupé par la Ligue, hormis lesdictes villes ; et si le sieur de Meilhaud a bonne volonté et opinion des affaires du Roy, il acceptera ce parti, et, s'il le prend, il hasardera tout ce qu'il pourra pour conquérir son gouvernement ; par où Sa Majesté sera mieux

---

[1] Henri de Bourbon. vicomte de Lavedan.

servic de luy que s'il n'avoit aucun intérest à la conqueste.

Et si ledict sieur de Meilhaud ne vouloit accepter ce parti, Sa Majesté aviseroit de l'appeler près d'elle, afin qu'il ne puisse nuire à son service dans la province, s'il le vouloit faire ; et encore que son absence de la province y fist faute, toutesfois, ce mal seroit moindre que celui que son mescontement pourroit apporter[1].

On comprend mieux, maintenant, combien, plus que jamais, le marquis d'Alègre devait regretter la perte d'Issoire, et souhaiter d'en redevenir le maître. Et l'on comprend, aussi, que les chefs du parti royaliste à Clermont, — dans l'intérêt général, sans doute, de leur cause, mais en vue, en même temps, d'éloigner un auxiliaire remuant et ambitieux, — que ces chefs, dis-je, fussent assez portés à seconder de ce côté ses efforts. C'est à ces considérations, très vraisemblablement, qu'il faut attribuer l'empressement avec lequel Clermont se montra bientôt disposé à appuyer une nouvelle tentative de d'Alègre sur Issoire. Il n'y avait là, en somme, que la mise en pratique immédiate du plan suggéré par le président de Vernyes pour écarter d'Alègre des « villes et comtés de Clermont et de Montferrand ».

Quoi qu'il en soit, dès le commencement de 1590, une expédition était décidée et le dimanche, 15 février, trois cents hommes d'élite arrivaient secrètement devant Issoire. Guidés par l'un des Aulterroche, ils dressaient des échelles contre les murailles, escaladaient les remparts, et, après une sanglante mêlée, se trouvaient

---

[1] *Mémoires de Jean de Vernyes (1589-1593)*, 1838, in-8°. p. 19-20, 33-42, *passim*.

maîtres de la ville, mais non de la citadelle qui restait au pouvoir des soldats de Chalus[1].

Ce n'était là qu'une demi-victoire, et l'on s'en aperçut bien à l'offensive que les Ligueurs reprirent aussitôt. Huit jours après l'occupation de la ville, Randan investissait Issoire à la tête de 400 chevaux, de 300 arquebusiers et de 200 volontaires soutenus par trois pièces d'artillerie, battait successivement deux détachements de secours partis de Clermont, et réussissait à introduire 30 arquebusiers et des vivres dans la citadelle[2].

Dans cette extrémité, les assiégés agitaient, déjà, la question de se rendre. A Clermont, cependant, une véritable armée s'organisait, groupant tous les détachements épars dans la Basse et même dans la Haute-Auvergne, et qui, le 12 mars, quittait la ville sous les ordres de François de Chabannes, marquis de Curton. D'Alègre y commandait l'artillerie[3]. Une partie décisive, on le sentait, était près de se jouer entre les deux factions. Ce fut la célèbre bataille de Cros-Roland (14 mars 1590), où Randan fut battu et mortellement blessé, et qui sonna comme le premier glas de la Ligue en Auvergne. Le résultat le plus immédiat en fut la délivrance d'Issoire, ou, du moins, sa définitive occupation par les royalistes. Au lendemain de la bataille, Jacques de Villelume, seigneur de Barmontel[4], était établi pour y

[1] *Annales de la ville d'Issoire*, p. 205-208.

[2] *Ibid.*, p. 209-212. — Cf. Imberdis. *Op. cit.*, p. 409-411.

[3] Imberdis, *Op. cit.*, p. 419-420.

[4] Barmontel, Puy-de-Dôme, arrondissement de Clermont, canton d'Herment, commune de Verneugheol.

commander. Mais ce jour-là même, d'Alègre partait trouver le Roi qu'il rejoignait à Corbeil, et obtenait de lui sa nomination de gouverneur, qu'un peu après Pâques 1590, c'est-à-dire après le 22 avril, il rapportait à Issoire. Ses désirs étaient enfin réalisés, non sans qu'une terrible rançon de sa fortune ne fût proche[1].

Il faut bien le dire, en effet, d'Alègre n'était, à aucun point de vue, le gouverneur qu'il eût fallu à Issoire ; et l'on s'en aperçut sans tarder. Gravement compromis, d'abord, dans les intrigues des Aulterroche, qui, à diverses reprises, avaient essayé de l'imposer à la cité, il apparaissait beaucoup plus comme le candidat d'une faction que comme le représentant d'un principe et d'un parti politique, et n'avait rien de ce qui eût été nécessaire pour dominer une population divisée par mille querelles intestines. On l'accusa, tout de suite, « de trop se familiariser avec les gens du commun et de rejeter l'amitié et la confiance des gens de bien de la ville[2] ». De fait, il était prisonnier de la plèbe, dont les Aulterroche étaient les tribuns, et, dès le début, il dut donner des gages à ceux qui s'étaient fait ses champions. La première victime qu'il leur sacrifia fut le consul Espagnon qui, en 1585, s'était courageusement opposé à son entrée dans Issoire. Signalé comme ligueur dangereux au nouveau gouverneur, et jeté en prison, le malheureux en fut tiré, une nuit, et exécuté sans jugement, à l'indignation de tous ceux que n'aveuglait point l'esprit de parti. On disait que d'Alègre avait surveillé, de la fenêtre entr'ouverte de sa demeure, les

[1] *Annales de la ville d'Issoire*, p. 213-225.
[2] *Ibid.*, p. 236.

préparatifs du supplice du misérable, et que, lorsque sa femme « estoit accourue, toute nue, en chemise, criant à haute voix : « Miséricorde, Monseigneur, miséricorde! » il s'était borné à refermer froidement le battant [1].

Et bientôt ce furent contre le marquis d'autres sujets de plaintes que justifiaient des extorsions financières toujours croissantes. Outre les tailles impitoyablement levées, se multipliaient les contributions extraordinaires, « parce que son revenu et les appointemens que le Roy luy passoit ne suffisoient plus au gouverneur, qui en estoit réduit jusques là de prendre la paye de beaucoup de soldats et d'en entretenir peu, pour mettre en sa bourse la différence [2] ».

L'emploi de tout cet argent achevait d'irriter la population. Ce n'était, en effet, un secret pour personne que la plus grosse partie ne servait qu'à satisfaire les désirs de luxe et la cupidité de celle qui trônait aux côtés du gouverneur comme si elle eût été sa légitime épouse, de cette marquise d'Estrées, qui, nous le savons, s'était, à la suite du meurtre de Vitteaux, livrée corps et âme à son vainqueur, et qui, peu de jours après son établissement à Issoire, était venue l'y rejoindre.

La mère de Gabrielle d'Estrées était arrivée dans la petite ville, accompagnée de deux autres de ses filles, Diane [3] et Julienne [4], aux charmes desquelles la rumeur publique accusait d'Alègre ne n'être pas indiffé-

---

[1] *Annales de la ville d'Issoire*, p. 226-227.

[2] *Ibid.*, p. 236.

[3] Diane d'Estrées, mariée, en 1596, à Jean de Monluc, seigneur de Balagny, fils naturel de Jean de Monluc, évêque de Valence.

[4] Julienne d'Estrées, qui épousa, en 1597, Georges de Brancas, duc de Villars.

rent[1], alors pourtant que leur mère venait de le rendre père d'une nouvelle fille, Françoise, « qui fut depuis la comtesse de Sanzay[2] ». Et la marquise avait bientôt scandalisé Issoire par sa morgue, sa hauteur, ses exigences et les véritables édits somptuaires qu'elle avait obtenus de la faiblesse du marquis d'Alègre, et qui, interdisant à d'autres qu'aux femmes de son rang tels vêtements ou parures, avaient excité les plus mortels ressentiments parmi les bourgeoises du pays[3].

Cette atmosphère de haine qui s'épaississait autour de lui, d'Alègre crut pouvoir la dissiper, et il essaya de faire diversion au mécontentement public par quelques « belles entreprises ». De ce côté, encore, son étoile sembla pâlir et « tous ses desseins lui tournèrent à contrepoil[4] ». Une tentative pour surprendre Riom échoue lamentablement, dévoilée par les aveux d'un soldat ivre[5]. Au commencement de 1592, un coup de main longuement machiné sur Sauxillanges est prévenu par le marquis de Canillac, et manque de coûter la vie à d'Alègre qui laisse quatre-vingts des siens sur le terrain[6]. Enfin, le 5 mai 1592, une marche de la garnison d'Issoire sur Saint-Germain-Lembron est surprise par Charles de Coligny, seigneur d'Andelot, au moment où les troupes du marquis traversaient l'Allier pour rejoindre

---

[1] M. de Vissac, *Chronique de la Ligue en Basse-Auvergne*, 1888. in-8°, p. 160.

[2] *Nouveaux mémoires de Bassompierre*, 1803, in-8°, p. 164. — Elle épousa Charles, comte de Sanzay.

[3] *Annales de la ville d'Issoire*, p. 232 et suiv.

[4] *Ibid.*, p. 250.

[5] Imberdis, *Op. cit.*, p. 455-457.

[6] *Annales de la ville d'Issoire*, p. 228-229.

Portrait de Françoise Babou de la Bourdaisière,
marquise d'Estrées,

d'après un crayon (*Bibliothèque nationale*, Cabinet des estampes).

celles d'Authérat de Beaujour, et plus de 200 hommes, dont beaucoup originaires d'Issoire, périssent arquebusés ou noyés[1] ; désastre que ne put effacer la capitulation facilement obtenue, un peu plus tard, du château de Saint-Floret[2].

Ces échecs répétés aigrissaient l'esprit de d'Alègre et celui de ses complices, qui sentaient le pouvoir leur échapper, et, entre eux, ce ne fut, bientôt, qu'altercations, querelles et violences. « Lorsqu'il se trouvoit en pénurie d'argent, le marquis menaçoit Liron, — devenu son secrétaire, — de le tuer, s'il ne lui procuroit le moyen d'en avoir, l'accusant d'avoir volé son chasteau de Meilhaud, après la mort de son père. Et il se montra si intraitable et si terrible que, un jour, il voulut tuer un des Aulterroche en lui jetant son épée après, comme il se sauvoit devant lui[3]. »

Un dernier incident mit le feu aux poudres. « Certains marchands et bouchers, qui fournissoient la maison du marquis d'Alègre, estant venus demander de l'argent à Mme d'Estrées, celle-ci les fit maltraiter et battre[4]. » Ces gens allèrent se plaindre aux Aulterroche, et tous résolurent alors, de se venger. Dans la soirée du 8 juin 1592, Gilbert Liron réunit chez lui les mécontents. Il y avait là Jean et Étienne Aulterroche, frères, ce dernier dit La Taïllade, Vidal Aulterroche, alors consul, et Germain Aulterroche, Chainal, boucher, dit le Grand Besaut, Christophe de Crest, chapelier, un

---

[1] *Ibid.*, p. 230-231.

[2] Imberdis, *Op. cit.*, p. 481. — Saint-Floret, Puy-de-Dôme, arrondissement d'Issoire, canton de Champeix.

[3] *Annales de la ville d'Issoire*, p. 232.

[4] *Nouveaux mémoires de Bassompierre*, p. 164.

certain Chevarlanges, Jean Blézin, Pierre Augier, Antoine Moussinière. Après les avoir fait boire « dans sa cave » : « Messieurs, leur dit Liron, vous savez les bons et fidèles services que nous avons faits à M. d'Alègre, et combien de fois nous avons exposé nos vies et nos biens pour lui, en divers lieux ; en récompense de quoi, il nous menace, tous les jours, de prendre notre bien, et nous tuer misérablement. Tout ceci ne présage et ne suppose autre chose, sinon qu'il veut changer de parti, et nous mettre à la merci de nos ennemis. Vous avez vu, ces jours passés, comme il a parlementé avec M. de Saint-Hérem [1], auquel il a fait de grandes promesses, et Mme d'Estrées, cette misérable qu'il traîne ici, l'y a confirmé. Voilà pourquoi, Messieurs, je vous ai mandés, comme les plus gens de bien de la ville, pour aviser, entre nous, les moyens de repousser ces malheurs. De ma part, je n'en ai point trouvé d'autre que de le faire mourir, vous voulant bien advertir que, si vous n'estes résolus entrer en ceste exécution, au moins que vous n'en disiez rien, sur peine de la vie. » Tous applaudissent à ces paroles, et l'on décide, sans plus tarder, de « risquer le coup »[2]. Liron ayant « préparé un pétard », lui et ses complices, armés d'épées et de dagues, se dirigent, vers « la maison Charrier », où logeait le gouverneur, et qui est aujourd'hui la maison Raymond, place de la République, numéros 29, 31 et 33[3]. « Entrant par la porte de derrière, qu'ils

---

[1] Gaspard II de Montmorin, seigneur de Saint-Hérem, neveu de Gaspard Ier de Montmorin, seigneur de Saint-Hérem.

[2] *Annales de la ville d'Issoire*, p. 233-234.

[3] A. Longy, *Histoire de la ville d'Issoire*, 1890, in-4°, p. 350.

trouvèrent ouverte, ils montent par une échelle en une galerie par laquelle on alloit en la chambre du marquis ». Liron allumait son pétard, lorsque Mme d'Estrées qui était couchée avec d'Alègre, réveillée en sursaut, s'écrie : « J'entends du bruit à la porte ! C'est quelque troupe mal décidée ! — Madame, ce n'est rien ! » répond le marquis. « Cependant, entendant qu'on secouoit la porte de la chambre, il se jette à bas du lit, et s'empresse d'entasser escabelles, coffres, tables et autres choses au travers du seuil pour empescher l'effet du pétard. » Mais la poudre éclate, enfonce la porte, qui, en s'abattant, blesse d'Alègre au bras. Il crie, alors, à Mme d'Estrées de « se retirer en la chambre des filles », et « armé d'une pertuisane qu'il tenoit ordinairement sous le traversin de son lit », il essaie de repousser les assassins. Telle est la fureur qui l'anime que ceux-ci reculent un instant. Pourtant, l'un d'eux, Blézin, plus courageux, « se jette en avant, disant qu'il falloit l'avoir ou mourir », et, se ruant sur le marquis, « le couche à terre d'un coup de dague ». Les autres envahissent, aussitôt, la chambre, où ils commencent à « piller vaisselle d'argent, bagues et joyaux ». Puis, ils se mettent à la recherche de la marquise, dont ils avaient entendu les cris. En chemise, celle-ci s'était réfugiée dans « le bouge de ses servantes », et s'était cachée dans la ruelle du lit de l'une d'elles. Le grand Besaut l'y découvre. « Hélas ! Monsieur, implore-t-elle, voulez-vous tuer les dames aussi ? » « Oui, hurle l'autre, nous voulons tuer le chien et la chienne ! » et il lui donne « un coup de couteau dans la mamelle » qui l'abat à ses pieds toute sanglante. Ces brutes se précipitent, alors, sur elle pour lui arracher sa chemise et repaître leur curiosité profanatrice[1]. Ensuite, les deux cadavres sont jetés par les fenêtres, et de là, peut-être, comme le veut la tradition locale, précipités dans un puits placé dans la cour intérieure de la maison, puits que l'on montrait, encore, il y a peu d'années[2]. Le lendemain, toutefois, Liron en aurait fait retirer les corps qui, placés dans des cercueils, auraient été transportés et inhumés à Meilhaud. De d'Alègre et des « siens » les meurtriers n'avaient épargné que la fille cadette de la marquise, Julienne d'Estrées, « qui couchoit dans la chambre de sa mère et du marquis[3] », et Françoise d'Estrées, fille de la marquise et de d'Alègre, « qui estoit encore au berceau ».

Aussitôt le coup fait, les conjurés, au lieu de se disperser, « transportèrent, ouvertement, chez eux le butin dont ils étaient chargés, et vinrent effrontément sur la place encombrée d'une foule qu'avait réunie le bruit répandu de leur crime. Au fracas du pétard, les habitants étaient accourus pour savoir où il avait joué. Chacun s'enquérait de l'événement, lorsque Liron et les Aulterroche s'avancent, précédés de trois valets qui portaient des lanternes. On les entoura bien vite ; ils répondirent brièvement : « Ce n'est rien, mes « bons amis, retirez vous coucher : le chien et la chienne « sont morts ! » A ce propos, qui apprit tout, un gentilhomme de Languedoc, M. de Bressat, dévoué à d'Alègre, répartit imprudemment : « Il faut aller incontinent au « logis de Monsieur le gouverneur pour voir ce que c'est. »

[1] *Annales de la ville d'Issoire*, p. 234-235.
[2] A. Longy, *Histoire de la ville d'Issoire*, p. 351.
[3] *Nouveaux mémoires de Bassompierre*, p. 164.

Il s'éloignait, lorsque Moussinière l'abattit d'un coup d'arquebuse[1] ».

Les assassins sentaient bien, néanmoins, que le meurtre du marquis ne pouvait rester impuni, et, quoiqu'ils l'eussent commis sous le prétexte que leur victime était prête à pactiser avec les Ligueurs, ils ne se faisaient pas illusion sur la vengeance que le parti royaliste devait, tôt ou tard, en tirer. Aussi entrèrent-ils bientôt en relations avec Jean-Timoléon de Beaufort-Montboissier, marquis de Canillac, et le chevalier Pillon, capitaine de Nonette, auxquels ils offrirent de livrer Issoire. Mais les échevins de Clermont informèrent le Roi de leurs manœuvres, et celui-ci, en même temps qu'il nommait Jean de la Guesle, seigneur de La Chaux, pour commander à Issoire, chargeait René de Rieux, seigneur de Sourdéac, à ce moment dans la province, de l'installation du nouveau gouverneur et du châtiment des Aulterroche et de leurs complices.

M. de Rieux remplit sa mission avec habileté et énergie. « Il attendit patiemment que le consulat de Vidal Aulterroche prît fin. Des troubles étant survenus à l'occasion de la nouvelle élection, et le peuple ayant choisi pour magistrats deux citoyens étrangers à la faction des Aulterroche, de Rieux se détermina à sévir contre les meurtriers du marquis d'Alègre. Le 1ᵉʳ décembre 1593, La Chaux recevait les visites de bienvenue des principaux habitants. Liron ne tarda pas à grossir le nombre des courtisans qui présentaient leurs compliments au successeur de sa victime : il eut le front

---

[1] Imberdis, *Op. cit.*, p. 483-484. — *Annales de la ville d'Issoire*, p. 235.

de le féliciter. La Chaux étant sorti un instant, Liron
se trouva mêlé à un groupe de gentilshommes qui se
promenaient dans la salle de réception. L'un d'eux
avait connu d'Alègre. S'apercevant que Liron était paré
d'une épée dorée : « Liron, lui dit-il, où as-tu pris cette
belle espée? — Monsieur, répond l'autre, homme et
espée sont à vostre service! » Il la tire, en même temps,
du fourreau et la remet à son interlocuteur, afin qu'il
pût l'examiner à son aise. Ce dernier ne l'a pas plus
tôt reçue que, sur un ton de fureur : « L'avois-tu
pas chez le marquis? C'est l'espée d'un traistre! » Et il
en perce Liron qui, se sentant blessé à mort, sort précipitamment de la salle et court vers la maison de son
père qu'il croit pouvoir gagner; mais il tombe sans vie
à quelques pas.

« Au même moment, M. de Rieux donnait ordre de
fermer les portes de la ville, et avertissait les consuls
qu'il allait faire saisir les meurtriers de l'ancien gouverneur. Les ponts furent levés. Vidal Aulterroche et
Liron, père, en promenade dans la campagne, s'éton-
nèrent, à leur retour, de la mesure qui venait d'être
prise. Liron demanda des explications à la sentinelle,
qui lui annonça la mort de son fils. A cette nouvelle le
malheureux insiste pour que la petite porte lui soit
ouverte; il entre, suivi, de Vidal; mais tous deux,
rencontrés, bientôt, par Chrestien, de Clermont, dit le
capitaine Combelle, et par un ancien gendarme de la compagnie de M. d'Alègre, sont tués à coups de pistolets. »
Peu après, Jean Aulterroche subissait le même sort.
Arrêtés sans résistance, Étienne Aulterroche, Christophe de Crest, et Antoine Moussinière étaient pendus

le lendemain sur la place. Seuls Jean Blézin, Chainal, Germain Aulterroche, Pierre Augier et Chevarlanges réussirent à échapper, et réfugiés en Languedoc ne purent être exécutés qu'en effigie[1]. La terreur imprimée par cette répression sommaire et impitoyable devait, quand même, pour toujours, assurer la tranquillité à Issoire, où ne s'effaça jamais et où, encore aujourd'hui, demeure vivant le souvenir du drame sanglant dans lequel, à trente-deux ans, le marquis d'Alègre avait terminé son existence aventureuse.

[1] *Annales de la ville d'Issoire*, p. 240-245. — Imberdis, *Op. cit.*, p. 484-486.

CHAPITRE VI

CHRISTOPHE II D'ALÈGRE, MARQUIS D'ALÈGRE

Yves IV d'Alègre mort, cette famille d'Alègre qui, à la précédente génération, s'était trouvée représentée par cinq descendants mâles, ne possédait plus qu'un héritier de son nom et de ses titres : Christophe II d'Alègre, fils de Christophe Ier d'Alègre, seigneur de Saint-Just, et d'Antoinette Duprat. Cette dernière avait bien donné un second fils à son mari ; mais ce fils, François, était mort en bas âge[1], et tous les autres enfants nés d'elle étaient des filles: Anne, Marie, Madeleine et Marguerite.

Or, par une singulière fatalité bien digne des destinées de cette race tragique, au moment même où son cousin tombait en Auvergne sous les dagues de ses assassins, Christophe II se voyait impliqué en Normandie dans une retentissante affaire criminelle, où sa vie et son honneur se trouvaient à la fois compromis, et où menaçait de sombrer pour toujours l'avenir des descendants de Morinot de Tourzel.

C'est la finale explosion des passions violentes et tumultueuses de ces d'Alègre du xvie siècle, c'est la suprême manifestation de leur nature intraitable et rebelle,

[1] Il est signalé dans le contrat de mariage de Guy XIX de Laval et d'Anne d'Alègre, du 7 août 1583 (Comte Bertrand de Broussillon, *La maison de Laval*, 1903, in-8°, t. V, p. 120).

c'est l'incroyable fortune, aussi, qui, en épargnant la tête de son unique représentant, permit à la race de se perpétuer, c'est cette dernière page des annales de la famille, aux temps des troubles, que je voudrais raconter en terminant.

I

Nous ignorons la date exacte de la naissance de Christophe II d'Alègre, et savons, seulement, qu'il atteignit sa majorité vers 1587. En cette année, il intervient, pour la première fois, en son nom, au procès déjà engagé entre sa mère et son cousin Yves IV d'Alègre[1], et comme, en Normandie, la majorité était fixée à vingt ans, son âge nous est ainsi révélé indirectement.

S'il est vrai que Christophe Ier d'Alègre, son père, ait, à la fin de sa vie, regretté d'avoir embrassé les nouvelles doctrines et qu'il soit revenu à la vieille foi, il ne paraît pas avoir été suivi dans cette voie par sa femme qui dut élever ses enfants dans la religion réformée. Nous savons, en effet, que sa fille aînée Anne, mariée, en 1583, à Guy XIX, comte de Laval[2], et demeurée veuve en 1586, confia son fils, Guy XX de

---

[1] Le 2 mai 1587, Antoinette Duprat, veuve de Christophe Ier d'Alègre, est dite ester en justice « tant en son nom que comme ayant la garde noble des enfans de deffunt messire Christophe d'Alègre et d'elle » (Arch. nat., Grand Conseil, Vs 142). — Le 17 octobre 1587, l'instance est engagée contre Yves d'Alègre par « Antoinette Duprat, aux noms qu'elle procède, et par messire Christophe d'Alègre, son fils » (*Ibid.*, Vs 144).

[2] Le comte Bertrand de Broussillon (*La maison de Laval*, 1903, in-8°, t. V. p. 118-123) donne le texte de leur contrat de mariage qui est du 7 août 1583.

Laval, à Antoinette Duprat, sa grand'mère, pour le faire instruire dans le culte protestant[1], lorsque cette dernière se réfugia, comme je l'ai dit, à Sedan, « pour cause de religion ». Il est naturel de supposer que le jeune Christophe d'Alègre fut élevé dans les mêmes principes, et que, tout naturellement, cette éducation le fit, arrivé à l'âge d'homme, se ranger parmi les plus furieux adversaires de la Ligue.

Une autre chose y contribua, c'est que son entrée dans la vie publique se fit précisément sous les auspices de sa sœur Anne d'Alègre. Le fils de celle-ci, Guy XX, comte de Laval, étant seigneur de Vitré, et ayant, comme tel, la nomination du capitaine de la place et le droit d'en présenter au Roi le gouverneur, Anne d'Alègre fit, au nom de Guy, encore mineur, désigner par Henri III comme gouverneur de Vitré son frère Christophe, encore que fort jeune, puisque cette désignation paraît être de 1588[2].

Si flatteuse qu'elle pût être pour un jeune homme de vingt-deux ans à peine, sa nouvelle charge ne semble pas avoir été exercée bien activement par d'Alègre. L'année suivante, en effet, pendant le long siège soutenu, de mars à août 1589, par Vitré contre les Ligueurs, son nom n'apparaît, à aucun moment, parmi ceux des défenseurs de la place, et il n'y est question que de « César du Lac, gentilhomme gascon, capitaine du château de Vitré, et lieutenant de Monseigneur le marquis d'Alègre[3] ».

---

[1] Comte Bertrand de Broussillon, *La maison de Laval*, 1902, in-8°, t. IV, p. 327.

[2] Lettre de Henri IV à M. du Bourdaige, du 19 octobre 1589 (*Lettres de Henri IV*, t. III, p. 58-59).

[3] Paris-Jallobert, *Journal historique de Vitré*, 1880, in-4°, p. 42. —

Il ne semble pas, de même, que Christophe d'Alègre ait été présent lors de la prise de son château de Blainville par Antoine Bigars, seigneur de la Londe, commandant des Ligueurs de Rouen, dans les premiers mois de 1589[1]. Mais, aussitôt après, il entre en scène, et, en juin 1589, nous le trouvons s'occupant de recruter un régiment à Henri III. Dans une « commission » délivrée à cette occasion par lui, le 16 juin : « Dès le commencement des séditions et émotions populaires, expose-t-il, il nous a été commandé par Sa Majesté de mettre sus le plus grand nombre de gens de guerre pour son service qu'il nous seroit possible, tant de cette province et duché de Normandie que autres, afin de nous opposer et résister à ceux qui, témérairement, se sont levés et ont pris les armes contre son autorité, ce que ayant fait jusques icy et désirant le continuer doresnavant, nous avons fait assembler et joindre les compagnies de gens de pied, de 200 hommes chacune, des capitaines Marchastel de Montpellier, Mesnil du Puy, Boucherville et Prud'homme, pour en faire un bon et fort régiment[2]. » A la tête de ces troupes il se retranche, alors, dans Dieppe demeurée au pouvoir des royalistes et devenue le centre de la résistance à la Ligue en Normandie, et de là, en juillet 1589, fait, coup sur coup, deux sorties sur Neufchâtel-en-Bray

Pendant le siège, « le sieur du Lac, montant par un escalier de la Tour des prisonniers, eut les cuisses emportées d'une petite pièce qui donna dans une des petites fenêtres de ladite tour » (*Relation du siège de Vitré*, dans A. de Barthélemy, *Choix de documents sur l'histoire de la Ligue en Bretagne*, 1880, in-8°, p. 18).

[1] *Mémoires d'Antoine de Bigars, seigneur de la Londe et de Tourville*, publiés dans les *Mélanges de la Société d'histoire de Normandie*, 5ᵉ série, 1898, p. 21.

[2] *Bulletin de la Société historique de Normandie*, t. II (1875-1880), p. 189-190.

et sur Blainville, qui échouent toutes deux. « Le dimanche 2 juillet, dit le chroniqueur dieppois Claude Guibert, les capitaines d'Alègre, Dumont et Fournier partirent de Dieppe avec leurs troupes et une pièce de canon pour aller surprendre Neufchastel-en-Bray ; mais les soldats du sieur d'Alègre firent tant de bruit et de désordre dans les environs que les habitans eurent le temps de se mettre en défense... Vers le mesmé temps, le sieur d'Alègre partit, avec quarante chevaux, pour aller à Blainville surprendre les ennemis qui, en ayant esté advertis, se mirent de mesme en défense, et ainsi il ne put rien faire[1]. » Peu après, il est vrai, d'Alègre avait une éclatante revanche ; car, le 22 août, Henri de Navarre, devenu roi de France par la mort d'Henri III, reprenait Blainville sur les Ligueurs[2], et le 25 du même mois, Christophe d'Alègre et François de Montmorency, seigneur de Hallot réussissaient, en une seconde tentative, à s'emparer de Neufchâtel, dont d'Alègre était nommé, ou plutôt se faisait le gouverneur[3].

Il ne le demeura pas longtemps, d'ailleurs, s'étant laissé, moins d'un mois après, le 20 septembre, surprendre dans la place par le chevalier d'Aumale[4], échec bientôt réparé par Henri IV qui reprenait Neufchâtel

---

[1] *Mémoires pour servir à l'histoire de la ville de Dieppe, par Michel-Claude Guibert*, publiés par Michel Hardy, 1878. in-8°, t. II, p. 166-167.

[2] F. Bouquet, *Documents concernant l'histoire de Neufchâtel-en-Bray*, 1884, in-8°, p. 67.

[3] *Histoire civile et militaire de Neufchâtel-en-Bray de dom Bodin*, publiés par F. Bouquet, 1885, in-8°, p. 89. — *Mémoires sur la ville de Dieppe, de Claude Guibert*, 1878, in-8°, p. 175. — *Recherches historiques sur les sires et le château de Blainville*, par F. Bouquet. 1863, in-8°, p. 45.

[4] *Documents sur l'histoire de Neufchâtel-en-Bray*, publiés par F. Bouquet, 1884, in-8°, p. 68.

peu de jours après [1], mais à la suite duquel d'Alègre s'établissait définitivement à Blainville, dont il réussissait à faire l'un des points les plus solides de l'opposition royaliste en Normandie.

Très vite, il avait compris l'importance stratégique de ce château situé à quatre lieues de Rouen, et de quel avantage il pouvait être à Henri IV pour maintenir les communications entre son camp assis à Darnetal, et Dieppe par où lui arrivaient les secours en hommes et en argent d'Angleterre, et aussi pour fermer aux ennemis postés en Picardie la route directe sur Rouen [2]. Esprit pratique et avisé, il avait, alors, sollicité et obtenu, — le 11 janvier 1590, — des trésoriers généraux de France établis à Dieppe l'autorisation d'installer « en sa maison et chasteau de Blainville un bureau de recettes pour les deniers des aides et tailles à lever dans les élections de Rouen et de Lyons », sous le prétexte que les revenus de ces deux élections passaient entièrement entre les mains des Ligueurs [3]. Ainsi fourni, désormais, d'argent, et pouvant, en conséquence, entretenir une garnison nombreuse et bien armée, il commençait, aussitôt, tout autour de Rouen, une campagne d'incursions et de dévastations presque quotidiennes, où s'usaient les forces de la garnison de la ville et par où s'augmentaient les ressources du maître de Blainville [4]. Rendu même plus audacieux par ses succès, il réussissait, le

---

[1] *Histoire civile et militaire de Neufchâtel-en-Bray, par dom Bodin,* publiée par F. Bouquet, 1885, in-8º, p. 91-92.

[2] F. Bouquet, *Recherches historiques sur les sires et le château de Blainville*, p. 58.

[3] F. Bouquet, *Op. cit.*, p. 45-46.

[4] *Ibid.*, p. 47.

21 février 1590, par ruse et corruption, à s'introduire avec quelques soldats dans le château de Rouen, d'où, s'il eût eu la précaution de faire appuyer sa tentative par les troupes royales, il aurait pu gravement menacer la ville. Mais, réduit à un petit nombre de défenseurs, le château avait été repris, le lendemain, par le chevalier d'Aumale, qui avait forcé d'Alègre à capituler, lui promettant de le laisser sortir avec les honneurs de la guerre, et se réservant seulement la punition des traîtres qui avaient introduit l'ennemi dans la citadelle : Jean Louis, capitaine du château, Pierre du Roussel, dit La Cave, son lieutenant, Godefroy Ury, et Jean Alexandre qui, les jours suivants, étaient suppliciés [1].

C'était une grave imprudence qu'avait commise le chevalier d'Aumale en laissant échapper celui qui, depuis plusieurs mois, terrorisait la région. A peine rentré à Blainville, il recommençait, en effet, ses déprédations, ravageant de préférence les domaines des parlementaires et des chanoines de Rouen, rançonnant, emprisonnant, et maltraitant les ligueurs avec les raffinements de cruauté dont il devait, plus tard, donner de mémorables exemples. Si bien que, en mars 1591, décidés aux plus durs sacrifices pour se débarrasser de ce pillard, les échevins de Rouen accordaient à M. de Tavannes, gouverneur de la ville, tous les secours qu'il demandait pour réduire Blainville. Le 15 mars, la petite armée attaquait vigoureusement ce repaire de « picoreurs », et, le 17, la place était obligée de se rendre. Malheureusement, Christophe d'Alègre réussissait, une

---

[1] *Ibid.*, p. 48. — A. Floquet, *Histoire du parlement de Normandie*, in-8°, t. III, p. 346-349.

seconde fois, à obtenir pour lui et sa garnison la faveur de sortir du château « vie et bagues sauves », et l'incurie des ligueurs de Rouen qui ne purent s'entendre ni sur la nécessité de raser le château, ni sur celle d'y maintenir une garnison suffisante, permettait, six mois après, aux lansquenets du prince d'Anhalt, auxiliaires de Henri IV, de reprendre Blainville dont tous les défenseurs étaient impitoyablement massacrés (novembre 1591). Sur ces entrefaites, Christophe d'Alègre rentrait dans son château, où, le 13 février 1592, quelques jours après la bataille d'Aumale, il recevait solennellement le Roi [1].

Nous le trouvons qualifié, à ce moment, de bailli et gouverneur de Gisors. C'est, probablement, vers le milieu de 1591, après qu'il eut été chassé de Blainville par les ligueurs de Rouen, que cette double charge lui fut conférée. Elle semblait ne devoir être que la juste récompense des importants services rendus par lui à la cause royaliste ; elle fut, au contraire, l'origine de ses « infortunes », c'est-à-dire du drame qui allait brusquement interrompre une carrière si heureusement commencée.

II

A peine établi dans son nouveau gouvernement, M. d'Alègre n'avait pas tardé à se signaler par les mêmes excès qui lui avaient déjà, valu, comme châtelain de Blainville, une si étrange réputation : extorsions

[1] F. Bouquet, *Op. cit.*, p. 58-62, et 93-95.

d'argent aux habitants, emprisonnements arbitraires, rigueurs à l'égard des citoyens les plus considérables de la ville. Il ne respectait même pas les autorités avec lesquelles il eût dû marcher d'accord, et un document nous rapporte que, le lieutenant général Frontin ayant voulu résister à l'un de ses caprices, il ordonna de faire asseoir ce vieillard sur un baril de poudre, mèche allumée, lui donnant pour prendre parti le temps que mettrait cette mèche à se consumer[1]. Bref, de telles plaintes furent portées sur lui au Roi que, à la fin de mars 1592, ce dernier lui retirait sa charge, confiant le gouvernement de Gisors à Jean de Saint-Simon, seigneur de Hédouville, et, par lettres patentes du 3 avril 1592, nommant lieutenant de Roi au baillage de Gisors, François de Montmorency, baron de Hallot, déjà lieutenant de Roi aux bailliages de Rouen et d'Evreux[2].

Issu d'une branche cadette de la maison de Montmorency, François de Montmorency, baron de Hallot, chevalier de l'ordre, capitaine d'une compagnie d'ordonnances, était, nous l'avons vu, un ancien compagnon d'armes de Christophe d'Alègre. Ex-chambellan du duc d'Anjou, il avait été, dès 1588, l'un des premiers parmi les gentilshommes de sa province à se rallier au duc de Montpensier, gouverneur de Normandie, pour la défense de la cause royale. Henri III mort, il avait, tout de suite, juré fidélité à Henri IV, et s'était particulière-

---

[1] A. Floquet, *Histoire du privilège de Saint-Romain, en vertu duquel le chapitre de la cathédrale de Rouen délivrait anciennement un meurtrier, tous les ans, le jour de l'Ascension*, 1833, in-8°, t. I, p. 392.

[2] Lettres patentes mentionnées dans l'arrêt du parlement de Normandie, du 13 février 1593 (Bibl. nat., fr. 30.887. Cabinet de d'Hozier, imprimé).

ment distingué aux combats d'Arques et d'Ivry. Mais grièvement blessé à la cuisse d'un coup d'arquebuse, le 7 février 1592, sous les murs de Rouen assiégé par les troupes royales, il avait été obligé d'abandonner l'armée [1]. Sa nomination de lieutenant de Roi au bailliage de Gisors lui parvint à Vernon où il se faisait soigner. Il y était l'hôte d'un de ses amis, Claude de Bordeaux, seigneur de Bois-Garenne [2].

M. d'Alègre attribua-t-il à des manœuvres déloyales à son endroit la faveur que venait d'obtenir le baron de Hallot? Y eut-il entre eux quelque explication orageuse? Je ne peux le dire sûrement. Un fait certain est que l'ancien gouverneur de Gisors conçut contre son successeur un furieux ressentiment que le temps n'apaisa pas, puisque, six mois après, il s'en vengeait de la façon la plus odieuse et la plus lâche.

Le 12 septembre 1592, au matin, il partait du château de Blainville, accompagné de quinze à seize gentils-hommes, serviteurs ou « hommes de main » dévoués : le sieur du Fossé, peut-être Gentien Thomas, seigneur du Fossé-en-Bray [3], le sieur des Angles, le sieur Fremyn de Flocques, gentilhomme du Vimeu, le capitaine Chevalier, originaire des environs de Beauvais, Diego Masure, dit le cadet d'Agloë ou Lagloë, un certain de Campres, italien, qualifié d'écuyer du sieur d'Alègre, deux de ses anciens pages, l'un Claude Péhu, seigneur

----

[1] *La Ligue en Normandie* (1588-1594), par le vicomte Robert d'Estaintot, 1862, in-8°, p. 21. 46, 99, 105, 162, 199, 201, 212. — Bouquet, *Recherches sur les sires et le château de Blainville*, p. 66-68.

[2] E. Meyer, *Histoire de la ville de Vernon*, 1874-1876, in-8°, t. II, p. 330.

[3] *Mémoires de Pierre-Thomas, seigneur du Fossé*, publiés par F. Bouquet, 1879, in-8°, t. I. p.7.

de la Motte, près Longueil, en Picardie, l'autre du nom
de Marché ou Marchey, « demeurant ordinairement à
Saint-André, près Ivry[1] », enfin Pierre Fouques, dit La
Pierre, fils de Gérard Fouques, prévôt forain de Senlis[2], valet de chambre de d'Alègre, Jean de la Porte, son
argentier, Jean Doubledent, son palefrenier, et quelques
autres comparses, Charles, Catot et Le Paintre, ses
laquais, et Jean, palefrenier du sieur du Fossé[3]. A la
tête de cette petite troupe d'Alègre arrive à Vernon,
vers 6 heures du soir, et descend à l'auberge du *Gros-
Tournois*[4]. Y laissant les siens, il va souper chez François d'Orléans, comte de Saint-Pol, fils de Léonor d'Orléans, duc de Longueville[5]. Puis le lendemain matin,
13 septembre, vers 6 heures, il fait venir quatre des
« gentilshommes » qui l'ont accompagné : « Je m'en
vais, leur déclare-t-il, en un certain lieu, où il faudra
jouer de l'espée et se battre. Venez avec moi! Vous
me devez cette assistance! » En même temps il leur
avouait le but de l'expédition et qu'il s'agissait de tuer
M. de Hallot, qui, disait-il, « lui avoit fait une perfidie ».
Les autres se rendent sur le champ aux raisons que

[1] Saint-André-de-l'Eure, Eure, arrondissement d'Evreux.

[2] Sur ce Géraud Fouques, cf. Baron de Bonnault d'Houët, *Compiègne
pendant les guerres de religion et la Ligue*, 1910, in-8°, p. 33.

[3] J'ai restitué les noms des complices de d'Alègre, d'après l'arrêt du
parlement de Normandie, du 13 février 1593 (Bibl. nat., fr. 30.887,
Cabinet de d'Hozier, imprimé), et les arrêts du Grand Conseil des
23 novembre et 19 décembre 1594 (Arch. nat., V⁵ 163), du 3 février 1596
(*Ibid.*, V⁵ 169), et du 26 mars 1608 (*Ibid.*, V⁵ 249).

[4] Floquet, *Histoire du privilège de Saint-Romain*, t. I, p. 393-394.

[5] *Plaidoyers faits au Grand Conseil sur le privilège de la fierte prétendu par les doyen, chanoines et chapitre de l'église cathédrale de
Rouen et les arrêts sur ce intervenus*, Paris, 1608, in-8°, p. 11. —
A. Héron, *Documents concernant la Normandie, extraits du Mercure
français*, 1883, in-8°, p. 4.

M. d'Alègre dut leur exposer et que, encore une fois,
nous ignorons, et, se mettant à table, sur l'invitation de
leur chef, préludent à leur œuvre de mort par un
repas, « pendant lequel M. d'Alègre fit apprester les
pistolets des hommes de sa suite[1] ». Puis, tous, montant à cheval, gagnent la maison de M. de Bois-
Garenne, l'hôte, je l'ai dit, de M. de Hallot. Cette maison aurait, d'après un historien, M. Floquet, existé
encore à Vernon en 1833[2]. Mais celle à laquelle cet
auteur fait allusion et qu'il indique comme située rue
Allais, près la Fausse-Porte, et comme désignée sous le
nom de Maison-Carrée ou de Château, si elle existe bien
encore aujourd'hui, ne date certainement pas du
xvie siècle. L'on peut, toutefois, affirmer, textes en
mains, comme l'a prouvé M. Meyer, que son emplacement est bien celui de l'hôtel de Bois-Garenne[3].

Quoi qu'il en soit, parvenus là M. d'Alègre et ses
compagnons mettent pied à terre, donnent leurs chevaux à tenir à leurs laquais, et l'un d'entre eux, frap-
pant à la porte, fait prévenir M. de Hallot que quelqu'un
demande à lui parler. L'autre, imprudemment, « descend,
sans armes, de sa chambre, appuyé sur des potences,
à cause de ses blessures, et accompagné de son trom-
pette et de son maistre d'hostel[4] ». Il salue « courtoisement et gracieusement » M. d'Alègre, « portant la main
au chapeau », ce qui pourrait donner à croire qu'il

[1] A. Floquet, *Histoire du privilège de Saint-Romain*, t. I, p. 393-394.
[2] *Ibid.*, p. 395.
[3] E. Meyer, *Histoire de Vernon*, t. II, p. 330.
[4] *Journal de l'Estoile*, éd. Brunet, t. V, p. 180. — Confession de Fremyn de Floques, citée dans A. Floquet, *Op. cit.*, t. I, p 408.

n'avait été mis en défiance par aucune provocation antérieure de d'Alègre, et que le guet-apens que lui préparait ce dernier n'était en rien justifié par quelque mauvais procédé de M. de Hallot. Le baron devait être, d'ailleurs, bientôt fixé sur les intentions de son ancien compagnon d'armes. A son salut d'Alègre, « la teste couverte », ne répond que par ces mots : « Monsieur, il faut mourir[1]! » Et, aussitôt, lui et quelques-uns de ses complices se jetant sur cet infirme lui portent vingt-cinq coups de poignard ou d'épée, « dont ils l'atterrèrent mort sur place[2] », pendant que les autres désarmaient ses deux serviteurs. Le coup fait, et avant que l'éveil ait été donné dans la ville, les meurtriers remontent à cheval, gagnent la porte la plus voisine de la ville, où, trouvant la herse abaissée, ils parviennent à la hausser, et se dirigent tout droit sur le château de la Roche-Guyon[3]. Après avoir « dîné » là, chez la marquise de la Roche-Guyon[4], ils étaient, le soir même, de retour à Blainville.

III

De quelques scènes de barbarie que la Normandie eût été le théâtre depuis plusieurs années, celle qui

[1] A. Floquet, *Histoire du privilège de Saint-Romain*, t. I, p. 395. — *Plaidoyers faits au Grand Conseil sur le privilège de la fierte..*, Paris, 1608, p. 98. — Héron, *Documents concernant la Normandie, extraits du* Mercure français, 1883, in-8°, p. 15.

[2] Arrêt du parlement de Normandie, du 13 février 1593 (Bibl. nat., fr. 30.887, Cabinet de d'Hozier, imprimé). — *Journal de l'Estoile*, éd. Brunet, t. V, p. 180.

[3] A. Floquet, *Histoire du privilège de Saint-Romain*, t. I, p. 395.

[4] Antoinette de Pons, veuve de Henri de Silly, marquis de la Roche-Guyon, mort en 1586.

venait de s'accomplir à Vernon les dépassait trop en
horreur pour ne pas produire dans la province une émo-
tion extraordinaire. De son mariage avec Claude Hébert,
dame d'Ossonvilliers, la victime ne laissait que deux
filles. Mais ces deux filles étaient mariées à des gentilshommes considérables de Bretagne et de Normandie,
l'une, Françoise, ayant épousé Sébastien de Rosmadec,
seigneur et baron de Molac, Tivarlen et Pontcroix, gentilhomme ordinaire de la chambre du Roi, capitaine de
cinquante hommes d'armes, et colonel de l'infanterie
française en la province de Bretagne, l'autre, Jourdaine,
Gaspard de Pelet, vicomte de la Vérune, baron de
Montpeyroux, chevalier de l'ordre, bailli et gouverneur
du château de Caen et l'un des lieutenants généraux du
Roi en la province de Normandie. Certaine d'être sou-
tenue par ses gendres, et surtout par M. de la Vérune,
Mme de Hallot résolut de tenter l'impossible pour
obtenir justice de la mort de son mari. A la suite des
guerres civiles, le parlement de Normandie était divisé
en deux camps, une partie de ses membres siégeant à
Rouen au nom de la Ligue, les autres à Caen au nom
du nouveau roi Henri IV. C'est à ces derniers que
que s'adressèrent Mme de Hallot et ses filles pour lui
demander l'exemplaire punition du meurtre d'un des
plus fidèles serviteurs de celui qu'ils reconnaissaient
pour maître, et, dès le 29 septembre 1592, le parlement
de Normandie transféré à Caen rendait un arrêt contenant prise de corps contre les assassins qui lui étaient
dénoncés[1]. Cependant l'état de guerre et d'anarchie où

---

[1] Arrêt cité dans l'arrêt du parlement de Normandie, du 13 février 1593
(Bibl. nat., fr. 30.887, Cabinet de d'Hozier, imprimé).

se trouvait le pays rendait les recherches difficiles, et quatre mois s'étant passés sans amener aucune arrestation, le 13 février 1593, la cour devait se contenter d'une manifestation assez platonique en rendant contre les coupables un arrêt par contumace. Ceux-ci étaient condamnés à « estre traînez sur des clayes depuis la prison jusques à l'échafaud, pour estre là pincez et tenaillez de fers chauds par les mamelles, bras et cuisses ». « Quant à d'Alègre, continuait l'arrêt, il sera alors tiré et démembré à quatre chevaux, sa teste et sa main droite seront séparées et mises sur le pont de Vernon, et les autres membres placés aux quatre portes de la ville; et pour ce qui est de ses complices, il seront rompus sur un gril dressé sur l'échafaud, et, après, jetés au feu. » Enfin, « tous les condamnés, et chacun d'eux, seul et pour le tout », étaient taxés à 300.000 écus de dommages et intérêts, leurs biens demeuraient confisqués, et le château de Blainville devait être immédiatement rasé [1].

Malheureusement, les meurtriers continuaient à demeurer introuvables.

Mme de Hallot comprenant que les moyens d'action du parlement de Caen seraient insuffisants à les faire découvrir, obtint, alors, le 27 mars 1593, du Conseil du Roi un arrêt ordonnant aux baillis et sénéchaux du royaume de courir sus aux coupables [2]. Mais presqu'au même moment on apprenait que ceux-ci essayaient d'échapper autrement que par la fuite au juste châtiment de leur crime, et que, simplement réfugiés à Rouen, ils tentaient

---

[1] Arrêt du parlement de Normandie, du 13 février 1593 (Bibl. nat., fr. 30.887, Cabinet de d'Hozier, imprimé).

[2] Arrêt du Conseil privé du Roi, de Chartres, du 27 mars 1593 (*Ibid.*).

de créer une équivoque sur le vrai caractère de ce crime.

Bien que, en effet, d'Alègre se fût toujours distingué par sa haine des Ligueurs, et de ceux de Rouen en particulier, l'assassinat de M. de Hallot avait, très vite, changé les sentiments réciproques des anciens adversaires, les uns tout disposés à recevoir dans leurs rangs le meurtrier d'un des lieutenants les plus en vue d'Henri IV, l'autre comprenant bien que sa principale chance de salut était dans son adhésion à la Ligue. Et c'est, probablement, pendant son séjour à Rouen, que l'idée vint à d'Alègre de profiter des bonnes dispositions de ses nouveaux amis, pour se faire absoudre de son récent forfait par le chapitre de Rouen, en sollicitant le privilège de porter, le jour de l'Ascension, la fierte de saint Romain.

On sait en quoi consistait le célèbre droit de grâce du chapitre de Rouen. Il se rattachait au souvenir d'un de ses archevêques, saint Romain qui, au viie siècle, aurait, selon la tradition, délivré la ville et le pays d'un monstre qui les désolait : la gargouille. Saint Romain était, d'après la légende, allé à la rencontre de la bête, accompagné d'un condamné à mort à qui l'on avait promis sa grâce, s'il consentait à assister le prélat. Ce dernier revenu victorieux de son expédition, l'on avait mis en liberté le prisonnier, et, en mémoire de ce fait, le chapitre avait obtenu du bon roi Dagobert le droit de délivrer, chaque année, le jour de l'Ascension, un des captifs détenus dans les prisons de la ville et qui, ce jour-là, était admis à porter la fierte ou la châsse de saint Romain [1].

---

[1] A. Floquet, *Histoire du privilège de Saint-Romain*, t. 1, p. 1-67.

C'est ce moyen d'échapper à la punition de son crime que résolut de tenter M. d'Alègre. Toutefois, pour attirer le moins possible l'attention sur lui, et ne point donner trop d'éclat à sa démarche, il imagina d'en laisser l'initiative à l'un de ses complices, Claude Péhu, seigneur de la Motte. Il fut, donc, convenu que Péhu, acceptant de passer pour l'auteur principal du meurtre de M. de Hallot, implorerait, en son nom et au nom de tous les coupables, la grâce du chapitre, et que d'Alègre serait, ainsi, indirectement, absous.

Les deux compères jugèrent, avant tout, prudent de se pourvoir, l'un et l'autre, d'une pièce indispensable à la bonne réussite de leur machination, et se firent délivrer, Péhu, par un chanoine de la collégiale Saint-Michel de Blainville, d'Alègre, par un frère mineur complaisant, deux certificats attestant que, bons catholiques, ils avaient fait, tous deux, leurs Pâques, en l'an de grâce 1593 [1]. Muni, en particulier, de ce document, Péhu usa, alors, du stratagème habituel qu'employaient ceux qui voulaient solliciter le privilège de saint Romain : il se fit emprisonner dans les délais fixés, c'est-à-dire trois semaines avant l'Ascension, à la requête supposée d'un certain Du-Fossey [2], sous le prétexte assez banal d'une obligation impayée. Il était rare, en effet, qu'un coupable désireux de porter la fierte avouât le vrai motif qui le faisait se constituer prisonnier, car au cas où il n'aurait point été élu, la justice aurait pu user de son aveu pour le poursuivre, ensuite, d'office. Il ne confes-

----

[1] *Ibid.*, p. 399.

[2] Peut-être Gilles du Fossey, greffier du siège présidial du bailliage de Rouen (*Ibid.*, t. II, p. 650).

sait, donc, son méfait qu'en temps et lieu au chapitre, et comme celui-ci avait le droit de garder le secret sur les aveux des prisonniers, par sa fausse déclaration le candidat ne risquait, en cas d'échec, que la peine généralement peu grave réservée au délit léger dont il s'était accusé pour obtenir son incarcération [1].

C'était pendant les trois jours précédant l'Ascension, c'est-à-dire pendant les trois jours des Rogations, que deux chanoines délégués par le chapitre parcouraient les prisons, pour entendre les confessions, et recevoir les requêtes des prisonniers, et pour en rédiger, séance tenante, le procès-verbal, tâche qu'ils accomplissaient scrupuleusement, encore bien que, la plupart du temps, leur siège fût fait d'avance.

Selon l'usage, donc, Péhu, qui s'était fait emprisonner à la prison de la Cour des aides, fit le long exposé du drame du 13 septembre 1592, exposé qui nous a été conservé, et auquel j'ai, précédemment, emprunté quelques détails [2]. En même temps, du reste, qu'ils se soumettaient docilement à toutes les formalités de la procédure habituelle, d'Alègre et ses complices ne négligeaient pas les démarches officieuses, et, dès ce moment, une pression s'exerçait sur le chapitre pour le bien disposer en faveur des meurtriers de M. de Hallot. Cette pression venait surtout des chefs de la Ligue en Normandie, très désireux de conquérir à leur cause l'un de leurs plus redoutables adversaires, et le duc de Mayenne, lui-même, prenait la peine d'écrire au cha-

---

[1] A. Floquet, *Histoire du privilège de Saint-Romain*, t. I, p. 411.
[2] *Ibid.*, t. I, p. 394 et suiv.

pitre « pour le prier et conjurer de toute son affection, disait-il, de donner la fierte au marquis d'Alègre, gentilhomme de qualité et de mérite, que je désire infiniment estre qualifié de ceste courtoisie[1] ». De leur côté, M. de Villars, gouverneur de Rouen, et Jean de Leslie, légat en France du pape Clément VIII, et remplissant les fonctions d'archevêque de Rouen pendant la vacance du siège, ce dernier, en particulier, favorablement impressionné par les deux certificats de catholicité qui lui avaient été remis, insistaient, de la façon la plus pressante, auprès des chanoines en faveur d'Alègre et de Péhu[2].

Aussi, lorsque, le 27 mai 1593, jour de l'Ascension, le chapitre se réunit solennellement, dans la salle capitulaire, pour délibérer sur « l'élection d'un captif », la lecture des divers procès-verbaux d'interrogatoire des prévenus dut-elle être écoutée d'une oreille distraite par beaucoup des juges, dont les suffrages étaient acquis d'avance au même candidat. Des urnes, où chacun d'eux déposait son bulletin de vote, les noms de Péhu et de ses complices sortaient, peu après, en grosse majorité, et le résultat du scrutin ayant été aussitôt, suivant la coutume, communiqué au parlement, les auteurs du meurtre du 13 septembre étaient déclarés absous, et Péhu admis à porter la fierte à la procession de l'après-dîner[3].

---

[1] *Ibid.*, t. I, p. 399.

[2] Cf. « l'engagement que prend Claude Péhu de la Motte devant Jean de Leslie, évêque de Ross, de ne plus servir le parti du roi de Navarre et de s'attacher à la Ligue », le 26 mai 1593 (A. Floquet, *Histoire du privilège de Saint-Romain*, t. II, p. 650).

[3] Un document, cité par A. Floquet, nous dit que, ce jour-là, Péhu

On conçoit aisément la consternation où pareil scandale dut jeter les parents et les amis de M. de Hallot. Le privilège de saint Romain était si populaire et si respecté en Normandie, que rien ne semblait, dès lors, pouvoir valoir contre la récente décision du chapitre. Et par une singulière coïncidence, au moment même où se produisait ce coup de théâtre, un des complices et des plus notoires de d'Alègre, Fremyn du Flocques, se faisait prendre aux environs de Caen, après une résistance désespérée, et, grièvement blessé, était écroué dans les prisons du parlement royaliste. La cour allait-elle passer outre à l'amnistie prononcée par le chapitre de Rouen, et oserait-elle aller à l'encontre de l'antique et vénérable tradition? C'est ce qu'il était légitimement permis de craindre.

Fort heureusement, il n'en fut rien. Sans même attendre que le prévenu fût guéri du coup d'arquebuse qui lui avait fracassé l'épaule, le parlement le faisait transporter à l'audience étendu en un panier d'osier et procédait immédiatement à l'instruction de l'affaire. Vainement, M. de Flocques se défendit-il, en disant : « que, estant, avec beaucoup d'autres, resté à la porte de M. de Hallot, il n'avoit eu congnoissance de l'assassinat que par un grand bruit et rumeur qui s'estoit fait après le crime; que, alors, seulement, lui et les autres estoient descendus de cheval pour sauver M. d'Alègre des mains des serviteurs de M. de Hallot; que,

« estoit accoustré d'un pourpoint et haut-de-chausses de taffetas gris, avec un bas de soye verd, et avoit un manteau de sarge, de couleur de gris de guelde, bordé de passemens gris » (A. Floquet, *Op. cit.*, t. I, p. 402).

après le crime, ledict d'Alègre leur avoit demandé pardon de ce qu'il ne les avoit advertis de son dessein ». Toutes ces défenses demeurèrent inutiles, et, le 18 juin, l'accusé, condamné à mort, avait la tête tranchée[1].

Encouragée par cette première victoire, Mme de Hallot résolut de tenter un effort plus décisif. Un des arguments sur lesquels s'était appuyé le parlement de Caen, pour procéder au jugement de Fremyn de Flocques, avait été que le crime commis par lui sur la personne d'un lieutenant de Roi n'était point un crime de droit commun, mais un crime de lèse-majesté, et, comme tel, devait être excepté du privilège de la fierte. Mais cette limitation apportée au droit du chapitre de Rouen restait contestable, tant qu'elle n'avait pas reçu la sanction du seul juge capable d'en décider en dernier ressort, du pouvoir souverain. Ce fut, donc, au Roi que s'adressa Mme de Hallot, pour le supplier d'interposer expressément sur ce point sa volonté. Les circonstances semblaient favorables à cette requête. Le Roi venait d'abjurer solennellement l'hérésie, et l'on ne pouvait, dès lors, contester à un roi catholique le droit de restreindre un privilège dont les chanoines de Rouen ne devaient, en somme, l'exercice qu'à la condescendance de ses prédécesseurs. Cet appel fut, du reste, entendu, puisque, le 24 août 1593, un arrêt du Conseil proclamait que les crimes de lèse-majesté étaient exclus du privilège de saint Romain, et que le meurtre de M. de Hallot était, au premier chef, un de ces cas[2].

---

[1] A. Floquet, *Op. cit.*, t. I, p. 407-409.

[2] Arrêt du Conseil du Roi, du 24 août 1593, cité dans l'arrêt du Grand Conseil, du 19 décembre 1594 (Arch. nat., V^s 163).

Cet arrêt était un coup droit porté à M. d'Alègre, et c'est probablement sur ces entrefaites qu'il jugea prudent de « s'absenter du pays ». On le trouve, encore, à Rouen, le 25 octobre 1593, signant aux autorités municipales le reçu de « trois bahuts à lui restitués, et où il y a lettres, titres et escriptures provenant du sac de son chasteau de Blainville[1] » ; mais il est vraisemsemblable que, peu après, il partait pour l'Italie que divers documents lui assignent comme retraite[2]. A partir de ce moment, nous perdons, d'ailleurs, ses traces jusqu'en l'année 1608.

Le bruit fait autour du drame de Vernon n'était pas, pour cela, près de s'éteindre, car, le principal coupable disparu, Mme de Hallot n'abandonna pas la poursuite de sa vengeance. Celle-ci ne trouva, malheureusement, à s'exercer que sur des comparses que les actives recherches de la veuve parvinrent à faire découvrir. En 1594, Jean Doubledent, palefrenier de d'Alègre, et Pierre Fouques, son valet de chambre, ayant été arrêtés à Paris, sont condamnés, par arrêt du Grand Conseil, du 19 décembre, à « estre pendus et étranglés à une potence double, à la place de la Croix-du-Tiroüer, et leurs testes portées à Vernon et exposées sur les deux principales portes[3] ». — En 1596, c'est le tour de Diego Masure, dit le cadet d'Agloë, qui, le 3 février, a la tête tranchée sur un échafaud, en la même place de

---

[1] Le texte de ce reçu est donné d'après les archives municipales de Rouen, par d'Estaintot, *la Ligue en Normandie*, 1862, in-8º, p. 265, note.

[2] A. Floquet, *Op. cit.*, t. I, p. 455. — F. Bouquet. *Recherches historiques sur les sires et le château de Blainville*, p. 74.

[3] Arrêt du Grand Conseil, du 19 décembre 1594 (Arch. nat., V{s} 163).

la Croix-du-Tiroir, après avoir été condamné à 500 écus
d'amende envers les parties[1]. — En 1608, enfin, réap-
paraît Péhu. Plus prudent, il avait, lui, pris ses précau-
tions ; car, dès le mois de juin 1598, peu rassuré sur
la valeur de l'amnistie accordée par le chapitre de
Rouen, il avait sollicité et obtenu du Roi des lettres de
rémission[2]. Comment avait-il pu réussir à se faire pardonner un crime que l'arrêt du Conseil du 24 août 1593
semblait déclarer irrémissible ? Quelqu'étonnante que
soit la chose, elle, est cependant, certaine, puisque c'est
à l'occasion de l'entérinement de ces lettres, demandé
par lui au Grand Conseil, que nous le voyons rentrer en
scène, en 1608. A cette date, pourtant, quinze ans après
la mort de son mari, Mme de Hallot n'avait pas désarmé ;
elle se porta partie au procès criminel, réclamant
contre Péhu l'annulation des lettres de grâce et une
condamnation capitale. Il était, toutefois, bien difficile
au Grand Conseil de ne point s'incliner devant le fait
acquis et la situation particulière où se trouvait l'ancien
complice de d'Alègre. Tout ce que purent faire les
juges fut de « bannir ledict Péhu de la suite de la
cour, à dix lieues à la ronde, et des pays de Normandie
et Picardie, pour le temps et espace de neuf ans,
pendant lequel temps, disait l'arrêt, il servira le Roy,
à ses dépens, en tel lieu qu'il plaira audict seigneur
Roy ». Cette condamnation ne s'aggravait que d'une
réparation civile de 1.500 livres, de 150 livres d'au-

---

[1] Arrêt du Grand Conseil, du 3 février 1596 (Arch. nat., V^5 169).

[2] Ces lettres de rémission, du mois de juin 1598, dont je n'ai pu
retrouver le texte, sont citées dans l'arrêt du Grand-Conseil, du
26 mars 1608 (Arch. nat., V^5 249).

mônes faites aux pauvres, et de 150 livres de dommages et intérêts, dont l'emploi était laissé à la discrétion du Grand Conseil [1].

IV

Je viens de dire qu'il était assez singulier de retrouver Péhu pourvu, en 1608, de lettres de rémission régulièrement obtenues de l'autorité royale. Ce qui l'est bien plus, c'est de voir, en cette même année, d'Alègre revenu en France, s'y marier et y être rétabli dans tous ses biens. Sur les circonstances et les détails de sa réhabilitation, j'en suis malheureusement réduit à des hypothèses, n'ayant entre les mains, là-dessus, aucun document. Et en ce qui concerne, en particulier, ses biens, il est difficile aussi de découvrir comment il put en obtenir la restitution. Tout au plus peut-on l'entrevoir, et encore seulement en ce qui touche les châteaux d'Alègre et de Blainville.

On se souvient que le château d'Alègre était, lors du règlement de la succession d'Yves III d'Alègre, règlement sanctionné par l'arrêt du Grand Conseil du 28 avril 1588, que le château d'Alègre, dis-je, était demeuré à la veuve du défunt, Jacqueline d'Aumont, « pour ses reprises ». Et l'on se rappelle aussi que cet arrêt du 28 avril accordait une grande partie des biens possédés par ledit Yves en Auvergne à la branche de Christophe d'Alègre. Mais aussitôt après la mort de son frère Yves IV, et les « malheurs » de son cousin Christophe II, Isabelle d'Alègre,

[1] Arrêt du Grand-Conseil, du 26 mars 1608 (Arch. nat., V⁵ 249).

dame de Coupigny, avait si bien manœuvré auprès de Jacqueline d'Aumont que, par transactions des 3 février et 6 juillet 1593, ces deux dames avaient été d'accord pour se mettre en possession de tous les biens d'Auvergne au détriment de Christophe II et de ses sœurs, au mépris de l'arrêt du Grand Conseil du 28 avril 1588 et aussi de la sentence de confiscation portée contre Christophe II[1]. Et il semble bien, d'autre part, que, après la mort de Jacqueline d'Aumont, survenue dans les premières années du xviie siècle, les d'Alègre-Coupigny se soient purement et simplement déclarés seigneurs et maîtres du château d'Alègre. Un fait certain est que, dès 1594, et, encore, en 1605, nous voyons le mari d'Isabelle d'Alègre, Gabriel du Quesnel, baron de Coupigny, prendre le titre de marquis d'Alègre[2]. Que se passa-t-il lorsque Christophe II fut réintégré dans ses biens ? Nous l'ignorons. Il paraît bien, seulement, qu'il dut faire rendre gorge aux Coupigny et se faire restituer, au moins, le château d'Alègre, puisque nous avons des lettres de lui de 1636 et 1638, datées « de son château d'Alègre, en Auvergne[3] ».

Quant aux biens de Normandie, lors de la confiscation portée contre Christophe II, ses sœurs, qui n'avaient

---

[1] *Factum d'Yves, marquis d'Alègre, chevalier des ordres du Roi, maréchal de France, contre dame Françoise de Belvezet de Jonchères, veuve de messire Jean de la Vernède, seigneur d'Auriac, etc.*, 1730, in-fol., p. 10-11 (Bibl. nat., fonds Clairambault, vol. 1219).

[2] En 1594, c'est à l'occasion d'un baptême, où il est parrain (*Analyse des archives communales de la ville de Dreux*, par Lucien Merlet, 1863, in-12, p. 17) ; en 1605, à l'occasion d'une affaire d'honneur, où il sert de second à Prigent de la Fin, vidame de Chartres, contre M. de Clermont Gallerande (Bibl. nat., V[c] Colbert, vol. 16, fol. 398 et v°).

[3] F. Bouquet, *Recherches historiques sur les sires et le château de Blainville*, p. 75-76.

pas encore « partagé » avec lui, avaient réclamé sur ces biens la part qui leur revenait de l'héritage de leur père Christophe Ier, et, en 1598, elles avaient obtenu les terres d'Oissery, Marcilly, Maisy et Blainville qui furent divisées entre elles[1]. Mais il est vraisemblable que, Christophe II réhabilité, un nouveau partage dut être fait entre le frère et les sœurs, à la suite duquel le château de Blainville revint au seul mâle de la famille. Dans des documents postérieurs, Christophe II fait, en effet, acte de seigneur de Blainville, en donnant des cloches à l'église paroissiale du lieu (1611), en réunissant à l'église collégiale les deux chapelles de Saint-Jean-Baptiste, et de Sainte-Catherine et Sainte-Marguerite (1627), en soumettant la nomination de chanoines de ladite collégiale à l'agrément de l'archevêque de Rouen (1636-1638)[2].

Si nous en sommes réduits aux conjectures sur les circonstances qui permirent à Christophe II d'Alègre de redevenir ainsi seigneur d'Alègre et de Blainville, ce que nous savons, pertinemment, en revanche, c'est que les haines, les discordes, les violences, qui, pendant toute la seconde moitié du xvie siècle, avaient divisé la famille, eurent une longue et interminable répercussion sur son histoire aux xviie et xviiie siècles. En 1621, les hostilités reprennent entre les d'Alègre-Coupigny et les d'Alègre-Duprat, et ces hostilités devaient se prolonger pendant plus de cent ans[3]. Diffé-

[1] *Factum d'Yves, marquis d'Alègre, chevalier des ordres du Roi, maréchal de France...*, 1730, in-fol., p. 11 (Bibl. nat., fonds Clairambault, vol. 1219).

[2] F. Bouquet, *Recherches historiques sur les sires et le château de Blainville*, p. 75-76.

[3] *Factum d'Yves, marquis d'Alègre, lieutenant général des armées du*

rends qui n'ont plus rien de tragique, puisqu'il ne s'agit
que de débats de procédure, mais qui prouvent, une fois
de plus, l'humeur batailleuse, la naturelle intransigeance
de la race. Les mœurs s'étant adoucies, ce n'est plus à
main armée, comme Yves IV d'Alègre, en 1581, qu'on
essaie de se faire rendre justice, c'est à coups de fac-
tums, de contredits, d'oppositions que l'on se bat ;
mêlées moins dangereuses, tempêtes moins terribles
que celles dont sortait la famille et qui ne l'empêchèrent
pas de fournir encore une assez brillante carrière et de
finir en beauté. Des huit enfants que Christophe II
d'Alègre eut de sa femme Louise de Flageac[1], l'un,
Emmanuel — le seul par lequel se perpétua le nom de
d'Alègre[2] — fut, en effet, le père de cet Yves d'Alègre,
maréchal de France, avec lequel on peut dire que s'éteignit la famille, puisque, ayant survécu à son fils unique,
mort jeune, il se trouva être le dernier des d'Alègre !

*Roi, gouverneur de la ville et du château de Saint-Omer, fils et héritier
d'Emmanuel, marquis d'Alègre...*, s. d., in-fol. — *Requête des descendants de messire Gabriel du Quesnel, marquis de Coupigny, chevalier
des ordres du Roi, et de dame Isabeau d'Alègre, son épouse, dans l'instance intentée pour raison de la restitution des biens donnés par
Yves III d'Alègre à Yves IV d'Alègre et à Isabeau. sa sœur, dont messire Christophe d'Alègre, leur tuteur, qui avoit épousé la dame Duprat,
se prévalant de leur minorité, s'est mis en possession...*, 1716, in-fol. —
*Factum d'Yves, marquis d'Alègre, chevalier des ordres du Roi, maré-
chal de France, contre dame Françoise de Belvezet de Jonchères, veuve
de messire Jean de la Vernède, seigneur d'Auriac, etc...*, 1730, in-fol.
(Bibl. nat., fonds Clairambault. vol. 1219).

[1] Louise de Flageac, fille de Pierre de Flageac. chevalier de l'ordre,
et de Marguerite de Rostaing, fut mariée à Christophe d'Alègre par contrat du 27 avril 1608. — Flageac, Haute-Loire, arrondissement de Brioude,
canton de Paulhaguet, commune de Saint-Georges-d'Aurac.

[2] Ses frères Claude-Yves, Pierre, Louis, Claude-Christophe, et Annet
étant morts sans alliance ou sans postérité masculine, ou étant entrés
dans les ordres.

INDEX ALPHABÉTIQUE

A

Abbiattegrasso (Italie, province de Milan), 14.

Adrets (François de Beaumont, baron des), 22.

Agloë (Le cadet d') ou Lagloë. — Voy. Masure (Diego).

Agnadel (Bataille d'), 14.

Aigueperse (Puy-de-Dôme), 112, 209.

Alaincourt (Eure), 23, 24.

Alègre (Première maison d'), 2-3.

— (Armand Ier d'), 3, note 1.

— (Armand II d'), 3, note 1.

— (Armand IV d'). 2, 3. — Voy. Chalençon (Alice de).

— (Ondine d', sœur d'Armand IV d'Alègre, femme de Gaston de Saint-Nectaire, 2.

— (Morinot de Tourzel, seigneur d'), fils d'Assaly de Tourzel, 3-10, 13, 234. — Voy. Tourzel (Assaly de).

— (Yves Ier d'), fils de Morinot de Tourzel d'Alègre, 10-11, 13. — Voy. Apchier (Marguerite d').

— (Pierre d'), second fils de Morinot de Tourzel d'Alègre, 10, 13.

— (Jacques d'), fils d'Yves Ier d'Alègre, 11, 13-14, 198-199. — Voy. Foix (Isabeau de) et Lastic (Gabrielle de).

— (Claude d'), fille de Pierre d'Alègre, femme de Claude, baron d'Apchier, 13.

Alègre (Antoinette d'), fille de Pierre d'Alègre, femme de Guillaume de Tinières, seigneur de Mardogne, 13.

— (Yves II d'Alègre, baron d'), fils aîné de Jacques d'Alègre, 14.

— (François d'), second fils de Jacques d'Alègre, 14, 18 — Voy. Chalon (Charlotte de).

— (Marie d'), fille de Jacques d'Alègre, femme d'Antoine II de Saint-Nectaire, 5.

— (Jacques d'), fils aîné de Yves II, 14.

— (Gabriel d'), second fils d'Yves II, 14-15, 18, 23, 25, 26, 27, 30, 145. — Voy. Estouteville (Marie d').

— (Anne d'), fille de François d'Alègre et de Charlotte de Chalon, femme, en premières noces, d'Antoine II Duprat et, en secondes noces, de Georges de Clermont, 18, 19, 20, 21, 28, 62-63.

— (François d'), fils aîné de Gabriel d'Alègre, 15, 23, 24, 160, 167.

— (Gilbert d'), deuxième fils de Gabriel d'Alègre, 15, 23, 24, 167.

— (Yves III d'Alègre, marquis d'), troisième fils de Gabriel d'Alègre, 15, 23, 24, 25, 27, 50, 51, 59, chap. IV, 129, 130-145, 152, 155, 158,

D

TABLE DES GRAVURES

TABLE DES MATIÈRES

ÉVREUX, IMPRIMERIE CH. HÉRISSEY, PAUL HÉRISSEY, SUCCʳ

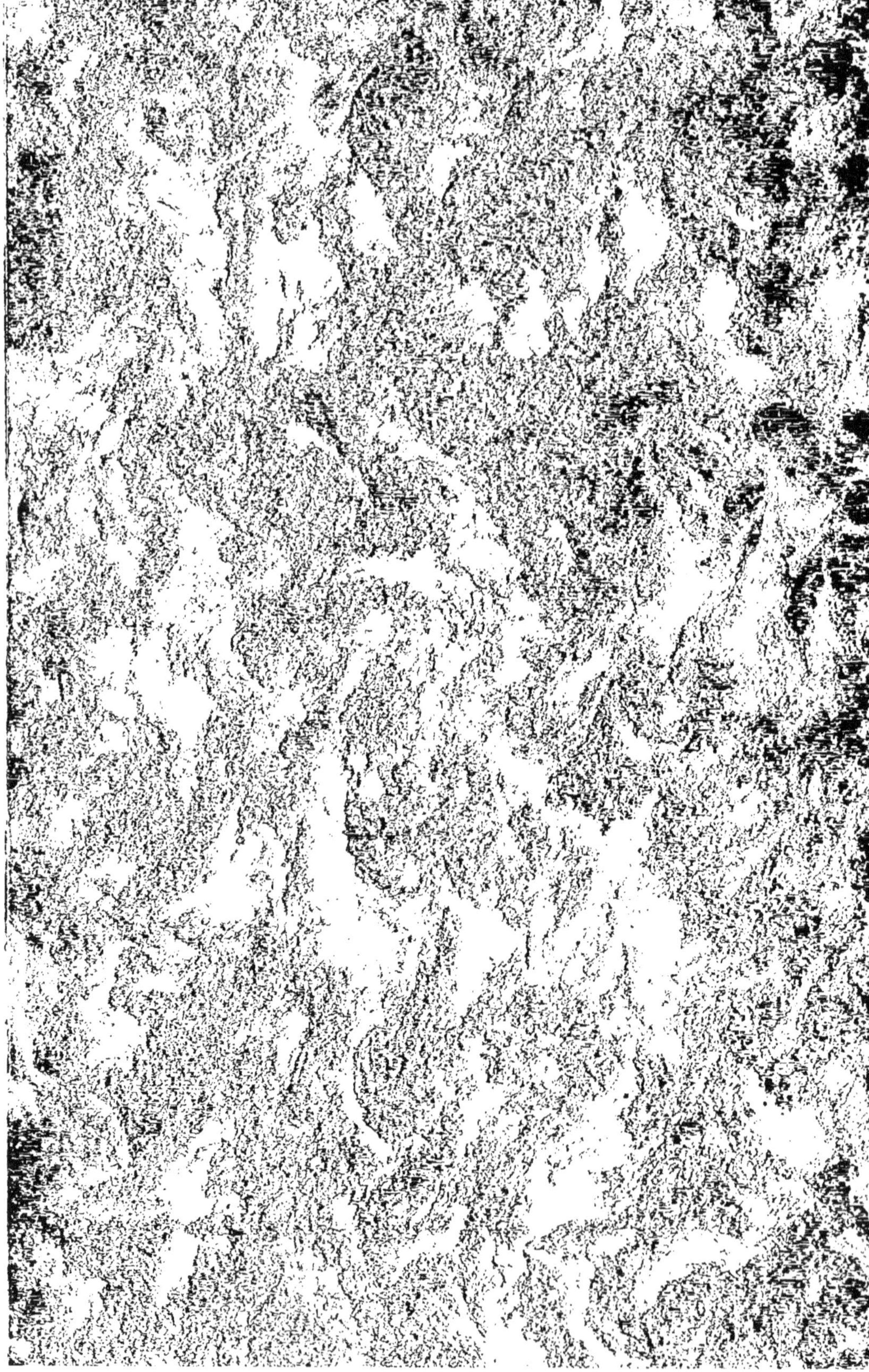

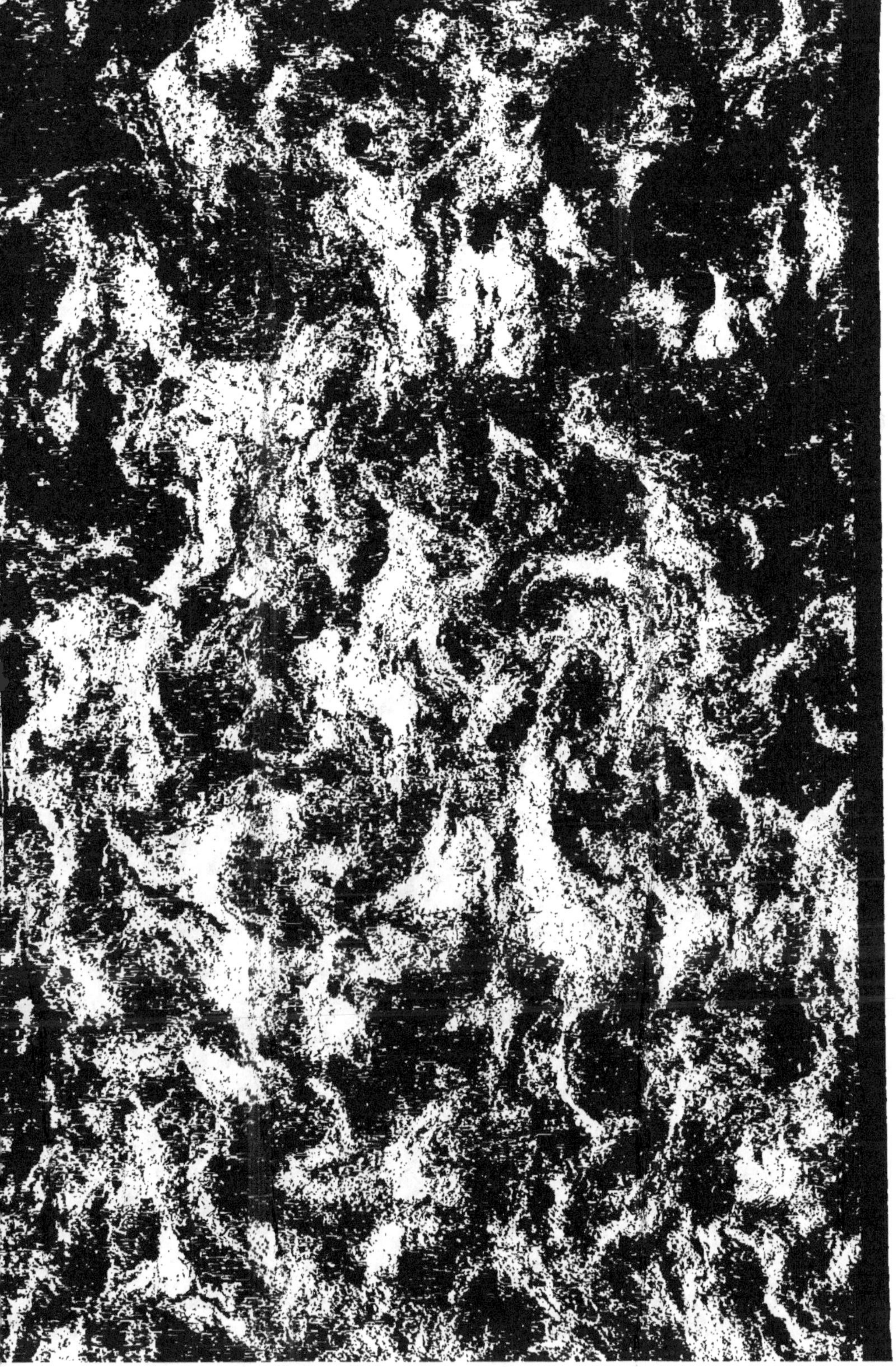

9 782012 941205